कल्चर यक्साँ

(ग़ज़ल-संग्रह)

कल्चर यक्साँ

(डॉ. बशीर बद्र-समग्र)

सं. बसन्त प्रताप सिंह

वाणी प्रकाशन

वाणी प्रकाशन

4695, 21-ए, दरियागंज, नयी दिल्ली 110 002

फ़ोन : +91 11 23273167 फ़ैक्स : +91 11 23275710

शाखाएँ

अशोक राजपथ, पटना 800 004, बिहार

कॉफ़ी हाउस कैम्पस, महात्मा गांधी मार्ग, इलाहाबाद 211 001, उत्तर प्रदेश

महात्मा गांधी अन्तरराष्ट्रीय हिन्दी विश्वविद्यालय, वर्धा 442 001, महाराष्ट्र

www.vaniprakashan.in
marketing@vaniprakashan.in
sales@vaniprakashan.in

CULTURE YKSAN
by Bashir Badra
Edited by Basant Pratap Singh

ISBN : 978-81-7055-696-1
Ghazal

संस्करण 2002, 2007, 2010
आवृत्ति 2018

मूल्य : ₹ 695

एम.एस. प्रिंटर्स, दिल्ली-110 095 में मुद्रित

वाणी प्रकाशन का लोगो मक़बूल फ़िदा हुसेन की कूची से

जनाब ओम प्रकाश मुँजाल
की
जनाब में

जिन्होंने ग़ज़ल को दुनिया में मक़बूल करने का काम पिछले 25 बरस से जारी रखा है। हिन्दुस्तान और पाकिस्तान के अलावा जहाँ-जहाँ ग़ज़ल लिखी जाती है उस का इंतिखाब वो अपनी डायरी में छाप कर पूरी दुनियाँ में भेजते है।

[श्री ओम प्रकाश मुँजाल प्रतिष्ठापूर्ण पुरस्कार-''हीरो बशीर बद्र ग़ज़ल एवार्ड'' के संस्थापक हैं, जो ग़ज़ल के किसी नौजवान शायर को उसकी असाधारण सेवाओं पर दिया जाता है।]

ग़ज़ल की ज़ुबान के बारे में

किताबी हिन्दी और किताबी उर्दू दो अलग-अलग तहरीरें हैं, लेकिन ग़ज़ल सिर्फ़ एक ज़बान में लिखी जाती है। हिन्दुस्तान-पाकिस्तान की सबसे बड़ी और बोलचाल की ज़बान यही है। ग़ज़ल हिन्दी लिपि में लिखी जाए तो हिन्दी ग़ज़ल, और उर्दू रसमुल ख़त में तो उर्दू ग़ज़ल। ग़ज़ल सिर्फ़ ग़ज़ल है, जो दोनों मुल्क़ों की सबसे ज्यादा बोली जाने वाली ज़बान भी है।

तनक़ीद की ज़बान, ग़ज़ल की ज़बान से अलग होती है। इसलिए जब उर्दू ग़ज़ल की तनक़ीदी और तहज़ीब की फ़िक्री गुफ़्तगू होगी, तो हमें तनक़ीदी ज़बान का सहारा लेना पड़ेगा। इस इल्मी, फ़िक्री और तनक़ीदी ज़बान को, ग़ज़ल की सादा और बोली जाने वाली ज़बान बनाने का अमल, तनक़ीद में भी ग़ैर-फ़ितरी होगा।

इल्मी और किताबी ज़बान की अलग-अलग ज़रूरतें है, दिली जज़्बों की ज़बान से अलग, फ़िक्री अदबी और किताबी शख़्सियत है, मेरी 1985 की यह तहरीर, जो इसी किताबी उर्दू में है, और जो इस ख़त के साथ ही छप रही है। मेरी ग़ज़ल का मामला, मेरा और आपका है। लेकिन उर्दू तनक़ीदी नस्र (प्रोज़) को आप तक पहुँचाने के लिए विजय वाते और बसंत प्रताप सिंह की किताबी हिन्दी की मदद भी ज़रूरी है। इसके लिए मैं उनका शुक्रगुज़ार हूँ।

दिनांक 19-7-99

—डॉ. बशीर बद्र

डॉ. बशीर बद्र द्वारा सन् 1985 में लिखा गया एक ख़त जो सन् 2035 में ग़ज़ल पढ़ने-सुनने वालों के नाम है।

दोस्तों, यह ख़त तो आप पढ़ सकते हैं, लेकिन् मैं इसका जवाब नहीं पढ़ पाऊँगा काग़ज़ और क़लम शाहिद हैं, लफ़्ज़ों की उम्मत झूठी है,

आधी रात का तन्हा आँसू, पाक नहीं है आँखों में।

'तहसीने-नाशनास सुकूने-सुख़न शनास' जैसे बेतह कुल्लियों पर ग़ौर करें।

पहला सवाल है कि सुख़न शनास की पहचान कैसे होगी। गप को इल्हाम बनाने वाले मुहम्मद हुसैन आज़ाद क्या वाक़ई सुख़न शनास थे, जो ग़ालिब को नीम शाइर और ज़ौक़ को अफ़लीमे सुख़न का शहनशाह समझते थे? क्या निगार वाले नियाज़ फ़तेहपुरी और शोबए-फ़ारसी वाले ज़िया अहमद बदायूनी वाक़ई नाशनास थे, जो मोमिन ख़ाँ की मामलाबंदी को ग़ालिब की ग़ज़ल से कहीं ज़्यादा अहम समझते थे? और क्या बिजनौर वाले अब्दुल रहमान सच्चे सुख़न शनास थे जो कलामे-गालिब को वेदे-मुकद्दस के बराबर जानते थे। बात ये है कि फ़ारसी गज़ीदा उर्दू को ग़ज़ल मानना सुख़न फ़हमी नहीं है। ज़बान और उसकी शाइरी एक रवाँ-दवाँ दरिया है, जो वक़्त के साथ मिज़ाज़ बदलता रहता है। एक ज़माना था जब उर्दू, फ़ारसी और अरबी के आईने में सँवरती थी, लेकिन आज वही फ़ारसी और अरबी गज़ीदा उर्दू ग़ैर-जमालियाती उर्दू है।

इल्म को ग़रज़ोगारत ज़िन्दगी को जानना, ज़्यादा ख़ूबसूरत कार आमद और मा'नीख़ेज बनाने का अमल हैं। कई बरस की बात है, कि दिल्ली के इण्डो-पाक मुशायरे में मैंने ये शे'र कहे थे-

ज़ी बहुत चाहता है सच बोलें
क्या करें हौसला नहीं होता

उस मुशायरे का कन्वीनर. क्लर्क से तरक़्क़ी करते-करते हिन्दुस्तान की एक

मशहूर कम्पनी का जनरल मैनेजर बना था। जो उर्दू बिलकुल नहीं जानता था, उसने कहा "डॉ. साहब मुशायरा लूटना मुबारक हो, लेकिन शे'र तो आपने पिछले साल पढ़ा था और वो शे'र यूँ था–

किसी की राह में दहलीज पर दिये ना रखो
किवाड़ सूखी हुई लकड़ियों के होते हैं

मैंने सर झुका लिया। शायद मैंने ठीक समझा था कि उसको इस मुशायरे के पसन्दीदा शे'र अच्छे नहीं लगे।

मैंने जब ग़ज़ल की गोद में आँख खोली थी तो उर्दू ग़ज़ल ढाई-तीन सौ साल का सफ़र इस मकसूस अंदाज़ से तय कर रही थी कि मुझे कहना पड़ा–'ग़ज़ल में तग़ज़्ज़ुल की इसतिलाह अपनी तमाम जमाईयत और ख़ूबियों के बावजूद जाबिराना हद तक इतनी रवायती है कि नये-से-नये इन्फ़िरादी तजरबे को भी पुराने अलायम में ही बयान किया जा सकता है। ग़ज़ल की ज़बान तयशुदा है और उसी तयशुदा ज़बान में और उन्हीं पुराने रमूज़ो अलायम में हम अपने इन्फ़िरादी अहसासात को बयान कर सकते हैं। मिसाल के तौर पर इकबाल की ग़ज़ल की दुनिया पुरानी ग़ज़ल की दुनिया से बिलकुल मुख़्तलिफ़ है, लेकिन उन्होंने पुराने लफ़्ज़ों से ही अपनी नई दुनिया बनाई है। गोया ग़ज़ल नाम है पुराने लफ़्ज़ पुरानी अलामत पुराने इज़हार का। चाहे बात नयी हो या पुरानी। मेरा ये कहना है कि इस तरीक़ा-ए कार में शे'र कभी आज़ादाना तौर पर अपनी मानवीयता का इज़हार कर सकता। इसलिए कि एक लफ़्ज़ मैकदा मीर के यहाँ तसव्वुफ़ का हुजरा, दाग़ के यहाँ शराबख़ाना, इक़बाल के यहाँ ख़ान-ए-काबा और दयारे रसूल और फ़ैज़ के यहाँ कम्युनिस्ट पार्टी के दफ़्तर का इस्तेआरा होगा। इसलिए ज़रूरी है ऐसे हर शे'र के साथ शाइर की हिस्ट्री भी साथ-साथ चले।

हमारे अहद में नये इज़हार की तलाश में मुख़्तलिफ़ सिम्तों का सफ़र हुआ है। क़ुदरती मनाज़िर और रोज़ाना की ज़िन्दगी से इस्तेआरे और अलामते ली गई। इस नयी ज़िंदगी की तरजुमानी नये अल्फ़ाज़ से मुमकिन हो सकी, ख़ास तौर से अंग्रेज़ी से ऐसे लफ़्ज़ नागुज़ीर हुए, जो हमारी बोलचाल में उर्दू हो गये थे। अभी तक ग़ज़ल में गीतों की देहाती बोली को भी ग़ज़ल नहीं बनाया जा सका था और अंग्रेजी के साथ अंग्रेजी से आया हुआ लफ़्ज़ ग़ज़ल को ग़ज़ल के बजाय हज़ल बना देता था, हमारी शे'री जसारत ने और वक़्त के बदलते हुए मिज़ाज ने नई ज़िन्दगी के नये लफ़्ज़ों में ग़ज़ल की रमजीयत, तहदारी, हुस्न और वक़ार अता किया। आज ग़ज़ल की ज़बान का आलम मीर का मिजाज़ और आहंग है।

हिन्दुस्तान और पाकिस्तान की तमाम छोटी और बड़ी जुबानों की ग़ज़ल अपने दाख़िली और तख़्लीफी मिजाज़ से एक हो रही है। ग़ज़ल दस साला शऊर और हजार साला तहज़ीबी लाशऊर का नग़मा है। ग़ज़ल अब ख़ुद एक बड़ी ज़बान है, एक नयी तहज़ीब है, जिसमें उर्दू, हिन्दी, फ़ारसी, अरबी, पंजाबी, सिंधी, बंगाली, गुजराती व ब्रजभाषा से लेकर दक्षिण की ग़ैर-आर्यायी ज़बानों की ख़ुशबू शामिल है। हालिया सौ साल के सफ़र में अंग्रेज़ी का रंग भी ग़ज़ल के दरिया में घुल गया है। ग़ज़ल के बड़े शाइर अकसर तमाम उम्र ग़ज़ल और ज़बान के रिश्तों को अपनी शख़्सियत के वसीले के दरयाफ़्त करते रहे हैं। मीर और ग़ालिब ग़ज़ल के जबरदस्त किरदार हैं, लेकिन हर अहद की ग़ज़ल, उनकी ज़बान को अपने तौर पर कुबूल करती है और अपने तौर पर रद्‌द करती है। आज की ग़ज़ल ने मीर के उस लह को रद्द कर दिया जिसमें वो अहले दुवल के लड़कों से न मिलने का मशविरा देते थे। ग़ालिब की 'कावे-कावे' सख़्तजानी की कोई कद्र नहीं हुई, क्योंकि ग़ज़ल ख़ुद, ग़ज़ल के हर शाइर से बड़ा किरदार है।

1947 से आज तक किताबी और निसाबी उर्दू का ज़वाल हुआ है। उर्दू ज़बान के लिए ये नुक़सान तकलीफ़देह हो सकता है। लेकिन ज़बान के इस नुक़सान से ग़ज़ल का कुछ नहीं बिगड़ा, क्योंकि ग़ज़ल की ज़बान, किताब और निसाब की मोहताज नहीं रही।

जब इनक़लाब और तक़सीम की आँधी ने उर्दू की किताब को भारत में वरक़-वरक़ बिखरा दिया और पाकिस्तान के दफ़्तर की ज़बान बना डाला, तो ग़ज़ल, भारत की बेइल्तेफ़ाती और पाकिस्तान की आईनी मुहब्बत से बड़ी हद तक महफ़ूज रहकर, घरों, बाज़ारों, मेलों-ठेलों, खेल-तमाशों, फ़िल्मों और मौसीक़ी की महफ़िलों के रास्ते, अपना सफ़र तय करती रही। ये ग़ज़ल थी, जिसने दोनों मुल्कों में उर्दू ज़बान को बचा लिया। ग़ज़ल चाँदनी की उँगलियों से फूल की पत्तियों पर शबनम की कहानियाँ लिखने का फ़न है। और ये धूप की आग बन कर पत्थरों पर वक़्त की दास्तान लिखती रहती है। ग़ज़ल में कोई लफ़्ज़ ग़ज़ल का वकार पाए बग़ैर शामिल नहीं हो सका। आजकल हिन्दुस्तान में अरबी, फ़ारसी के वही लफ़्ज़ चलन बाहर हो रहे हैं जो हमारे नये मिज़ाज का साथ नहीं दे सके और उसकी जगह दूसरी ज़बानों के अलफ़ाज़ उर्दू बन रहे हैं।

हिन्दुस्तान जितना अज़ीम मुल्क है उससे ज़्यादा मानी'ख़ेज भी है। उर्दू के नाम पर इस मुल्क ने वही भुलाया है जो भुलाया जा सकता था। अब पुरानी दिल्ली और पुराना लखनऊ ही कहाँ है जो देहलवी और लखनवी ज़बान के ख़ूबसूरत

लटके व मजलिसी फिकरे याद रखे। वक्त के साथ जो कुछ बदलना था, भारत में तेज़ी से बदल गया। पाकिस्तान में चुपके-चुपके बदल रहा है।

ग़ज़ल के शे'र की ज़बान सरकारी और किताबी नहीं है। ये बादलों और हवाओं का रंग है, धूप और साए की जबाँ है। देखिए ग़ालिब इन्सानी ज़हन की बलन्दियों, पस्तियों, अय्यारियों और मासूमियतों का अजूबा थे। ग़ालिब के अन्दर कम-अज-कम दस मुख़्तलिफ़ ग़ालिब थे और सब एक-दूसरे से लड़कर एक नया ग़ालिब बनाते थे। इन बड़े ग़ालिबों में सबसे कमज़ोर ग़ालिब वो हैं, जो जज़्बों की सदाकत से ज्यादा अरबी और फ़ारसी ज़बान की पेचीदा अक़्ली तराकीब का शिकार हो जाता है। मेरे नज़दीक ग़ालिब के कलाम का वो हिस्सा कमज़ोर ग़ज़ल और बुरी ज़बान का बेहतरी मॉडल है। इस कमज़ोर हिस्से को ग़ालिब ख़ुद भी बड़ी हद तक दफ़्न कर गये थे और बाक़ी हिस्से को वक़्त ने उर्दू के निसाबी मुदर्रिसों की तहरीरों में दफ़्ना दिया। ग़ालिब के ये मुकल्लिद पूरे ग़ालिब से मुतास्सिर न होकर उनकी गैर-ग़ज़लिया ज़बान की नक़्लें उतारते रहे। ऐसे नाशाइरों की तकलीद से ग़ज़ल का क्या नुक़सान हुआ?

अज़ीज़ सफ़ी साकिब और वहशत वग़ैरा का ग़ालिब की इस ज़बान की नक़्ल में ज़रूर नुक़सान हुआ ये लोग तीसरे दर्जे के अच्छे शाइर हैं और जब उन्होंने ग़ज़ल की ज़िन्दा ज़बान से रिश्ता रखा है तो अच्छे शे'र कहे हैं, लेकिन जब फ़ारसीज़दा कमज़ोर ग़ालिब की नक़्ल बनाई तो एक भी क़ाबिले-ज़िक्र मिसरा न कह सके।

ग़ज़ल की ज़बान बोलचाली ज़बान का तहज़ीबी इज़हार है। ग़ज़ल कोई नया लफ़्ज़ उस वक़्त क़बूल करती है, जब वह लफ़्ज़ हमारी तहज़ीब और मिजाज़ में रच बस जाए। मसलन अंग्रेज़ी का लफ़्ज़ है, 'माईल' डेढ़ सौ साल में उर्दू ग़ज़ल का मील बनकर, इस शे'र का हिस्सा बना।

कई मील रेत को काटकर कोई मौज फूल खिला गई
कोई पेड़ प्यास से मर रहा है नदी के पास खड़ा हुआ।

दूसरी ज़बान का मुहावरा भी उर्दू-हिन्दी बनने में वक्त लेता है। कीप डिस्टेंस ग़ज़ल में आते-आते इस तरह आया है-

कोई हाथ भी न मिलाएगा जो गले मिलोगे तपाक से
ये नये मिज़ाज के शहर है ज़रा फ़ासले से मिला करो

किताब से ग़ज़ल की ज़बान नहीं सीखी जा सकती। ग़ज़ल की ज़बान से चुपके-चुपके किताब तकवीयत पाती है।

1955 में मुझे यकीन हो गया था कि ग़ज़ल की असास, जज़्बों की अनोखी सदाकत के साथ-साथ ज़बान की ज़िन्दा और बदलती हुई कूवत और लताफ़त पर रखनी चाहिए। जिन नये लफ़्ज़ों की शमूलियत से ग़ज़ल, हज़ल हो जाती थी उनको ग़ज़ल बनाने की बड़ी कशमकश, जेहनी तनाव और रवायात के दबाव में नये ज़ेहन ने अपनी जुबान तलाश की। आज वो असलूब उर्दू तनक़ीद की बदयानती और न फ़हमी के तमाम हरबों के बावजूद ग़ज़ल का नया असलूब बन गया है।

सवाल ये है कि आप सन् 2035 के पढ़ने वालों को, सन् 1985 की ग़ज़लों द्वारा ख़त लिखने की क्या ज़रूरत पेश आई, अगर खत लिखने का हौसला करोड़ों नई ग़ज़ल के सुनने वालों ने दिया तो उसी के साथ-साथ आपको ये भी बताना जरूरी है कि इस वक़्त ये नयी ग़ज़ल उन शाइरों और तनक़ीद निगाएँ से घिरी हुई है जो शे'र लिखते हैं तो ग़ालिब और तनक़ीद लिखते हैं तो अब्दुल रहमान बिजनौरी।

ये अनगिनत ग़ालिब उस ग़ज़ल के सामने आजिज़ और मजबूर हैं जो सोचने से ज्यादा महसूस करने वाली ग़ज़ल है ये सब लोग गुलशने-नाआफ़रीदा का इंतज़ार कर रहे हैं, इसके ये सब बुलबुल है। इन्हें इक्कीसवीं सदी की आहट बिलकुल महसूस नहीं हो रही है।

आज ग़ज़ल का मसला क्या है उर्दू ग़ज़ल पढ़ने वाले लाख-सवा लाख हैं तो उसी उर्दू ग़ज़ल को देवनागरी लिपि में, ग़ज़ल गायकी में, ज़िंदगी की गुफ़्तगू में हिन्दुस्तान-पाकिस्तान क्या दुनिया के मुख़्तलिफ़ हिस्सों में, करोड़ों-करोड़ हैं। इस बड़ी ताक़त का अंदाज़ा हमारे उन किताबी नक़्क़ादों को नहीं हो रहा है, जो आज की ग़ज़ल को फ़ारसी ग़ज़ल की उतरन समझते हैं। मेरा ख़्याल है उर्दू के ऐसे किमखुरदा अल्फ़ाज़ नासेह, ज़ाहिद वाईज, दारोरसन, चारागर, ईसा नफ़स, क़फ़स, सैयाद, गुलचीं, कावे-कावे, वयक्कफ़ -बुरदन, सददिल जैसे 50 अल्फ़ाज़ के बजाय हजारों ज़िंदगी के अल्फ़ाज़ को बरतते हैं। इस बोली जाने वाली जदीद लफ़्जीयात का बड़ा हिस्सा ग़ज़ल की ज़बान बनता जा रहा है। हमारे अहद में सच्ची ग़ज़ल के दो दुश्मन थे एक तो यही, जिनका ज़िक्र हो रहा है यानी उर्दू को अरबी और फ़ारसी की बाँदी समझने वाले और दूसरे मुशायरों में नाचने और गाने वाले फ़ारसी और अरबी के ये ग़ालिब, अहसासे-कमतरीं में मुब्तिला जब मुशायरे में बुलाए जाते हैं तो सर के बल जाते हैं और गालियाँ बकते वापस आते हैं और दूसरी तरफ़ मुशायरे को क़व्वाली की महफिल समझने वाले क़व्वाल और नौटंकी का बदल बनाने वाले अदाकार। न वो शाइर हैं, न ये शाइर हैं।

आपके अहद में जो ग़ज़ल रवां-दवां है, उसका आगाज इस तरह की ग़ज़ल से हुआ है, जिसका नमूना ये किताब है। इस किताब में नई लफ़्जीयात नये रवैये नये इफ़्तेयारे ज़िंदगी के रास्ते से आये हैं। इस नये लहजे में वक़्त के साथ चलने तब्दील होने और ज़िंदा रहने की सलाहियत है। इसकी मक़बूलियत के सामने हाफ़िज और सादी की फ़ारसी ग़ज़ल की उर्दू नक़्ल बनाने वाली ग़ज़ल माज़ी की कहानियाँ होकर रह गयी हैं इस ग़ज़ल का अपना हिन्दुस्तानी शजरा और अपना हसब और नसब है। ये आज के ग़ज़लिया अहसासात का नग़मा है।

कोई फूल धूप की पत्तियों में हरे रिबन से बँधा हुआ
वो ग़ज़ल का लहजा नया-नया न कहा हुआ न सुना हुआ

आप मेरे शुक्रगुज़ार हैं, तो मैं भी आपका शुक्रिया अदा करता हूँ। अगर आप मुझे मातूब समझते हैं, तो इससे क्या फ़र्क़ पड़ता है कि मैं आपकी गली की ख़ाक हो चुका हूँ। मैं ख़ुद को याद दिला रहा हूँ कि ये 1985 में लिखा गया ख़त है, जो आधी सदी के बाद के ग़ज़ल के मुहाफ़िज़ों के नाम है।

आमद-1985

-डॉ. बशीर बद्र

सम्पादक की बात

12 मई, 1997 को ग्वालियर में श्रीलंका और पाकिस्तान के बीच 'इंडिपेंडेंस कप' के एक दिवसीय क्रिकेट मैच की पूर्व संध्या पर दोनों टीमों के लिए आयोजित रात्रिभोज में मैं भी आमंत्रित था। पाकिस्तान के कोच मुश्ताक़ मुहम्मद के साथ चर्चा के दौरान प्रसंगवश मैंने एक मिसरा कहा–

'कुछ तो मजबूरियाँ रही होंगी'

मैं अगला मिसरा कह सकूँ इसके पूर्व ही मुश्ताक़ ने इसे लपक लिया–

'यों कोई बेवफ़ा नहीं होता'

मुझे तो खैर यह पता नहीं ही था, शायद मुश्ताक़ भी नहीं जानते थे कि यह शेर डॉ. बशीर बद्र ने कहा है। शायर की यह असाधारण पहुँच सिर्फ उसके शेर के वसीले से बनी थी।

ग्वालियर से स्थानांतरित होकर जब भोपाल आया तब डॉ. बशीर बद्र से मुलाकातें हुई। उन्हें और उनके कृतित्व को बहुत नजदीक से जानने–समझने का अवसर भी प्राप्त हुआ। उनकी रचना का वह स्वरूप भी सामने आया जो अभी तक पढ़ने–सुनने में नहीं आया था। उनकी निष्कवच सादगी और भाषिक गेयता ने मुझे सर्वाधिक प्रभावित किया। वे मुझे हमेशा मेरी भाषा के कवि लगे। शायद इसीलिए हिन्दी भाषियों के बीच भी वे लोकप्रियता के शिखर पर हैं। डॉ. रोहिताश्व अस्थाना ने तो अपनी पुस्तक 'हिन्दी ग़ज़ल–उद्भव और विकास' में उन्हें बाकायदा हिन्दी ग़ज़लकार की श्रेणी में शामिल किया है। उर्दू और हिन्दी ग़ज़ल के लिए उनके अवदान का उसकी सम्पूर्णता में प्रामाणिक तौर पर आकलन के लिए उनका सम्पूर्ण कृतित्व, एक ही स्थान पर उपलब्ध कराना अनिवार्य प्रतीत हुआ।

डॉ. बशीर बद्र की अब तक की प्रकाशित सभी पुस्तकें – इकाई (1969), इमेज (1973), आमद (1985), आसमान (1990) तथा आहट (1994) इस संकलन

में शामिल की गई हैं। इसके अतिरिक्त उनकी, कुछ पत्रिकाओं में प्रकाशित तथा कुछ पूर्णत: अप्रकाशित रचनाएँ भी 'नई ग़ज़लें' शीर्षक से शामिल की गई हैं। 'इकाई' प्रथम प्रकाशित रचना है, जिसमें शायर की प्रारंभ से 1969 तक की ग़ज़लें हैं। इसे तब बड़ी ग़ज़ल की आखिरी और नई ग़ज़ल की पहली किताब कहा जाता था। 'इमेज' की नियंत्रित प्रयोगधर्मिता स्पष्ट करती है कि शायर की पूरी छटपटाहट, परम्परा को सम्पूर्णता में अपनाते हुए, उससे आजाद होने की भी है। यहाँ दो सौ वर्ष पुरानी आवाज का साया तो साथ-साथ चलता है, लेकिन एक नई आवाज और नयी परम्परा भी उत्क्रमित होती है। 'इमेज' में 1970 से 1973 तक की ग़ज़लें हैं, यहाँ तक आते-आते शायर के अन्दर का विद्रोही बगावत का ऐलान कर देता है। ग़ज़ल का एक स्वतंत्र व्यक्तित्व मुखर होने लगता है। पूरी पुस्तक में एक भी इज़ाफ़त नहीं है। आरज़ू लखनवी को छोड़कर, शायद ही किसी ने इसके पूर्व यह कारनामा अंजाम दिया हो। 'आमद' तक आते-आते हिन्दी और फ़ारसी से आती हुई परम्पराओं और सोच को आत्मसात् कर लिया गया है और शायर का परिपक्व और परिमार्जित स्वरूप उभर आया है। इसीलिए इस संकलन के क्रम निर्धारण में 'आमद' को सबसे पहले रखा गया है। इसके पश्चात् 'इमेज' को रखा गया है। 'इकाई' में परिवर्तन की जो शुरुआत हुई थी उसका स्पष्ट स्वरूप 'इमेज' में खुलता है। जैसे 'इमेज' का नया होना जरूरी था, वैसे ही 'आमद' का पुराना होना भी। 'आसमान' में पूर्व पुस्तकों की अधिकांश ग़ज़लों का समावेश है। बशीर बद्र की अंतिम पुस्तक 'आहट' है जिसमें अधिकांश ग़ज़लें उस वक्त की हैं जब वे मानसिक और शारीरिक रूप से अत्यन्त अस्वस्थ थे। हताशा, रुग्णता और अवसाद के इस दौर की अधिकांश ग़ज़लों को वे आज खारिज़ करते हैं। यह उनका हक भी है। इन ग़ज़लों के साथ अन्य कृतियों से भी कुछ ग़ज़लें और कुछ शेर शायर की मंशा के अनुरूप इस संकलन में शामिल नहीं किए गए हैं। हर ग़ज़ल के साथ शायर के बताये अनुसार उनका रचना वर्ष भी दिया जा रहा है। समय में मामूली त्रुटि स्मृति दोष से संभव है।

निश्चय ही यह रचना-समग्र अनेक पाठकों को पूर्व से पढ़े-सुने शेरों के साथ डॉ. बशीर बद्र को जोड़ने का कार्य करेगा। बशीर बद्र के अनेक शेरों की करोड़ों लोगों तक पहुँच है, भले ही वे यह न जानते हों कि यह शेर कहा किसने है। हर बड़े शायर के कुछ शेर शायर की पहचान से बड़े हो जाते हैं और आम चलन में आकर खासोआम के कथोपकथन का हिस्सा बन जाते हैं। ग़ालिब के तीस-चालीस

शेर ऐसे होंगे जो हिन्दी और उर्दू जॅबान जानने वालों से आगे हर हिन्दुस्तानी की जबान पर हैं। पन्द्रह–बीस शेर मीर, फ़िराक़ और फ़ैज़ के तथा दस–पंद्रह शेर वली, सौदा, आतिश, नासिख़, मोमिन, ज़ौक़, ज़फ़र, दाग़, अमीर मीनाई, हसरत, फ़ानी, जिगर और असगर के आम लोगों को याद होंगे।

आज तो सूरतेहाल ये है कि मीर और ग़ालिब के बाद जिनके शेर सर्वाधिक उद्धरित होते हैं, वे हैं – फ़िराक़, फ़ैज़ और बशीर बद्र। किन्तु गत दस–पंद्रह वर्षों में फ़िराक़ और फ़ैज़ के कुछ शेर जैसे मन्द हुए हैं, उस पहलू से बशीर बद्र के शेरों के बारे में बीस–पचीस वर्ष बाद ही कोई राय क़ायम की जा सकेगी। वैसे अनेक आलोचक यह मानते है कि शेरों की उद्धरणीयता के मामले में बशीर बद्र प्रायः सभी समकालीन और कुछ पूर्ववर्ती शायरों को पीछे छोड़ चुके हैं। अबुल फ़ैज़ सहर का कथन है, 'आलमी सतह पर बशीर बद्र से पहले किसी की ग़ज़ल को ये महबूबियत नहीं मिली। मीरो ग़ालिब के शेर भी मशहूर हैं, लेकिन मैं पूरे एतमाद से कह सकता हूँ कि आलमी पैमाने पर बशीर बद्र की ग़ज़लों के अशआर से ज़्यादा किसी के शेर मशहूर नहीं हैं।'

बशीर बद्र के मशहूर शेरों पर दृष्टि डालने से इस अभूतपूर्व लोकप्रियता का रहस्य खुलता है। यह रहस्य है अभिव्यक्ति की सादगी, प्रवाह और पैनापन, जीवनानुभव का खरापन, सार्वजनिनता और उसे जबान देने की ताकत तथा बिम्बों और प्रतीकों को शब्दकोश के अर्थों में बदलने की क़ाबिलियत। करोड़ों लोगों तक पहुँच रखने वाले बशीर बद्र के शेर ये हैं–

उजाले अपनी यादों के हमारे साथ रहने दो,
न जाने किस गली में ज़िंदगी की शाम हो जाये

दुश्मनी जमकर करो लेकिन ये गुंजाइश रहे,
जब कभी हम दोस्त हो जायें तो शर्मिन्दा न हों

लोग टूट जाते हैं एक घर बनाने में
तुम तरस नहीं खाते बस्तियाँ जलाने में

कोई हाथ भी न मिलायेगा जो गले मिलोगे तपाक से
ये नये मिज़ाज का शह्र है ज़रा फ़ासले से मिला करो

जी बहुत चाहता है सच बोलें
क्या करें हौसला नहीं होता

हमसे मजबूर का ग़ुस्सा भी अजब बादल है
अपने ही दिल से उठे अपने ही दिल पे बरसे

बड़े लोगों से मिलने में हमेशा फ़ासला रखना
जहाँ दरया समन्दर से मिला दरया नहीं रहता

कुछ तो मजबूरियाँ रही होंगी
यों कोई बेवफ़ा नहीं होता

पलकें भी चमक उठती हैं सोते में हमारी
आँखों को अभी ख़्वाब छुपाने नहीं आते

मुसाफ़िर हैं हम भी मुसाफ़िर हो तुम भी
किसी मोड़ पर फिर मुलाक़ात होगी

ज़िन्दगी तूने मुझे क़ब्र से कम दी है ज़मीं
पाँव फैलाऊँ तो दीवार में सर लगता है

दुश्मनी का सफ़र एक कदम दो कदम
तुम भी थक जाओगे हम भी थक जायेंगे

इन शेरों के अतिरिक्त इस संकलन में पाठकों को ऐसे अनेक शेर मिलेंगे जिनकी लोकप्रियता इसी स्तर पर होनी चाहिए थी, पर हुई नहीं। डॉ. बशीर बद्र इसे 'इन' शेरों की किस्मत कहते हैं। किसी शेर का मशहूर होना उसकी उद्धरणीयता पर निर्भर करता है। भाषा, बंदिश की चुस्ती और लयात्मकता में उत्कृष्ट शेर भी कभी-कभी उद्धरणीय नहीं हो पाते। बहुधा कुछ शेरों की उद्धरणीयता कालान्तर में जन्म लेती है। इलियास अहमद गद्दी का अनेक भाषाओं में अनूदित एवं साहित्य अकादमी से पुरस्कृत उपन्यास है - 'फ़ायर एरिया'। लेखक इसका केवल उर्दू संस्करण ही देख पाया, अन्य भाषाओं के संस्करण आने से पूर्व ही उनकी मृत्यु हो गई। 'इन्तिसाब' पत्रिका के सितंबर 1998 अंक के एक लेख 'इलियास अहमद गद्दी यादों के नक़ूश' में जनाब रौनक शहरी ने लिखा, 'फ़ायर एरिया के तर्जुमे तक़रीबन हिन्दुस्तान की तमाम जबानों में किए जाने की ख़ुशख़बरी इलियास अहमद गद्दी ने जब सुनाई थी तो ये किसे ख़बर थी कि बशीर बद्र का ये शेर उनकी मौत के बाद सूरतेहाल का तर्जुमा बन जायेगा-

किसे ख़बर थी तुझे इस तरह सजाऊँगा
ज़माना देखेगा और मैं न देख पाऊँगा

इस शेर की उद्धरणीयता इतने वर्षों पश्चात् सामने आई और यह सहसा चर्चा में आ गया। अच्छे शेर का उसके मूल संदर्भ से हटकर बातचीत या चिन्तन में उतर आना भी एक दिलचस्प हादसा ही है। हर शासकीय अधिकारी-कर्मचारी को सच्ची-झूठी शिकायतों के आधार पर हुए स्थानांतरण का अनुभव होता ही है। स्वयं के एकाध स्थानांतरण पर मुझे, किसी और संदर्भ में बशीर बद्र का कहा शेर, अकसर याद आता रहा है-

मैं चुप रहा तो और ग़लतफ़हमियाँ बढ़ीं
वह भी सुना है उसने जो मैंने कहा नहीं

बोलचाल की सरल, सुगम भाषा का शेर ही मशहूर हो पाता है और बशीर बद्र तो इस ज़बान के जादूगर हैं। उन्होने भाषा का प्रचलित, स्वाभाविक और सर्वव्यहृत रूप ही लिया है। श्रेष्ठ साहित्य की इमारत समाज में अप्रचलित शब्दों की नींव पर खड़ी नही की जा सकती। कविता की भाषा शब्दकोशों या पुस्तकों-पत्रिकाओं में दफ्न न होकर, करोड़ों लोगों की बोलचाल को संगठित करके और साधारण शब्दों की जीवित और स्पंदनशील रगों को स्पर्श करके ही बन पाती है। यही कारण है कि आजकल बोलचाल और साहित्य दोनो में ही संस्कृत, अरबी और फ़ारसी के क्लिष्ट और बोझिल शब्दों का चलन कम हो रहा है। बशीर बद्र ने ग़ज़ल को पारम्परिक क्लिष्टता और अपरिचित अरबी-फ़ारसी के बोझ से मुक्त करके जनभाषा में जन-जन तक पहुँचाने का कार्य किया है। यद्यपि प्रारिम्भक दौर में बोझिल भाषा के अनेक उदाहरण उनके प्रथम संकलन 'इकाई' में बिखरे हुए हैं-

क्या हुआ, आज क्यों, खैमए-ज़ख़्म से कज कुलाहाने ग़म फिर निकलने लगे
हम तो समझे थे अब शह्रे दिल मिट चुका, थक गये दर्द के कारवाँ सो गये

जमी है देर से कमरे में ग़ीबतों की नशिस्त
फ़ज़ा में गर्द है माहौल में कदूरत है

तथापि विरासत में प्राप्त यह भाषा उनकी शुरूआती ग़ज़लों में ही दिखती है, लेकिन इससे बाहर निकलने की तड़प और बेचैनी भी साथ-साथ चलती है। भविष्य की भाषा के बीज भी 'इकाई' में रोपित हो गये हैं और 'आमद' तक आते-आते भाषा और अभिव्यंजना निखरकर पूरी तरह बोलचाल को स्पर्श करने लगती है। प्रारिम्भक

आंशिक अनगढ़ता और पश्चात्वर्ती तराशी हुई भाषा की भिन्नता साहित्यकार की स्वाभाविक विकास यात्रा की पहचान है। संभवत: हर साहित्यकार को यह यात्रा करनी पड़ती है। निराला की 'राम की शक्ति पूजा' की 'ज्योति: प्रपात स्वर्गीय ज्ञात छवि प्रथम स्वीय' भाषा और 'कुकुरमुत्ता' की 'अबे सुन बे गुलाब' वाली भाषा भी तो एक ही कवि की है। इसमें कोई साहित्यिक व्यतिक्रम नहीं है। चिन्तन की पर्वतीय ऊँचाइयों पर विचारों के अनेक निर्झर प्रस्फुटित होते है और शृंखलाबद्ध होकर प्रवाह ढूँढ़ते हैं। सरिता के निर्गम की तरह ही काव्य की उत्पत्ति भी है। जटिल से सरल की ओर विचारों की अभिव्यक्ति का प्रवाह ही साहित्य है। मीर, ग़ालिब से लेकर आज तक हर भाषा के कवि का यही प्रयास दिखाई देता है, सफल अवश्य कतिपय ही हो पाते हैं।

बशीर बद्र ने अपने एक इण्टरव्यू में कहा है कि जो शब्द हमारी जिंदगी में घुल-मिल जाते हैं, ग़ज़ल की भाषा उन्हीं से बनती है। शब्दों की भाषिक व्युत्पत्ति महत्त्वपूर्ण नहीं है। अपने युग और समकालीन जीवन का चित्र अंकित कर सकने वाले और हमारे जीवन की दैनन्दिन समस्याओं और कशमकश की काव्यमय प्रस्तुति कर सकने वाले शब्द ही ग़ज़ल की असली भाषा हैं। उन्हें "वो ग़ज़ल ज़्यादा भरपूर लगती है, जिसकी भाषा सुनने में हिन्दी और उर्दू के फ़र्क़ को ख़त्म करती है और अंग्रेज़ी से आए हुए शब्दों को जिसने हिन्दी और उर्दू में अपना मान लिया है।" यह फर्क केवल भाषा का नहीं है, वरन् इमेजेस का है। आज की जिंदगी के इमेजेस, हमारे घर, घर के सामान (फ्रिज, टी.वी., अलमारी, रैक आदि), पहनने के कपड़े (कोट, शर्ट, पैण्ट, टाई, सूट, बेलबाटम, स्वेटर आदि) आवागमन के साधन (कार, बस, ट्रक, साईकल, रेल, मोटर, मोटर स्टैण्ड, बस स्टैण्ड, रेलवे-स्टेशन आदि) कार्यालय, शिक्षा संस्थान (स्कूल, कालेज, कैम्पस, क्लास, युनिवर्सिटी आदि) : इन सबकी पहचान के लिए प्रयुक्त शब्द अब पूरी तरह हमारे देश के शब्द हैं। अंग्रेजी से आए, आज के जीवन के अधिकांश संज्ञावाचक शब्द अब हिन्दी भी हैं, उर्दू भी। अनेक शब्द तो ऐसे हैं जिनके पर्याय हिन्दी-उर्दू में हैं ही नहीं, जबकि सैकड़ों ऐसे शब्द हैं जिनके हिन्दी या उर्दू समानार्थी तो हैं, किन्तु अवाम की जबान पर उनका अंग्रेजी स्वरूप ही है। आज ग़ज़ल जब जीवन के हर पक्ष को स्पर्श कर रही है तब इन शब्दों को ग़ज़ल से बाहर रख पाने का अब कोई रास्ता नहीं है।

बड़े पैमाने पर इन अंग्रेज़ी से आए शब्दों को प्रथमतः ग़ज़ल में प्रतिष्ठित करने का कारनामा बशीर बद्र ने किया है। हिन्दी में तो यह प्रयोग यदा-कदा प्रचलित था और उर्दू में गीत, नज़्म, कहानी, उपन्यास में भी। किन्तु उर्दू ग़ज़ल में (अकबर इलाहाबादी को छोड़कर जिन्होंने इसका प्रयोग हास्य-व्यंग्य की सृष्टि मात्र के लिए किया था) यह भाषिक प्रयोग नहीं ही होता था। पारम्परिक सोच से यह भ्रान्ति जन्मी थी कि ग़ज़ल की अपनी एक निर्धारित भाषा है और सीमित शब्दकोष; जिसके साथ छेड़छाड़ नहीं की जा सकती। कोई धारणा जब परम्परा की तर्जनी पकड़ मानस में प्रविष्ट होती है तो वह अन्तर्मन की कन्दरा में जोंक सी चिपट जाती है। सूर्य में धब्बों की खोज होने के शीघ्र पश्चात् जब प्रसिद्ध खगोलशास्त्री किर्चर ने एक जेसुइट प्रोफ़ेसर को उन्हें दूरबीन से देखने के लिए आमंत्रित किया तो प्रोफ़ेसर का दो टूक जवाब था, 'व्यर्थ है बेटा। मैंने दो बार अरस्तू को पूरा पढ़ा है और उसमें सूर्य के धब्बों का कोई ज़िक्र नहीं पाया। सूर्य में कोई धब्बा नहीं है'। इस स्तर की संकुचित दृष्टि और अंध दुराग्रह यदि ग़ज़ल के संबंध में भी रहे तो वह न तो मीरो-ग़ालिब के दीवान से बाहर निकल सकेगी, और न ही नयी भाषा और नयी इमेजरी को ग्रहण कर आज की ज़िन्दगी से हमकदम हो सकेगी। एक जीवित भाषा और काव्य रूप के लिए जरूरी है कि वह देश-काल के अनुरूप बदले और विकसित हो।

और इसलिए अंग्रेज़ी से आए शब्दों का ग़ज़ल में अवतरण समय की पुकार भी थी। वैसे यह भी अपनी जगह महत्त्वपूर्ण है कि मात्र शब्दों के प्रयोग से कुछ नहीं होता। उनका इस्तेमाल इस तरह से हो कि वे ग़ज़ल का हिस्सा लगने लगें, यह कोई आसान काम नहीं है। अहतिशाम अख़्तर ने लिखा है, 'बशीर बद्र का बड़ा कारनामा ये है कि उन्होंने अंग्रेज़ी के अल्फ़ाज़ को ग़ज़ल की ज़ुबान में समोने और ग़ज़ल के मिज़ाज से हमआहंग करने की कोशिश की है। ये बड़ा मुश्किल काम है। अंग्रेज़ी का लफ़्ज़ ग़ज़ल में अज्मो अहतिआत और खुशअसलूबी से न इस्तेमाल किया जाए तो ग़ज़ल का शेर हज़ल बन जाता है।' डॉ. भगवत शरण उपाध्याय ने कालिदास के संबंध में कहा था, 'शब्द, शब्द हैं भाषा नहीं। भाषा, भाषा है, साहित्य नहीं। शब्द से भाषा और भाषा से साहित्य बनाने के लिए वह कुछ चाहिए होता है जो साहित्यकार के पास होता है।' बशीर बद्र के पास यह 'वह कुछ' प्रचुर मात्रा में है और उनकी सिद्धहस्त सृजनशीलता ने हिन्दी-उर्दू-अंग्रेजी मिश्रित इस आम बोलचाल की भाषा

में ऐसे नवीन बिम्ब विधान की सृष्टि की है कि ग़ज़ल के लिए एक बिलकुल ही नयी और अछूती दुनिया के राजमार्ग खुल गये।

बशीर बद्र ने अपने प्रथम संकलन 'इकाई' की ग़ज़लों में ही पचास से अधिक अंग्रेज़ी से आए शब्दों के सटीक प्रयोग किये। दूसरे संकलन 'इमेज' में इनकी संख्या और भी अधिक हो गई है। लाहौर की एक अर्द्धवार्षिक पात्रिका – सबेरा ('55–'56), जिसका संपादन कुछ समय तक साहिर लुधियानवी ने भी किया था, में बशीर बद्र की एक ग़ज़ल प्रकाशित हुई, जिसमें यह शेर छपा –

वह ज़ाफ़रानी पुलोवर उसी का हिस्सा है
कोई जो दूसरा पहने, तो दूसरा ही लगे

यहां काव्याभिव्यक्ति मात्र इतनी है कि वह ज़ाफ़रानी पुलोवर केवल 'उसी' पर अच्छा लगता है, किन्तु शायर की शब्दों से साहित्य क्रीड़ा का 'पुलोवर' की अंग्रेजियत के बावजूद, ग़ज़ल की भाषा की ज़मीन से जुड़ाव; अक्षत है। पुलोवर का प्रतिस्थापन भी संभव नहीं है। गुलज़ार ने लिखा है, 'पुलोवर को न स्वेटर कह सकते है, न कोटी कह सकते हैं, न कुछ और। पुलोवर ही कह सकते हैं'। ज़ाफ़-रानी रंग का चुनाव भी यहाँ महत्त्वपूर्ण है। ज़ाफ़रान का पुरानापन और पुलोवर का नयापन मिलकर ऐसी ध्वन्यात्मक मुलायमियत पैदा करते हैं जिसमें पुलोवर का खड़खड़ाता हुआ शब्द दब जाता हैं, किन्तु तग़ज़्ज़ुल मलिन नहीं होता।

छह माह पश्चात् पत्रिका के अगले अंक में ज़फ़र इक़बाल की ग़ज़ल प्रकाशित हुई जिसमें एक शेर था–

मैं इतना बदमुआश नहीं यानि खुल के बैठ
चुभने लगी है धूप स्वेटर उतार दे

दोनों शेरों में दृश्य लगभग समान है। नायिका आधुनिका है, मनोवृत्ति, भाव और आचार–व्यवहार भी आधुनिक हैं–नयी बिम्ब रचना भी नहीं हो रही। फिर भी चिराग़ से चिराग़ तो जला और फ़ौरन से पेश्तर जला।

बशीर बद्र द्वारा अपनी कविता में अंग्रेजी शब्दों का यह प्रयोग सायास नहीं है, या तो उपयुक्तता की दृष्टि से है या वातावरण की सृष्टि की अनिवार्यता हेतु। ये शब्द वैसे ही स्वाभाविकता से ग़ज़लों में आ गए हैं जैसे बहती हुई नदी के साथ कोई फूल चला आए।

थके थके पैडिल के बीच चले सूरज
घर की तरफ लौटी दफ़्तर की शाम

यहाँ साइकिल के पहिए को शायर ने सूरज से अभिव्यक्त किया है, पर 'पैडिल' से समझौता नहीं किया क्योंकि इसके बिना साइकिल का बिम्ब ही अल्पदृश्यता का शिकार हो जाता। 'दफ़्तर' की जगह 'आफ़िस' न लिखा जाना भी ध्यान देने योग्य है। यहाँ यह भी ध्यान देने योग्य है कि बशीर बद्र ने 'लान' शब्द का बार-बार इस्तेमाल किया है। इसे प्रतीक के रूप में भी प्रयोग किया गया है बिम्ब रचना के लिए भी। किन्तु जब शायर का घर जलता है तो उसे बड़े परिश्रम से लगाई गई 'कारपेट ग्रास' ही याद रहती है। वह इसे लान नहीं कहता, घास वाला रेशमी कालीन कहता है–

मकां से क्या मुझे लेना मकां तुमको मुबारक हो
मगर ये घासवाला रेशमी क़ालीन मेरा है

उर्दू की शिक्षा के ह्रास के संबंध का एक शेर दृष्टव्य है–

ख़ानकाहों में ख़ाक उड़ती है
उर्दू वालों के कैम्पस की तरह

जैसे दरगाहों में कोई नहीं जाता वैसे ही उर्दू भी कोई नहीं पढ़ता। यहाँ 'कैम्पस' का हर हिन्दी-उर्दू पर्याय वातावरण की अभिव्यक्ति में अक्षम होगा। यह बात पारम्परिक भी है, नवीन भी, फिर भी मनोहर काव्यसृष्टि है। 'अदम' के एक करीबी शेर से तुलना करने पर शायद बात और स्पष्ट हो–

जी ख़ुश हुआ है, मस्जिदे-वीरां को देखकर
मेरी तरह ख़ुदा का भी ख़ानाख़राब है

कहीं-कहीं बशीर बद्र ने आज के दैनन्दिन प्रयोग की अंग्रेजी और दूर पीछे छूट चुकी फ़ारसी के संगम से काव्य सौन्दर्य के नए आयाम स्पर्श किए है–

दुनिया भर के शहरों का कल्चर यकसाँ
आबादी तन्हाई बनती जाती है

यहाँ अंग्रेज़ी के 'कल्चर' और फ़ारसी के 'यकसाँ' शेर में दो अलग-अलग नगीनों की तरह जड़े हुए प्रतीत होते हैं और शेर की समेकित भाषा में ऐसे घुलते हैं जैसे स्वादिष्ट शरबत में गुलाबजल और केवड़ा।

बशीर बद्र ने अंग्रेजी शब्दों के देशज स्वरूप का प्रयोग किया है–बोलचाल के अनुरूप ही उन्हें ग़ज़ल में ढाला है। विशेषत: बहुवचन में कारों, स्कूटरों, स्टेशनों, शालों, किलासों और बिल्डिगों तथा डिशें का प्रयोग किया है। उनका उच्चारण भी देशज ही लिया गया है–टाविल, नाविल, पैडिल आदि। सम्पूर्ण ग़ज़लों में केवल एक अपवाद, एक ही स्थान पर प्राप्त होता है–'नोट्स' और यह भी 'नोटों' के मुद्रा विषयक अर्थ से बचाव के लिए।

प्रवाह साहित्य का सौन्दर्य है और प्रवाह को मार्ग चाहिए। अंग्रेज़ी शब्दों के प्रसंगानुरूप नियंत्रित प्रयोग से युग के वातावरण, साहित्यिक चेतना, जीवन के बहुरंगी अनुभवों और सतत संघर्ष को स्वत:स्फूर्त अभिव्यक्ति का मार्ग न केवल सहजता से प्राप्त होता है, बल्कि अभिव्यंजना का माधुर्य और सरसता, सौन्दर्यानुभूति और शालीनता भी अक्षुण्ण रहती है–यह बशीर बद्र के इस नवाचार और प्रयोगधर्मिता ने पूर्णत: स्थापित कर दिया। ग़ज़ल आम आदमी की संवेदनाओं को महसूस करने कराने में दो कदम आगे बढ़ी। अंग्रेजी शब्दों के प्रयोग से उपजी इमेजरी से ग़ज़ल का क्षेत्र विस्तृत और प्रशस्त हुआ, उर्दू भी परिमार्जित हुई, ग़ज़ल का शब्दकोश समृद्ध हुआ। फिर तो जैसे कुएँ में भंग पड़ गई। हिन्दुस्तान और पाकिस्तान की ग़ज़लों में खुलकर अंग्रेजी के शब्द प्रविष्ट हुए और इस प्रयोग ने ग़ज़ल में भाव, विचार, अर्थवत्ता और अभिव्यक्ति की अभूतपूर्व संभावनाएँ पैदा कीं, कोई भी विषय ग़ज़ल से अछूता न रहा। कुछ उदाहरण देखें–

दिल है वीरान, शहर भी ख़ामोश
फ़ोन ही उसको कर लिया जाए **–महमूद शाम**

चस्पाँ है इक बोर्ड पे नोटिस
मुस्तक़्बिल अब धुँधला-सा है **–मुईन कौसर**

किसी फुटपाथ पे बिकता हुआ पाओगे मुझे
अहदे-नौ का वो कुहनसाल जरीदा हूँ मैं **–ज़हीर ग़ाज़ीपुरी**

उनको भी बहा ले गये नाक़ूस मिलों के
जो सुबह को जागे थे मुअज़्ज़न की सदा से **–शाहिद कबीर**

सिगरेट, गिलास, चाय का कप और नन्हा लैम्प
सामाने शौक़ है ये बहम मेरी मेज़ पर —ज़हीर ग़ाज़ीपुरी

इस अंतिम शेर से यह अनुमान सहज लगाया जा सकता है कि ग़ज़ल में ग़ैरपारम्परिक शब्दों के प्रयोगों से जो लचीलापन और जिजीविषा उपजी है उसने जिन्दगी के हर पहलू को समेट लिया है और अब जीवन से जुड़ा कोई विषय ऐसा नहीं है जो ग़ज़ल के दायरे से बाहर हो, जिस पर ग़ज़ल न लिखी गई हो या जिस पर ग़ज़ल न लिखी जा सके।

'इकाई' से 'आमद' तक की यात्रा में बशीर बद्र ग़ज़ल के सीमित शब्दकोश में रहकर बाहर निकले और इसे एक नवीन विस्तार दिया। ग़ज़ल एक संकेतात्मक कविता है, गागर में सागर भरने की कला है। इसके संक्षिप्त कलेवर में प्रतीकों के माध्यम से वह बात कही जा सकती है जिसके लिए एक लम्बी नज़्म दरकार है। इस तरह कुछ निश्चित प्रतीकों को सीमा में बँधकर भी ग़ज़ल में व्यापकता रही है क्योंकि इन प्रतीकों में प्रयोग के अनुरूप अर्थवत्ता की अनन्त संभावनाएं हैं। डेढ़-दो सौ वर्ष तक उर्दू कविता अरब और ईरान के जीवन, सभ्यता, संस्कृति और सामाजिक व्यवहार पर आधारित फ़ारसी साहित्य के रूपकों के इर्द-गिर्द घूम रही थी। ये वास्तव में रूपकों के समूह थे। उदाहरणार्थ-'कारवाँ और क़ाफ़िला' के साथ मज़िल, दश्तेगुर्बत, रहज़न, रहबर/मीरे कारवाँ/क़ाफ़िला सर्दार, शामे ग़रीबां, सुब्हे वतन, बाँगे जरस/नारए जरस/नालए-जरस, नक़्शेपा/नक़्शे क़दम, ग़ुबारे कारवाँ/गर्दे कारवाँ, तथा 'मैं और मैख़ाना' के साथ साक़ी, पैमाना, साग़र, शराब, मस्ती, होश और जुनूँ, रिन्द, ज़ाहिद, वाएज़, नासेह, मुहतसिब आदि का प्रयोग होता था। ऐसे ही रूपकों का समूह शमा-परवाना, बहार-ख़िज़ाँ, दरिया-साहिल-सफ़ीना के साथ जुड़ा हुआ था। इनके प्रभाव से उर्दू भाषा की सजधज फ़ारसी ही रही, किन्तु नये शायर उसकी भारतीय आत्मा का क्या करते?

दो विश्व युद्धों से साथ विश्व साहित्य में एक नये युग का सूत्रपात हुआ। पाश्चात्य साहित्य का प्रभाव भारतीय भाषाओं पर भी पड़ा। उर्दू अछूती नहीं रह सकती थी। समस्याओं और स्थितियों को आँकने का एक नया दृष्टिकोण सामने आया। कवि अब जीवन की वेदना पर केवल शोक प्रकट करके नहीं रह सकता था, उसे इसके भौतिक उपाय की तलाश भी करनी थी। उसे पारम्परिक प्रतीकों, बिम्बों, लोकोक्तियों, उपमाओं

और मुहावरों से हटकर भी सोचना पड़ा। नैतिक और सामाजिक विसंगतियाँ, अंधे शहरीकरण, अधूरे लोकतंत्र, साम्प्रदायिक दंगे, दोहरे चरित्र, मनुष्य की अनन्त जिजीविषा आदि को व्यक्त करने के लिए पूर्वकालीन साहित्यिक परम्परा से ग्रहण किये गये रूपक, उपमान, कुंठित व लँगड़े जान पड़े। समय के साथ जीवन के हर क्षेत्र में हो रही दैनन्दिन तब्दीली से भी अभिव्यक्ति और संप्रेषणीयता के मानी बदलने लगे। मानवीय रिश्तों की संवेदना और ऊष्मा बचाये रखने में पत्रों का बड़ा योगदान रहा। टेलीफोन के आविष्कार ने पत्र-वृत्ति को अपूरणीय क्षति पहुँचाई। वर्तमान युग में किसी फेनी ब्राउन को कोई कीट्स फोन से क्या बता पायेगा? और आज तो फैक्स और ई-मेल का युग आ चुका है। शायरी अब क़ासिद, नामाबर और कबूतर तक सीमित नहीं रह सकती।

विभिन्न भाषाओं के कवि विषय की आवश्यकता को अभीष्ट रखते हुए अपने वातावरण से नए प्रतीकों और रूपकों के साथ ही नई बिम्ब रचनाएँ ढूँढ़ने को विवश हुए जिससे कविता की शक्ति और व्यापकता में वृद्धि हुई। निराला का कथन है, ''मनुष्यों की मुक्ति की तरह कविता की भी मुक्ति होती है। मनुष्यों की मुक्ति कर्मों के बंधन से छुटकारा पाना है और कविता की मुक्ति छंदों के शासन से मुक्त हो जाना है।'' ग़ज़ल का छंदों के बंधन से मुक्त होना तो असम्भव ही है, किन्तु बशीर बद्र ने उसे स्टीरियो टाइप भाषा, निर्धारित रूपकों और पारम्परिक बिम्ब विधान से मुक्त अवश्य कराया और ग़ज़ल को एक नयी सज्जा दी। इसके लिए उन्होंने ग़ज़ल के विषय साधारण जीवन से लिए और नयी अछूती उपमाओं, बिम्ब रचनाओं और प्रतीकों के साथ ग़ज़ल को अपनी जमीन से जोड़ दिया। ग़ज़ल महफिल और मैख़ाने से निकलकर आज की जिन्दगी से हमकदम हुई, जिसमें जहाँ एक तरफ घर, परिवार, रिश्ते और मुहब्बतें है, तो दूसरी और है दोहरे चरित्र, दंगे-फसाद, गंदी सियासत और नफरतें। सुनहरे शहर है, लोहे के पुल हैं, एटमबम हैं, शहरों का स्थानाभाव है, कृत्रिमता-सतहीपन है- कुल मिलाकर 'ख़ूबसूरत, उदास, ख़ौफ़ज़दा', बीसवीं सदी के हर संभव चित्र के साथ-साथ इक्कीसवीं सदी की पगध्वनि है।

बशीर बद्र का पुराने अलंकारों और परम्परागत रूपकों का बहिष्कार पूर्वाग्रहयुक्त नहीं है। यह इंशा के 'मसनवी-बेनुक़्त' की तरह नहीं है कि ध्यान बिन्दियों पर ज्यादा रहे कविता पर कम। पुराने रूपक यदि आवश्यकतानुसार आ गये तो आ गये--हाँ, उनका प्रयोग अवश्य एक नयी ताजगी के साथ किया गया है-

मैकदे में अजा सुन के रोया बहुत
इस शराबी को दिल से ख़ुदा याद है

कृत्रिमता और सतहीपन पर चोट करते हुए यहाँ सम्बोधन साक़ा स ह, वातावरण ‹खाने का है, जिक्र पैमाने का है, पर बात भी नयी है, भाषा भी–

यहाँ लिबास की क़ीमत है आदमी की नहीं
मुझे गिलास बड़े दे शराब कम कर दे

बशीर बद्र प्रतीकों के माध्यम से बात कहने की कला के जादूगर हैं। प्रतीकों का प्रयोग नाक़ाबिले–बयान बातों के बयान के लिए अनिवार्य हो जाता है। रचित बिम्ब विधान के माध्यम से कवि अपने और पाठक के बीच एक पुल बनाता है जिस पर से होकर अनुभूति का सम्प्रेषण होता है। बशीर बद्र शारीरिक सम्बन्धों के अनेक संवेदनशील, नाज़ुक और अनिर्वचनीय क्षणों को बड़ी कुशलता से कह जाते हैं–

कच्चे फल कोट की जेब में ठूँसकर जैसे ही मैं किताबों की जानिब बढ़ा
गैलरी में छिपी दोपहर ने मुझे नारियल की तरह तोड़कर पी लिया

इसी प्रकार वे दंगाइयों द्वारा व हत्या व बलात्कार का लोमहर्षक चित्र इशारों से खींच देते हैं–

चाँद हाथ में भरकर जुगनुओं के सर काटो और आग पर रख दो
मोमबत्ती की रानें जब ब्लेड से खुल जाएँ चाक़ुओं के सर रख दो

बशीर बद्र शब्दों के चतुर चितेरे हैं। वे विवरण मात्र प्रस्तुत नहीं करते, वरन् अपनी अनोखी बिम्ब रचना से अभिव्यक्त को आँखों से सामने ला देते हैं–

सुर्ख़ नीले चाँद तारे दौड़ते हैं बर्फ़ पर
कल हमारी तरह ये भी धुंद में खो जायेंगे

आँसू कभी पलकों पर ता देर नहीं रहते
उड़ जाते हैं ये पंछी जब शाख़ लचकती है

बर्फ़-सी उजली पोशाक पहने हुए पेड़ जैसे दुआओं में मसरूफ़ हैं
वादियाँ पाक मरियम का आँचल हुईं, आओ सज्दा करें सर झुकाएँ कहीं

पीछे–पीछे रात थी तारों का इक लश्कर लिये
रेल की पटरी पर सूरज चल रहा था रात को

बशीर बद्र की ग़ज़लों में बहुधा नयी और पुरानी इमेजरी का अद्भुत संगम– दृष्टिगोचर होता है और रसानुभूति की एक नयी धारा फूटती है–

एक समन्दर के प्यासे किनारे थे हम अपना पैगाम लाती थी मौजे रवाँ
आज दो रेल की पटरियों की तरह साथ चलना है और बोलना तक नहीं

उनकी बिम्ब रचना और प्रतीक चयन में अभिव्यक्ति की व्यापकता देखते ही बनती है–

कोहरे के लरज़ीदा हाथों में अकसर
तुलसी और अदरक की चाय छलकती है

'कोहरे' शब्द से ऋतु और आयु दोनों का चित्र स्पष्ट हो जाता है। तुलसी ओषधि भी है, पवित्रता का प्रतीक भी। परम्परा भाव से ममता भी शामिल है।

बारिश में भीगते हुए पेड़ को देखकर मन में यह भाव जगता है मानो शाल ओढ़कर कोई प्रियतम के लिए सतत प्रतीक्षारत है–

बारिशों में किसी पेड़ को देखना
शाल ओढ़े हुए भीगता कौन है

रोमांस की अनुभूति की यह तीव्रता ही किसी समुद्र तटीय नायिका को 'नारियल के दरख़्तों की पागल हवा' बना देती है और यादें सन्दूक से प्रस्फुटित होकर नए रिश्तों के लिए खतरा बन जाती हैं–

गर्म कपड़ों का सन्दूक़ मत खोलना वरना यादों की काफ़ूर जैसी महक
ख़ून में आग बनकर उतर जाएगी सुब्ह तक ये मकां ख़ाक हो जाएगा

चित्रित दृश्य-योजना शायर के मूड और तत्कालीन मानसिकता का भी पता देती है। कभी अच्छे मूड में सुमित्रानन्दन पन्त को 'संध्या सुन्दरी परी-सी' दिखी थी जो 'धीरे धीरे धीरे' उतर रही थी। यही संध्या विषाद के क्षणों में बशीर बद्र को ऐसी प्रतीत होती है मानो प्रवाहमान सरिता को अनगिनत काले परिन्दों के काले-काले पर एक-एक करके क्रमशः ढकते चले जा रहे हैं–

अनगिनत काले-काले परिन्दों के पर टूटकर ज़र्द पानी को ढकने लगे
फ़ाख़्ता धूप के पुल पे बैठी रही रात का हाथ चुपचाप बढ़ता रहा

ये लम्बी बहर और असामान्य मीटर की ग़ज़लें वास्तव में इमेजेस की शृंखलाएँ हैं और शायर की असाधारण प्रतिभा का लोहा मनवाने पर विवश करती हैं। इतनी बड़ी बहर में इतनी ग़ज़लें नहीं कही गयी हैं। माइक्रोफ़ोन के आविष्कार और मुशायरों में प्रयोग ने उर्दू शायरी को जो लोकप्रियता और पहुँच दी, वह केवल पुस्तकों और पत्रिकाओं के माध्यम से कभी संभव न थी। इसी प्रकार बशीर बद्र की लम्बी बहर

की ये ग़ज़लें जब कभी किसी सिद्धहस्त कल्पनाशील प्रतिभा के द्वारा चित्रांकित कर कैमरे की तूलिका से पेण्ट की जाएँगी तब इमेजेस की यह अभूतपूर्व शृंखला देखने वाले के दिलोदिमाग में उतर सकेगी। ये निश्चिततः कविता के आगामी दृश्य-श्रव्य माध्यम की ग़ज़लें हैं। हर शेर अनेक चित्र, अनेक बिम्ब और अनेक भाव आत्मसात् किये हुए किसी कुशल चितेरे की प्रतीक्षा कर रहा है–

नारियल के दरख़्तों की पागल हवा खुल गये बादबां लौट जा लौट जा
साँवली सरज़मी पर मैं अगले बरस फूल खिलने से पहले ही आ जाऊँगा

बेद के ज़र्द मोढ़ें पे बैठी हुई शाम ने उठ के बत्ती जलाई नहीं
रोशनी का फ़रिश्ता बड़ी देर तक दस्तकें दे के वापस चला भी गया

इस अनोखी इमेजरी का चमत्कार अछूती उपमाओं के प्रयोग से द्विगुणित हो जाता है। ये उपमाएँ और शाब्दिक चित्र प्रचलित पूर्व कोष से स्वतंत्र और एकदम आसपास से जुटाए हुए हैं और इसीलिए ये पूरा विषय, वातावरण और मूड शब्दों में उतारकर रख देते हैं। मुसकान की झूठी ऊष्मा हो या यादों की मिठास या फिर तन्हाई की इन्तिहा, बशीर बद्र अनुभूति की तीव्रता पाठक को महसूस करा ही देते हैं–

वह जैसे सर्दियों में गर्म कपड़े दे फ़क़ीरों को
लबों पे मुसकराहट थी मगर कैसी हिक़ारत-सी

रात तेरी यादों ने दिल को इस तरह छेड़ा
जैसे कोई चुटकी ले नर्म-नर्म गालों में

जिस तरह वापस कोई ले जाए अपनी चिट्ठियाँ
जाने वाला इस तरह से कर गया तन्हा मुझे

कुछ और समानान्तर चित्र देखें–

गुज़ारे हमने कई साल ऐसे दफ़्तर में
कुँआरी लड़की रहे जैसे ग़ैर के घर में

मेरे सीने में कोई साँस चुभा करती है
जैसे मज़दूर को परदेस में घर याद आये

ख़ुशी हम ग़रीबों की जैसे मियाँ
मज़ारों पे चादर चढ़ाई हुई

रात सर पर लिये हूँ जंगल में
रास्ते की ख़राब बस की तरह

बशीर बद्र की खूबी है–उनका सटीक शब्द चयन। बहुधा अपने शेरों में एक शब्द से वे इतने चित्र खींच देते हैं कि सम्पूर्ण तसवीर आँखों के सामने दौड़ जाती है–

शाम के बाद कचहरी का थका सन्नाटा
बेगुनाहों को अदालत के हुनर याद आये

यहाँ 'हुनर' शब्द में अदालतों के दाँव-पेंच, घात-प्रतिघात, सच-झूठ की समस्त गाँठें एक साथ खुल जाती हैं।

कठिन-से-कठिन ज़मीन, नये-से-नये रदीफ़-क़ाफ़िया और शैली में ग़ज़लें कहना इनकी विशेषता है। इसीलिए हमेशा ये नयी व ताजा लगती हैं। साठ के दशक के प्रारम्भ में बाबा की रदीफ़ में जो ग़ज़ल इन्होंने लिखी थी–

अब हुई दास्ताँ रक़म बाबा
उंगलियाँ हो गईं क़लम बाबा

उसका बहुत अनुकरण हुआ। स्वयं बशीर बद्र ने इस रदीफ़ में एक अन्य ग़ज़ल कही है–

माटी की कच्ची गागर को क्या खोना क्या पाना, बाबा
माटी को माटी रहना है माटी में मिल जाना, बाबा

रज़िया हामिद ने इस सम्बन्ध में लिखा है, 'एक मोहतात और ज़िम्मेदार सर्वे के मुताबिक़ बशीर बद्र की सिर्फ एक ग़ज़ल जिसकी रदीफ़ 'बाबा' है, उससे मुतासिर होकर रिसाले और मुशायरे के अहम शोअरा ने ढाई हज़ार ग़ज़लें कहीं। 71 शायरों ने अपनी ग़ज़लें शाया कराते वक़्त ऐसी ग़ज़लों को बशीर बद्र के नाम मानून ओ-मनसूब किया'।

वकार वासिकी का एक शेर है

अजब रस्म अनोखा रिवाज है, बाबा
ज़माने का मुतहर्रिक मिज़ाज है, बाबा

हिन्दी ग़ज़ल ने भी इस रदीफ़ को अंगीकार किया। एक उदाहरण देखें–

करो न हमको शर्मिन्दा बढ़ो आगे कहीं बाबा
हमारे पास आँसू के सिवा कुछ भी नहीं बाबा **डॉ. कुँवर बेचैन**

बशीर बद्र मूलतः सौन्दर्य, अमन और प्रेम के कवि है। रूमानियत उनकी आत्मा है और इश्क उनकी पूरी शायरी पर, कभी मंच पर तो कभी नेपथ्य में, छाया हुआ है।

पर उनका इश्क न तो इश्के मजाज़ी है न इश्के हक़ीक़ी। यह इश्के जिन्दगी है। रिश्तों से इश्क है, रिश्तों का इश्क है–जो जिस्मानी भी है, रूहानी भी। कभी अफलातूनी हो जाता है, कभी कामोद्दीपन के शीर्षस्थ सोपान पर जा बैठता है। फ़ारसी में ग़ज़ल का अर्थ है 'सुख़न अज़ ज़नाना गुफ़्तन' अर्थात् औरतों से अथवा औरतों के बारे में बातचीत करने का तरीका। औरत से बात करने के दौरान नर्मी व कोमलता आ ही जाती है। यही ग़ज़ल की नर्मी है। बशीर बद्र की ग़ज़ल में प्रेमी, प्रेमिका, उनका प्रेम, प्रेम का सुख–दुख, विकलता, विवशता, कामना, आशा, निराशा, प्रेम निवेदन, चंचलता और मीठी चुहल सहित प्रेम में उभरने वाली तमाम छटाओं और इन्द्रधनुषों का मनोहारी चित्र है।

'बात तो वही है' फ़िराक़ गोरखपुरी ने लिखा है, 'कि मैं तुम्हें चाहता हूँ और इसी बात की सौ बात बन जाती है।' बशीर बद्र की शायरी में प्रेम की 'इसी बात की सौ बात' विविध रूपों में दिखाई देती है। इसमें भावुकता का उफान भी है, ठोस संवेदनाओं की छोटी–छोटी दीप्तियाँ भी। कभी यह निश्छल प्रेम है–

फूल सी उँगलियाँ कंघियाँ बन गईं
उल्झे बालों से माथा ढका देख कर

और कभी अपूर्व सुकुमारता और स्निग्धता भरी चाह–

लहजा के जैसे सुब्ह की ख़ुशबू अजान दे
जी चाहता है मैं तेरी आवाज़ चूम लूँ

कभी प्रेमिका को जलाने की कोशिश है–

वो जैसे ही दाख़िल हो सीने से मिरे लगकर
तुम कोट के कालर पर इक फूल लगा देना

कभी चुहल भरी शरारत के साथ इश्क अतीत के मैखाने और गुलिस्ताँ से उठकर आज के ग़ुसलखाने में आ जाता है और रोजमर्रे की भाषा बन जाता है। कल्पना की इस उड़ान में गुनाह नहीं है, नायिका के साँवलेपन का संकेत भी है–

शावर के नीचे घुलती जाती है शाम
मेरी आँखों पर इक टावल लिपटी है

लेकिन जितनी भी छटाएँ हैं, पृष्ठभूमि में पवित्रता की छवि भी है, कामना भी, अनुभव भी। हमारी सामासिक गंगा–जमुनी संस्कृति में बसे सारे बिम्बों से यही पाकीज़गी उभरती है–

उसकी आँखों को ग़ौर से देखो
मन्दिरों में चिराग़ जलते हैं

लोबान में चिंगारी जैसे कोई रख जाये
यूँ याद तिरी शब भर सीने में सुलगती है

सब कुछ कह देना ही शायरी नहीं है। नए प्रतीकों से जड़ी अभिव्यंजना शायरी में मौन की अप्रतिहत वाचालता के संकेत देती है–

कोई काग़ज़ न था लिफ़ाफ़े में
सिर्फ तितली का एक पर निकला

और

पूछा बहुत जो हमने किस ओर अब मिलोगे
चुटकी में रेत लेकर उसने उड़ा दिया है

यह मौन इतना प्रखर है और भीतरी संकेतों की अनुभूति इतनी प्रगाढ़ कि शायर वातावरण से ही दूर संवेदना द्वारा कल्पना की सच्चाई भाँप लेता है, प्रेम असंभव को संभव ही नहीं आसान बना देता है–

मुझको शाम बता देती है
तुम कैसे कपड़े पहने हो

भावुकता की यह उड़ान केवल एक वक्ती पड़ाव है, यह सारा बयान एक मुलम्मा है, असल सच्चाई तो एक गहरी अन्दरूनी अमिट कसक है जो छुपाते–छुपाते फ़ाश हो जाती है। बशीर ब्रद की शायरी मूलतः एक ऐसे असफल प्रेमी की आत्मकथा है जो बार–बार अपने प्रियतम को याद करता है, उसकी कमी को महसूस करता है, उसकी प्रतिपूर्ति की कामना करता है, फिर भी जिन्दगी की खुरदुरी सच्चाइयों का, अपने उत्तरदायित्वों और रिश्तों का निर्वाह करते हुए, सामना करता है।

ख़ुदा की इतनी बड़ी काइनात में मैंने
बस, एक शख़्स को माँगा मुझे वही न मिला

और फिर सारी शायरी इसी 'शख़्स' के नाम मंसूब है–

नज़्म, ग़ज़ल, अफ़साना, गीत एक तिरा ही ग़म था जिसको हमने
कैसा कैसा नाम दिया है, कैसे–कैसे बाँट दिया है

इसी भावना ने उनसे ऐसे अमर शेर कहलवाए–

तुम्हारे घर के सभी रास्तों को काट गई

हमारे हाथ में कोइ लकार ऐसी थी

करुणा इन ग़ज़लों का प्राण है, संवेदना आधार और मर्यादा आदर्श। जीवन के यथार्थ, प्रेम की कुर्बानी ले ही लेते हैं, और फिर दोनों में से एक दुनिया के रास्ते पर जाने के लिए विवश हो जाता है–

इस मोड़ पे हम दोनों कुछ देर बहुत रोये
जिस मोड़ से दुनिया को इक रास्ता जाता है

शायर जानता है कि बिछड़ना लाजमी हो तो भी जिन्दगी अकेले तो गुजारी नहीं जाती, और यह भी कि कितने ऐसे लोग हैं जिन्हें यथेष्ट मिल पाता है। जो मिला नहीं, उसके गम में कपड़े फाड़ लेने से काम नहीं चलता क्योंकि हर सितारे से आगे जहाँ और भी हैं। किशोरावस्था की अठखेलियों और यौवन की अंगड़ाइयों के बाद वह दाम्पत्य में स्थिर होता है और मिलजुलकर अच्छे–बुरे का सामना करता है–

कभी दिन की धूप में झूम क कभी शब के फूल को चूम के
यूँ ही साथ साथ चलें सदा कभी ख़त्म अपना सफ़र न हो

परस्पर आसक्ति रससिद्धि की ओर ले जाती है। भारतीय परम्परानुसार पति–परमेश्वर के लिए पत्नी को अनेक रूप धारण करने होते हैं, उनमें एक रूप सेज पर वेश्या का भी है–

पिला के रात का रस राक्षस बनाती थी
सबेरे लोगों से कहती थी देवता मुझको

यह रसानुभूति तो मानो अतृप्ति और सतत कामना की परिभाषा है–

तू एक हाथ में ले आग एक में पानी
तमाम रात हवा में जला बुझा मुझको

और इस आग पानी की रात्रि की आसनी कवाय़ द की स्मृति, रोजमर्रा की जिन्दगी के अछूते बिम्ब के माध्यम से, सुबह मधुर परितृप्त हास को जन्म देती है–

रात की तनहाइयों को सोचकर
चाय की दो प्यालियाँ हँसने लगीं

दाम्पत्य जीवन केवल शारीरिक आसक्ति को ही जन्म नहीं देता, धीरे–धीरे एक भावनात्मक और आत्मिक संबंध स्थापित होता जाता है, जो दैनिक

क्रियाकलापों में व्यक्त होता रहता है। विदा वेला के संवेग में आँसू हाथों में छिप जाते हैं–

मैं घर से जब चला तो किवाड़ों की ओट में
नर्गिस के फूल चाँद की बाँहों में छुप गये

दाम्पत्य जीवन के इन चित्रों का यह लौकिक सौन्दर्य और आनन्द किशोर-कल्पना की उड़ान से कितना भिन्न है। यह प्रेम साक़ी–मैख़ाने, गुलो–बुलबुल, बहार–ख़िज़ाँ और न जाने कितने पुराने परम्परागत प्रतीकों से हटकर रोज़मर्रा की जिंदगी के अनुभवों, बिम्बों, प्रतीकों और रूपकों से व्यक्त होता है। गृहस्थ जीवन का प्रेम वैसे भी ठोस हकीकतों पर आधारित होता है, किसी खॅयाली उड़ान पर नहीं। इसीलिए अपनी पत्नी की अकाल मृत्यु पर शायर आँसुओं को उल्टी दिशा में प्रवाह दे देता है। यहाँ जब्त करने का सौन्दर्य है, कवि आँसू पी सकता है, बहा नहीं सकता। बात सदियों पुरानी है, पेशकश बिल्कुल नयी–

अब के आँसू आँखों से दिल में उतरे
रुख़ बदला दरिया ने कैसा बहने का

बशीर बद्र का कहना है कि जो मुझे मिल जाता है उसे मैं सर पर जगह देता हूँ, जो नहीं मिलता उसे दिल में बसा लेता हूँ। इस पूरे दौर में प्रियतम के न मिलने पर शायर ने जो भाव व्यक्त किए हैं वे प्रेम काव्य के इतिहास में एक पूर्णत: नये प्रत्यय को अभिव्यक्ति देते हैं। गृहस्थ जीवन के सारे ईमानदार समझौतों के बाद भी हृदय से प्रियतम की स्मृति लुप्त नहीं होती, विरह–व्यथा जागती रहती है–

मेरे बिस्तर पे सो रहा है कोई
मेरी आँखों में जागता है कोई

अनूठा शेर है जो बन्दिश की चुस्ती की कमी के कारण लोकप्रिय नहीं हो सका। विचारों की इसी भूमि पर सलीम कौसर का एक पश्चातवर्ती शेर बहुत लोकप्रिय हुआ है–

मैं ख़्याल हूँ किसी और का मुझे सोचता कोई और है
सरे आइना मेरा अक्स है पसे आइना कोई और है

दोनों को, एक दूसरे की तरह टूट कर प्रेम करने वाला मिल जाए, शायर यह दुआ तक करता है। शायरी के सदियों पुराने परम्परागत 'रक़ीब' का यह नयी परिभाषा और पहचान के साथ पुनर्जन्म है, अहल्या–उद्धार है–

उसके लिए तो मैंने यहाँ तक दुआएँ कीं
मेरी तरह से कोई उसे चाहता भी हो

और

मैं चाहता हूँ कि तुम ही मुझे इजाज़त दो
तुम्हारी तरह से कोई गले लगाये मुझे

इन उदात्त भावों के बावजूद वे प्रेम को केवल पवित्रता के स्तर पर ही देखते हैं, यह कहना ठीक न होगा। दरअसल वह पात्रों व चरित्रों का चित्रांकन करते है। ग़ालिब के 'लताफ़त बेकसाफ़त जलवा पैदा कर नहीं सकती' की तर्ज़ पर उनके पात्र कभी-कभी फ़्लर्ट भी करना चाहते हैं-

मैं इस ख़्याल से उसके क़रीब आया था
कि दूसरों की तरह वो भी बेवफ़ा होगा

या फिर जैसा इक़बाल ने थोड़ा छुपाकर कहा है-

लाज़िम है दिल के पास रहे पासबाने-अक़्ल
लेकिन कभी-कभी इसे तनहा भी छोड़ दे

वैसा बशीर बद्र खुलकर कह देते हैं-

आशिक़ी में बहुत ज़रूरी है
बेवफ़ाई कभी-कभी कर ली

यहीं नहीं, वे वयःसंधि के कौमार्य की परिपक्वता स्पष्टतम बिम्ब के माध्यम से उजागर कर देते हैं-

पके गेहूँ की ख़ुशबू चीखती है
बदन अपना सुनहरा हो चुका है

लेकिन ऐब कर्दन रा हुनर बायद (ऐब करने के लिए भी हुनर आना चाहिए) और यह हुनर उन्हें आता नहीं है क्योंकि संस्कारों की आवाज कहती है-

दो बदन जितने नज़दीक होते गये
क़ुर्बतें फ़ासलों में बदलती रहीं

यही संस्कार हैं जो आलिंगन की निर्दोष और निष्पाप अभिव्यक्ति बनते हैं-

वो सबके सामने बाँहों में आ के खो जाना
फ़रिश्तों जैसी ये मासूमियत हवस की नहीं

ज़िम्मेदारियों का बोझ कंधे पर हो तब इश्क को सीमाएँ पता चलती हैं, और तब देवदास बनकर ठंडी आहें भरना या 'मश्तेख़ाक की हसरत में' कोहकन हो जाना आसान नहीं है–

कोई इश्क है कि अकेला रेत की शाल ओढ़ के चल दिया
कभी बाल बच्चों के साथ आ ये पड़ाव लगता है रात में

वास्तव में यह रोमांस किसी न किसी रूप में बशीर बद्र के पूरे कलाम का सरमाया है। रोमांटिक और मादक फ़िज़ा का संयोग श्रृंगार परिन्दों के नशेमन सजाने के भीतरी संकेत से हृदयस्पर्शी रूप में प्रकट होता है–

इन हवाओं से मौसम बदलने लगा धूप में प्यार की नर्म चुमकार है
फिर कबूतर के जोड़ों के दिल में चुभी तिन्के चुन-चुन के लाने की फ़ितरी चुभन

प्रेम केवल मनुष्य, पशुपक्षी तक ही सीमित नहीं है, सृष्टि के कण-कण में व्याप्त है। डॉ. बशीर बद्र इस सर्वव्यापी रोमांस में विश्वास करते हैं और बड़ी निपुणता से प्रकृति में मनुयत्त्वारोपण करते हैं–

जैसे ये जानती हो तिलिस्मी हवा उस परिन्दे को वापस नहीं लायेगी
ख़ुश्क डंठल ने इक फ़ाख़्ता की घनी बन्द पलकों का इस तरह बोसा लिया

यह प्रेम शायर को अचेतन जगत् तक में दिखाई देता है, किन्तु यहाँ भी वियोग ही प्रेम का परिणाम है–

पटरियों पर खड़े दो नये डिब्बों ने जिस घड़ी तय किया हम न होंगे जुदा
सब्ज़ पलकें झुकीं, देव आगे बढ़ा, एक डब्बा अकेला खड़ा रह गया

शायर में इतना रोमांस है कि वह लोहे के डब्बे में दिल देख लेता है और हुनर इतना है कि फिर भी ग़ज़ल की भाषा और व्याकरण का निर्वाह करता है। अंग्रेजी शब्दों के प्रति दुराव न होने के बावजूद सिग्नल न कहकर 'सब्ज़ पलकें' और 'इंजन' न कह कर 'देव' कहा गया है। यह कार्य ग़ालिब नहीं कर सकते थे, मीर कर सकते थे। इसलिए कभी-कभी ऐसा प्रतीत होता है कि बशीर बद्र मीर के ख़ानदान के शायर हैं जो ग़ालिब की सोहबत में ख़राब हो गये।

रोमांस की इस जड़-चेतन सर्वव्याप्ति के बावजूद बशीर बद्र केवल मुहब्बत के मँडुवे तले ही नहीं मँडराते, उनकी ग़ज़लें राजनीतिक, सामाजिक और इन्किलाबी

प्रभाव एवं प्रवृत्ति की वाहक भी हैं, उनमें समकालीन यथार्थ और उससे उपजे प्रश्नों को समझने की तड़प है। महान् साहित्य व्यापक भावप्रवण अनुभव से उत्पन्न होता है। अपनी विलक्षण चेतना से साहित्यकार पूरे युग की भावनाओं–जिसे जर्मन भाषा में जाइटगिस्ट कहते हैं–को अनुभव करता है और इसे आत्मसात कर सृजन प्रक्रिया द्वारा बाह्य जगत् को संप्रेषित करता है। वह मूल्यों के चीरहरण और अपसंस्कृति के विरुद्ध लामबंदी का माध्यम भी बनता है।

बशीर बद्र की ग़ज़ल में वर्तमान की तस्वीर और आगत के संकेत हैं। उनका युगबोध केवल नैराश्य की कालिमा ही नहीं देखता, अमन और सौहार्द की उत्कट आशा–आकांक्षा भी रखता है–साम्प्रदायिक दंगों और उससे जुड़े विषयों पर उनकी ग़ज़ल में निष्पत्ति इसका एक उदाहरण है। इसमें सत्ता के मठाधीशों पर चोट भी है–

बेख़बर कुर्सियाँ आँख मलती रहीं
बस्तियाँ बेगुनाहों की जलती रहीं

और चुभते व्यंग्य की मख़मली मासूमियत भी–

किसने जलाईं बस्तियाँ बाज़ार क्यों लुटे
मैं चाँद पर गया था, मुझे कुछ पता नहीं

एक तरफ कर्फ्यू की विवशता है तो दूसरी तरफ अमन–आदमीयत की दुआ–

खुले से लान में सब लोग बैठें चाय पियें
दुआ करो के ख़ुदा हमको आदमी कर दे

उर्दू में भी कविता धार्मिक संकीर्णता और वैचारिक कट्टरता से मुक्त रहकर, आडम्बर और पाखण्ड का सदा से मात्र विरोध ही नहीं करती रही है, बल्कि कर्मकाण्ड के पक्षधर शेख़, ज़ाहिद, मुहतसिब और वाएज़ जैसे धर्मोपदेशकों का खुलकर उपहास भी करती रही है। इस कविता में शेख़ोबिरहमन एक साथ आते हैं और काबे की राह बुतख़ाने से निकलती है। उर्दू कविता की इसी पारम्परिक भावना के प्रभाव से दंगों की पृष्ठभूमि के चित्रण की ग़ज़लों में बशीर बद्र दोनों पक्षों पर कबीर की दृष्टि डालते हैं–

यहाँ एक बच्चे के ख़ून से जो लिखा हुआ है उसे पढ़ें
तिरा कीर्तन अभी पाप है अभी मेरा सजदा हराम है

कहीं मजिस्दों में शहादतें कहीं मंदिरों में अदालतें
यहाँ कौन करता है फ़ैसला ये कभी किसी को ख़बर न हो

वे केवल समझाइश या उपालम्भ तक सीमित नहीं रहते बल्कि परस्पर एकता की ज़ोरदार आकांक्षा रखते हैं–

वो धूप के छप्पर हों या छाँव की दीवारें
अब जो भी उठायेंगे मिल जुल के उठायेंगे

दंगे हो या आम हिंसक वारदातें, दर्शक को गेहूँ का घुन बनते क्या देर लगती है–

तुम अभी शह्र में क्या नए आये हो
रुक गये राह में हादसा देखकर

क्योंकि निरपराध होना सुरक्षित होने की गारंटी तब तो नहीं ही होती जब दुनिया झूठ, कपट का निराधार वितान तानने वालों से बनी हो। किन्तु ऐसे में कथनी–करनी के फर्क, पाखण्ड और आडम्बर पर खुलकर प्रहार आवश्यक है–

जब ज़रा शाम कुछ बेतकल्लुफ़ हुई, बरगज़ीदा फ़रिश्तों के पर नुच गये
रात का टेप सूरज बजा दे अगर, मोम के पाक चेहरे पिघल जायेंगे

अंधेरे कमरे में सब लोग अब बरहना हैं
किसी का हाथ बढ़े और रोशनी कर दे

अंडा, मछली छूकर जिनको पाप लगे
उनका पूरा हाथ लहू में डूबा है

इस दमघोंटू माहौल में आम आदमी वर्तमान युग की आवेदन–संस्कृति का प्रथम पोषक बन गया है और एक मिथ्या आधारहीन–सी आशा के तिनके को पकड़कर मझधार पर विजय के ग़ालिबाना दिवास्वप्न पालता है–

कुछ फल ज़रूर आएँगे रोटी के पेड़ में
ज़िस दिन मतालबा मेरा मंज़ूर हो गया

बशीर बद्र के यहाँ कठिनाइयों से घिरे, जूझते इस आदमी की छवि इतनी प्रखर है कि प्रकृति भी इसे प्रतिबिम्बित करती रहती है–

जब कभी बादलों में घिरता है
चाँद लगता है आदमी की तरह

अपने समय के महत्त्वपूर्ण और तात्कालिक प्रश्नों की यह चिन्ता ही साहित्यकार को अपने समय का इतिहासकार बना देती है और प्रत्येक घटना उसकी दृष्टि में

आ जाती है, चाहे बाँगला देश में पाकिस्तानी सेना के आत्मसमर्पण का अविस्मरणीय क्षण हो–

जब दोनाली ने रूख़ फेरा सब ग़ाज़ी
अपने अपने हाथ उठाकर चले गये

या चाँद पर पहुँचने से उपजी आशा और नये रहस्यों के उद्घाटन की आकांक्षा–

तवाफ़ दायरे का पहली बार टूटा है
ये रहगुज़र हमें इक और रहगुज़र देगी

बशीर बद्र जगे होने का सतत परिचय देते हैं। बारूद के ढेर पर बैठकर न तो वे वीतराग हो सकते हैं और न ही शृंगार रस की सीमा मात्र को अपनी परिधि मान सकते हैं। वे हथियारों की हत्यारी होड़ और विनाशकारी बमों से उत्पन्न संवेगात्मक और भौतिक संकट तथा हताशा के साक्षी हैं–

आलम का ये सब नक़्शा बच्चों का घरौंदा है
एक ज़र्रे के क़ब्ज़े में सहमी हुई दुनिया है

और यह चेतावनी भी देते हैं कि यह मारक युद्ध शक्ति यदि कभी किन्हीं अपरिपक्व हाथों में आ गई तो–

झुँझला के किसी लम्हा वो तोड़ भी सकता है
इक बच्चे की उँगली से लपटी रगे दुनिया है

पोषण और विनाश के इस हरि–हर स्वरूप की अनुभूति ही यदि बशीर बद्र को वृक्षपात की वेदना देती है तो हवेली के उजड़ने से अद्भुत आश्चर्यजनक आत्म संतोष–

आसमाँ भर गया परिन्दों से
पेड़ कोई हरा गिरा होगा

और

क्यों हवेली के उजड़ने का मुझे अफ़सोस हो
सैकड़ों बेघर परिन्दों के ठिकाने हो गये

यह पेड़ का गिरना या हवेली का उजड़ना तो अंतिम स्थिति है उस प्रक्रिया को जो सतत सक्रिय है–प्रथमार्ध में उरूज (उत्कर्ष) की ओर और द्वितीयार्ध में इनहितात (क्षरण) की ओर। शोहरत, शरीर, उपलब्धियाँ कुछ भी स्थिर नहीं होता और उत्कर्ष और क्षरण के बीच यात्रा करता रहता है और परिवर्तन की गति ऐसी

है कि हेराक्लाइटस घोषणा करता है कि हम एक ही नदी में दो बार प्रवेश नहीं कर सकते। लोहे के पुल के माध्यम से यह दर्शन सहज अभिव्यक्त होता है–

मिरे पाँव स्टील, सीना सड़क, हाथ लकड़ी के जंगले, गुजरते हैं,
जिन पर ट्रक, रेल़, मोटर, बसें, रेलगाड़ी
मगर अब ये महसूस होता है मुझको के कुछ दिन से
पानी मुझे काटता है, ज़मीं अपने अन्दर ही धँसती चली जा रही है

संभवत: भौतिक जगत् की इसी क्षण भंगुरता के कारण, बशीर बद्र सौन्दर्य के निर्मल आनन्द को जस का तस भोगना चाहते हैं। यहाँ यगाना का स्मरण बरबस ही आ जाता है। यगाना को वास्तविक या भौतिक प्रेम से कोई सरोकार नहीं था। उनका प्रियतम कोई व्यक्ति नहीं, सौन्दर्य मात्र है। यगाना सौन्दर्य को प्रेम पर तरजीह देते हैं, बशीर बद्र सौन्दर्य को भौतिक उपयोगिता पर–

फलों की बाग़वानी में तो बारिश को दुआ होगी
गुज़रते ख़ूबसूरत बादलों को कौन देखेगा
अगर हम साहिलों पर डोर काँटे ले के बैठेंगे
तो मौजों में चमकती तितलियों को कौन देखेगा

किन्तु प्रकृति का यह असीमित सौन्दर्य तो प्रगति और विज्ञान की चक्की के नीचे दम तोड़ रहा है। लौह प्रस्तर निर्मितियों, जिन्हें स्पेंगलर 'मेगालोपोलिटन सिटी' कहता है, के पीछे मनुष्यों की भीड़ सिर पर आकाश के अतिरिक्त प्रकृति के साक्षात्कार से ही वंचित हो गई है। कंक्रीट के इन जंगलों से उपजे स्थानाभाव ने अतीत की कविता के कई प्रतीकों, मुहावरों और प्रतिमानों को पुराना और अप्रचलित कर दिया है–

अब रोये कहाँ सावन अब तड़पे कहाँ बादल
आँगन न बग़ीचा है इक छोटा सा कमरा है
पसीना बंद करने की उमस का जज़्ब है इसमें
हमारे तौलिये में धूप की ख़ूशबू कहाँ होगी

बशीर बद्र जदीद शायरों की प्रथम पंक्ति में हैं। सारे नयेपन के बावजूद वे अपनी विरासत और परम्परा की उपेक्षा नहीं कर पाते। वे ग़ज़ल की परम्परा में पैदा हुए, अतीतोन्मुख न होने के कारण परम्परा की सतत समीक्षा उनकी रचनात्मकता के साथ युगपत् सक्रिय रही। रचना अपनी भूमि पर ही उपजती और विकास पाती

है। इसलिए अपनी विरासत की ज़मीन का दामन न तो वे पूरी तरह छोड़ना चाहते हैं, न ही परम्परा से पूरी तरह कटना–

राहें रवायतों की अगर रौंदने चलूँ
सर पर मुझे बुजुर्गों का दामन भी चाहिए

और इसीलिए हिन्दी–उर्दू की काव्य परम्परा के चित्र उनकी रचनाओं में यत्र–तत्र प्रकट होते रहते हैं। चाहे मीरा की 'सूली ऊपर सेज पिया की' से ली हुई इमेजरी हो–

मिरी छत से रात की सेज तक कोई आँसुओं की लकीर है
ज़रा बढ़ के चाँद से पूछना वह उसी तरफ़ से गया न हो

या पूरी तरह कबीर की बात–

माटी की कच्ची गागर को क्या खोना, क्या पाना, बाबा
माटी को माटी रहना है, माटी में मिल जाना, बाबा

बशीर बद्र के कलाम में सबकी साझेदारी है। तुलसी के–

सकल पदारथ एहि जग माहीं
करमहीन नर पावत नाहीं

की 'अकर्मण्यता' बशीर बद्र के कलाम में सामाजिक बंधन और मूल्य जनित विवशता के रूप में प्रकट होती है–

देने वाले ने दिया सब कुछ अजब अन्दाज़ में
सामने दुनिया पड़ी है और उठा सकते नहीं

उर्दू परम्परा में बशीर बद्र मीर के साहित्यिक वंशज हैं, रचना शैशव उन्होंने फ़िराक़ के सान्निध्य और प्रभाव में बिताया है। अतः इन दोनों का प्रभाव इनके कलाम पर है। जब मीर तक़ी मीर कहते हैं–

दिल की बरबादी का क्या मज़्कूर है
यह नगर सौ मर्तबा लूटा गया

या

दिल वो नगर नहीं है जो आबाद हो सके
पछताओगे सुनो हो ये बस्ती उजाड़ के

या

दिल की आबादी की इस हद है ख़राबी कि न पूछ
जाना जाता है कि इस राह से लश्कर गुज़रा

तो यहाँ दिल का शब्द दिल्ली का पर्यायवाची बन जाता है जो भीतरी और बाहरी हमलों से तहस-नहस होती रहती थी। मीर की इशारों की जबान, बशीर बद्र थोड़ी ऋजुता के साथ दोहराते हैं-

दिल की बस्ती पुरानी दिल्ली है
जो भी गुज़रा है उसने लूटा है

उन्होंने अपनी ग़ज़लों के अधिकांश शेरों में फ़िराक़ के लम्हों को नयी जुबान देकर रिवायत को दो कदम और बढ़ाने का कार्य भी किया है। उनके अत्यन्त मशहूर शेर-

मुसाफ़िर हैं हम भी, मुसाफ़िर हो तुम भी
किसी मोड़ पर फिर मुलाक़ात होगी

पर फ़िराक़ के शेर की पुनरावृत्ति जैसी छाप है-

हम भी मुसाफ़िर तुम भी मुसाफ़िर
साथ चलें तो अच्छा हो

ये और बात है कि फ़िराक़ का यह शेर अच्छा नहीं बन पड़ा है और इसीलिए इसके जानने वाले बिरले ही होंगे, जबकि बशीर बद्र का उक्त शेर हर खासोआम की जुबान पर है। ऐसा बशीर बद्र के साथ भी हुआ है। उठाए विषय और प्रत्यय का कौमार्य असंदिग्ध है पर काव्याभिव्यक्ति बहुत अच्छी नहीं बन पड़ी-

कितनी सदियों की क़िस्मतों का अमीं
कोई समझे बिसाते लम्हा क्या

इसी चिन्तन को मुजफ़्फ़र रज़मी ने बाद में अमर अभिव्यक्ति दी-

वो जब्र भी देखा है तारीख़ की आँखों ने
लम्हों ने ख़ता की थी, सदियों ने सज़ा पाई है

फ़िराक़ ने कहा था, 'शायर का कर्तव्य है कि वह तमाम साहित्यिक आन्दोलनों से प्रभावित तथा उनके जीवित तत्त्वों का अपनी शायरी में समावेश करता रहे।' बशीर बद्र के प्रारंभिक रचना काल में कुछ लोगों द्वारा 'ऐंटी ग़ज़ल' का एक दौर शुरू किया गया था जिसमें गाली के भाव, गुस्सा और गंदगी का ज़िक्र केन्द्रीय था। बशीर बद्र भी इस रौ में बह गये-

अगर मुझको किरनों के नेज़े लगे
मैं कुत्ते को कच्चा चबा जाऊँगा
अगर बूढ़े कमरे की बत्ती बुझी
मैं ख़ूँखार बिल्ली को खा जाऊँगा

ऐंटी ग़ज़ल का यह दौर ग़ज़ल की पारम्परिक मुलायमियत, नजाकत और सांकेतिकता से असंगत था इसलिए क्षणिक ही रहा। बशीर बद्र को भी सद्‌बुद्धि शीघ्र ही आ गई और वे शाम होने से पहले घर लौट आये। उनकी रचनाधर्मिता में ऐसी रचनाओं के लिए स्थान भी नहीं था। गाली-गलौज के ये शेर उनकी लेखनी से ऐसे लगते थे जैसे हिरन के हाथ में बंदूक दे दी गई हो। दुर्भाग्य से कुछ आलोचकों ने इन ग़ज़लों को काफी महत्त्व दिया।

हर एक जिन्दा शायर के सरमाये में अच्छे-बुरे सभी तरह के शेर मिलते हैं, मिलने भी चाहिए, बशीर बद्र के साथ भी ऐसा हुआ है। उनकी ग़ज़लों में भी कुछ कमजोर शेर मिल जाते है, जैसे-

इस हादसे से मेरा तआलुक़ नहीं कोई
मेले में एक साल कई बच्चे खोये थे
चेहरे पर केले के छिलके भी मारें
बल्ले से पहले अगर गेंद घूम जाये
ज़र्द कुत्ते की सुर्ख़ जीभ कभी
सुरमई रात की थकन चाटे
साहिल पे मछली ने कपड़े उतारे
चढ़े हुए दरया की धार कहे हाय

ग़ज़ल की निर्धारित भाषा व शब्दकोश से बाहर निकालने के प्रयास में वे नए-नए चित्र ढूँढ़ने लगते हैं, और इस प्रयास में अनजाने ही उनका नयापन उन्हीं के कलाम में पुराना होने लगता है। इमेजेस, प्रतीकों और उपमानों की पुनरावृत्ति होने लगती है। कुछेक चुनिन्दा शब्द बहुधा प्रयुक्त होने लगते हैं, जैसे लान, चाँद, धूप, मछली, फूल, आँसू, जुगनू, परिन्दा, शाल, शजर आदि। किसी ख़ूबसूरत ग़ज़ल या शेर में इन शब्दों की पुनरावृत्ति ऐसी प्रतीत होती है मानों बड़ी कल्पनाशीलता से सोने के गणेश जी बनाए, और पीतल के दाँत लगा दिये!

इन कुछेक कमजोर या अर्थवत्ता रहित शेरों के कारण बशीर बद्र की आलोचना भी हुई है। अक्सर उन शेरों को ही उद्घाटित किया गया है, जो बशीर बद्र ने चरित्रों के चित्रांकन के दौरान कहे हैं, जैसे–

रात फिर चाँद ने जगाकर कहा
एक लड़की तुम्हारा पता ले गई

और

बीच बाज़ार में गा रहा था कोई
आओ ना मेरी जान चाँदनी चौक में

इस तरह यह पूरी आलोचना पूर्णतः इकहरी रह गई है। उदाहरण के लिए केवल एक शेर पर दृष्टिपात करें। जब वे कहते हैं–

मेरी निगाह मुख़ातिब से बात करते हुए
तमाम जिस्म के कपड़े उतार लेती है

तो यह चित्र किसी विकृत मानसिकता का परिचायक न होकर मात्र मुख़ातिब के अन्तर्बाह्य समग्र सम्यक् मूल्यांकन कर लेने की क्षमता का बयान भर है। यही बात पाकिस्तानी शायर स्व. शकेब जलाली ने थोड़ी सपाट बयानी के साथ कही है–

मेरी निगाह से कहाँ छुपकर रहेगा कोई
कि अब तो संग भी शीशा दिखाई देता है

या फिर फ़िराक़ गोरखपुरी ने जब कहा–

अब जवाँ हो चुकी है शामे विसाल
ख़िलवते नीमशब है कपड़े उतार

तो अर्थ मात्र इतना ही था कि परिचय पुराना और प्रगाढ़ हो चुका है. औपचारिकता और आडम्बर का आवरण त्याग दो।

संक्षेप में बशीर बद्र का पूरा कलाम खजुराहो की कलाकृतियों की तरह है जहाँ कुछ-कुछ आलोचना है तो अमरता देने वाली बुलन्दी भी।

यह सकंलन मेरे सहयोगी श्री एस.टी. पाशा, जो अपने जमाने के बड़े मक़बूल शायर जनाब तौफ़ीक़ -उल-हसन (तौफ़ीक़ इटावी) के साहबज़ादे हैं, के अथक परिश्रम के बिना कभी पूरा नहीं होता। उन्होंने हिन्दी और उर्दू दोनों भाषाओं की सहज दक्षता के साथ प्रारंभिक लिप्यंतर तैयार करने में मुख्य भूमिका अदा की। श्री राजेश

तिवारी ने बड़ी कुशलता और परिश्रम से टंकण कार्य किया। मेरे मित्र श्री विजय वाते विशेष धन्यवाद के पात्र हैं, जिनसे मैंने रक़ीब की तरह, न केवल यह कार्य लगभग छीना, बल्कि मित्र की भाँति हर कदम पर राय और सहयोग भी प्राप्त किया। अंत में डॉ. बशीर बद्र को धन्यवाद समर्पित करना अनिवार्य है, जो इस संकलन की तैयारी के दौरान मेरी सहस्रों शंकाओं के समाधान के लिए सदैव तत्पर रहे।

बसंत प्रताप सिंह

अनुक्रमणिका

आमद

1 मैंने तिरी आँखों में पढ़ा अल्लाह ही अल्लाह 61

2 यूँ ही बेसबब न फिरा करो, कोई शाम घर भी रहा करो 62

3 कोई फूल धूप की पत्तियों में हरे रिबिन से बँधा हुआ 63

4 आँखों में रहा दिल में उतर कर नहीं देखा 64

5 चमक रही है परों में उड़ान की ख़ुशबू 65

6 हँसी मासूम सी बच्चों की कापी में इबारत सी 66

7 नारियल के दरख़्तों की पागल हवा खुल गये बादबाँ लौट जा... 67

8 सँवार नोक पलक अबरूओं में ख़म कर दे 68

9 कोई लश्कर है के बढ़ते हुए ग़म आते हैं 69

10 वो दरूदों के सलामों के नगर याद आये 70

11 अन्धेरे रास्तों में यूँ तिरी आँखें चमकती हैं 71

12 उदास आँखों से आँसू नहीं निकलते हैं 72

13 आँधियों के साथ क्या मन्ज़र सुहाने आये हैं 73

14 होंटों पे मुहब्बत के फ़साने नहीं आते 74

15 उनको आईना बनाया धूप का चेहरा मुझे 75

16 सुनसान रास्तों की सवारी न आयेगी 76

17 मेरी आँखों में ग़म की निशानी नहीं 77

18 इस तरह साथ निभना है दुश्वार सा 78

19 इस तरह दुनिया मिली शिकवा गिला कोई नहीं 79

20 दूसरों को हमारी सज़ाएँ न दे 80

21 सर पे साया सा दस्ते दुआ याद है 81

22 इक शहर था ख़राब जहाँ कोई भी न था 82

23 पत्थर के जिगर वालो ग़म में वो रवानी है 83

24 मुस्कुराती हुई धनक है वही 84
25 बड़े ताजिरों की सताई हुई 85
26 किसने मुझ को सदा दी बता कौन है 86
27 हर बात में महके हुए जज़्बात की ख़ुशबू 87
28 दुआ करो के ये पौधा सदा हरा ही लगे 88
29 वो चाँदनी का बदन ख़ुशबुओं का साया है 89
30 सौ ख़ुलूस बातों में सब करम ख़यालों में 90
31 वो महकती पलकों की ओट से कोई तारा चमका था रात में 91
32 अभी इस तरफ न निगाह कर मैं ग़ज़ल की पलकें सँवार लूँ 92
33 कभी यूँ भी आ मिरी आँख में कि मिरी नज़र को ख़बर न हो 93
34 ख़ाक जब ख़ाकसार लगती है 94
35 सोये कहाँ थे आँखों ने तकिये भिगोये थे 95
36 आँसुओं के साथ सब कुछ बह गया 96
37 कहाँ आँसुओं की ये सौग़ात होगी 97
38 पत्तों का दुख खोज रहे हो उड़ने वाले पंछी में 98
39 शाम आँखों में, आँख पानी में 99
40 रातों के मुसाफ़िर हो अँधेरों में रहोगे 100
41 राहों में कौन आया गया कुछ पता नहीं 101
42 वो ग़ज़ल वालों का असलूब समझते होंगे 102
43 सूरज, चन्दा जैसी जोड़ी हम दोनों 103
44 उसकी आँखों सा उसके गेसू सा 104
45 घर से निकले अगर कदम बहक जायेंगे 105
46 सवेरे सितारों की शबनम कहाँ 106
47 फ़न अगर रूह ओ दिल की रयाज़त न हो 107
48 तुम अभी शह्र में क्या नये आये हो 108
49 मैकदा, रात ग़म का घर निकला 109
50 हमारा दिल सवेरे का सुनहरा जाम हो जाये 110
51 भूल शायद बहुत बड़ी कर ली 111
52 मोम की ज़िन्दगी घुला करना 112
53 बेवफ़ा रास्ते बदलते हैं 113
54 इसे फ़न नहीं परदये फ़न कहो 114

55 ख़ुदा हम को ऐसी ख़ुदाई न दे 115
56 तमाम आग है दिल ख़ारो ख़स की नहीं 116
57 यूँ दिल को गुदगुदाया हर ग़म जगा दिया है 117
58 शाम के पेड़ की सुरमई शाख़ पर 118
59 जहाँ पेड़ पर चार दाने लगे 119
60 मुसाफ़िर के रस्ते बदलते रहे 120
61 रेशम की चादर ओढ़ी पगड़ी बाँधी 121
62 दिल पे छाया रहा उमस की तरह 122
63 सरे राह कुछ भी कहा नहीं कभी उसके घर में गया नहीं 123
64 ख़ुआब इन आँखों से अब कोई चुरा ले जाये 124
65 अब दिलों के अलावा पढ़ना क्या 125
66 वो शायद दिलों को धड़कने न देंगे 126
67 ये चिराग़ बे नज़र है ये सितारा बे ज़ुबाँ है 127
68 उदासी का ये पत्थर आँसुओं से नम नहीं होता 128
69 अब किसे चाहें किसे ढूँढ़ा करें 129
70 ये कसक दिल की दिल में चुभी रह गई 130
71 इसी लिए तो यहाँ अब भी अजनबी हूँ मैं 131
72 उदासी के चेहरे पढ़ा मत करो 132
73 सोचा नहीं अच्छा बुरा देखा सुना कुछ भी नहीं 133
74 वो अपने घर चला गया अफ़सोस मत करो 134
75 इक चाँद है खोया खोया सा सूनी छत पर तन्हा तन्हा 135
76 आस होगी न आसरा होगा 136
77 भीगी हुई आँखों का ये मन्ज़र न मिलेगा 137
78 फ़क़ीर आईना है, परदये ख़्याल नहीं 138
79 हम को बेकार लिये फिरते हो बाज़ारों में 139
80 मेरा उस से वादा था घर रहने का 140
81 मुझ से बिछड़ के ख़ुश रहते हो 141
82 शबनम के आँसू फूल पर ये तो वही क़िस्सा हुआ 142
83 चरवाहा भेड़ों को लेकर घर घर आया रात हुई 143
84 यहाँ सूरज हँसेंगे आँसुओं को कौन देखेगा 144
85 इक सवारी आयेगी इक जायेगी 145

86 खुद अपने आप से शर्मिंदगी सी होती है 146
87 उदास रात है कोई तो ख़्वाब दे जाओ 147
88 उसकी चाहत की चाँदनी होगी 148
89 साथ चलते जा रहे हैं पास आ सकते नहीं 149
90 मिरे साथ तुम भी दुआ करो यूँ किसी के हक़ में बुरा न हो 150
91 ख़्वाब की वादियों से निकलता हुआ 151
92 शेर मेरे कहाँ थे किसी के लिये 152
93 सियाहियों के बने हर्फ़ हर्फ़ धोते हैं 153
94 दिखला के यही मंज़र बादल चला जाता है 154
95 मेरे दिल की राख कुरेद मत इसे मुस्कुरा के हवा दे 155
96 तलवार से काटा है फूलों भरी डालों को 156
97 मोहब्बत से, इनायत से, वफ़ा से चोट लगती है 157
98 पास से देखो जुगनू आँसू दूर से देखो तारा आँसू 158
99 सभी से इन दिनों रूठा हुआ सा लगता हूँ 159
100 गुलाबों की तरह दिल अपना शबनम में भिगोते हैं 160
101 दिल में एक तस्वीर छपी थी आन बसी है आँखों में 161
102 सब कुछ ख़ाक हुआ है लेकिन चेहरा क्या नूरानी है 162
103 कभी यूँ मिलें कोई मसलहत कोई ख़ौफ़ दिल में ज़रा न हो 163
104 कुछ तो पास बचा कर रक्खो सब कुछ कारोबार न जानो 164

इमेज

1 सुनो पानी में ये किसकी सदा है 167
2 दहकती धूप समन्दर है ये जज़ीरे हैं 168
3 सब्ज़ पत्ते धूप की ये आग जब पी जायेंगे 169
4 ख़ुशबुओं को तितलियों के परों में छुपाऊँगा 170
5 उड़ती किरनों की रफ़्तार से तेज़ तर 172
6 नारियल के दरख़्तों की पागल हवा 173
7 कच्चे फल कोट की जेब में ठूँस कर 175
8 फटे काग़ज़ों, चीथड़ों, ज़र्द पत्तों, किताबों के औराक़ ले 176
9 सुबह का झरना हमेशा हँसने वाली औरतें 178

10 चल मुसाफ़िर, बत्तियाँ जलने लगीं 180
11 लहू पूकारता है रोशनी के पैकर दे 182
12 अपनी उदास धूप तो घर घर चली गई 183
13 अपनी जगह जमे हैं कहने को कह रहे थे 184
14 हवा में ढूँढ़ रही है कोई सदा मुझको 185
15 दहकते नेज़ों से ये रात हमला कर देगी 186
16 माटी की कच्ची गागर को क्या खोना क्या पाना, बाबा 187
17 चाँद हाथ में भर कर जुगनुओं के सर काटो और आग पर रख दो 188
18 ज़मीं से आँच ज़मीं तोड़कर निकलती है 189
19 सब आने वाले बहला कर चले गये 190
20 धूप आती है मुझ को फैलाने 192
21 रात की बदलियाँ बिखरने लगीं 194
22 सन्नाटा क्या चुपके-चुपके कहता है 195
23 ऐसी गडमड हुईं सर्दियाँ, गर्मियाँ 196
24 रात के साथ रात लेटी थी 197
25 सुरमा, मिस्सी, कंघी, चोटी भूली है 198
26 याद अब ख़ुद को आ रहे हैं हम 199
27 हम से मुसाफ़िरों का सफ़र इंतज़ार है 201
28 मिरा क्या कहीं भी चला जाऊँगा 202
29 चमकते चाँद सितारों को और क्या दोगे 203
30 इस ज़ख़्मी प्यासे को इस तरह पिला देना 204
31 हमारा दर्द हमारी दुखी नवा से लड़े 205
32 सोफ़े, मसहरी, कत्थई, भूरा लिहाफ़ है 206
33 अपने पहाड़ ग़ैर के गुलज़ार हो गये 207
34 परों में नूर है परवाज़ में हरारत है 208
35 आँखों में मुस्कुराती हुई नर्म धूप से 209
36 कई दरख़्तों ने ऐसा ज़मीं को छोड़ दिया 210
37 हम को भी अपनी मौत का पूरा यक़ीन है 211
38 गुज़ारे हम ने कई साल ऐसे दफ़्तर में 212
39 साँप जब ओस का बदन चाटे 213
40 सुब्ह होती है छुपा लो हमको 214

41 ख़ुश रहे या बहुत उदास रहे 215
42 फूल सा कुछ कलाम और सही 216
43 आया ही नहीं हम को आहिस्ता गुज़र जाना 217
44 इन के ही इशारों पर ये रात मिली हम को 218
45 हर रोज़ हमें मिलना हर रोज़ बिछड़ना है 219
46 जो इधर से जा रहा है वही मुझ पर मेह्रबाँ है 220
47 साये उतरे, पंछी लौटे, बादल भी छाने वाला है 221
48 रात के समन्दर में डूब गई शाम 222
49 कोहरे के कम्बल में पोल कपकपाये 223
50 हवा चली लह्रों से लह्रें लपट जायें 224
51 मुझे भुलाये कभी याद करके रोये भी 225
52 शबनम हूँ सुर्ख़ फूल पे बिखरा हुआ हूँ मैं 226
53 कोई जाता है यहाँ से न कोई आता है 227
54 राख उड़ती है अब हिलालों पर 228
55 हर बे ज़ुबान गुल में चहकने लगे हैं हम 229
56 गुलों की तरह हम ने ज़िंदगी को इस क़दर जाना 230
57 क़दम जमाना है और सब के साथ चलना भी 231
58 चाँद का टुकड़ा न सूरज का नुमाइंदा हूँ 233
59 किसे ख़बर थी तुझे इस तरह सजाऊँगा 234
60 कोई न जान सका वो कहाँ से आया था 235
61 हमारी शोहरतों की मौत बे नामो निशाँ होगी 236
62 जब रात की तन्हाई सीने में धड़कती है 237
63 सीने में आग, आग में आहन भी चाहिए 238

आसमान

1 ख़ुदा हम को ऐसी ख़ुदाई न दे 241
2 सर से पा तक वो गुलाबों का शजर लगता है 242
3 मोहब्बतों में दिखावे की दोस्ती न मिला 243
4 लोग टूट जाते हैं एक घर बनाने में 244
5 हमारे हाथों में एक शक्ल चाँद जैसी थी 245
6 मैं ख़िज़ाँ की धूप का आईना कि मैं एक हो को हज़ार हूँ 246

7	हर इक चिराग़ की लौ ऐसी सोई सोई थी	247
8	दिल की दहलीज़ पे यादों के दिये रखे हैं	248
9	टूटे हुए सितार के सब तार कस गये	249
10	अगर यक़ीं नहीं आता तो आज़माये मुझे	250
11	कोई हल न कोई जवाब है यह सवाल कैसा सवाल है	251
12	दुल्हन बनी है रात बड़े अहतमाम से	252
13	वो इंतज़ार की चौखट पे सो गया होगा	253
14	कौन आया रास्ते आईना ख़ाने हो गये	254
15	वो बुझे घरों का चराग़ था ये कभी किसी को ख़बर न हो	255
16	अज़मतें सब तिरी ख़ुदाई की	256
17	ख़ानदानी रिश्तों में अक्सर रक़ाबत है बहुत	257
18	तीर नज़रों के तो पलकों की कमाँ रक्खे हैं	258
19	ये ज़मीन सोई थी नींद में यहाँ लाके मुझ को बसा गये	259
20	कई पेड़ धूप के पेड़ थे तिरी रहमतों से हरे रहे	260
21	मैं कब तन्हा हुआ था, याद होगा	261
22	मिरी ज़बाँ पे नये ज़ायकों के फल लिख दे	262
23	दरवाज़े की राख भी घर है मुट्ठी में ये घर रखना	263
24	अपनी खोई हुई जन्नतें पा गये	264
25	मैं तुम को भूल भी सकता हूँ इस जहाँ के लिये	266
26	बे ख़बर कुर्सियाँ आँख मलती रहीं	267
27	मुस्कुराते रहे ग़म छुपाते रहे	268
28	सर झुकाओगे तो पत्थर देवता हो जायेगा	270
29	ग़ज़लों का हुनर अपनी आँखों को सिखायेंगे	271
30	चाँद के चारों तरफ़ मैली रिदायें साथ हैं	272
31	मैं उदास रस्ता हूँ शाम का तिरी आहटों की तलाश है	273
32	मैं ग़ज़ल कहूँ मैं ग़ज़ल पढ़ूँ मुझे दे तो हुस्ने ख़्याल दे	274
33	अदब की हद में हूँ मैं बे अदब नहीं होता	275
34	तेरा हाथ मिरे काँधे पर दरया बहता जाता है	276
35	मेरे सीने पर वो सर रक्खे हुए सोता रहा	277
36	ख़ून पत्तों पे जमा हो जैसे	278
37	तुम ने भी कम नसीब पे कुछ कम निगाह की	279

38 बेताब है रंगत के लिये प्यार की ख़ुशबू 280
39 याद किसी की चाँदनी बन कर कोठे कोठे छिटकी है 281
40 ये उदासी, धुआँ, चाँदनी चौक में 282
41 आँसुओं से धुली ख़ुशी की तरह 283
42 चाँद सूरज के आने जाने से कुछ कमी ज़्यादती नहीं होती 284
43 निकल आये इधर जनाब कहाँ 285
44 नज़र से गुफ़्तगू, ख़ामोश लब, तुम्हारी तरह 286
45 सादा वरक़ पे उभरेगा शायद क़लम का चाँद 287
46 प्यार की नई दस्तक दिल पे फिर सुनाई दी 288
47 फूल सी हर तस्वीर में ज़हन की दीवारों से उतार चुका हूँ 289
48 सर्दियों की रातों में अपने अपने गाँव में गिर्द अलाव के बैठे हैं 290
49 शायद मेरे आँसू से उस का कोई रिश्ता है 291
50 अपना चाँद मैं ढूँढ रहा हूँ तेरे चाँद सितारों में 292
51 वो फूल तेरे होंटों के छूने से जो खिला 293
52 सर दर्द जैसे नींद के सीने पे सो गया 294
53 न जी भर के देखा न कुछ बात की 295
54 मिरी नज़र में ख़ाक, तेरे आईने पे गर्द है 296
55 रात से जी है सोगवार बहुत 297
56 क़दम से आगे आगे चल रही है 298
57 जब तक निगारे दश्त का सीना दुखा न था 299
58 मेरे बिस्तर पे सो रहा है कोई 300
59 कोई हाथ नहीं ख़ाली है 301
60 मिरी ग़ज़ल की तरह उस क़ी भी हुकूमत है 302
61 अब हुई दास्ताँ रक़म बाबा 303
62 हर जनम में उसी की चाहत थे 304
63 रेत भरी है इन आँखों में आँसू से तुम धो लेना 305
64 लहरों में डूबते रहे दरया नहीं मिला 306
65 सरकश पहाड़ियों में झरनों का बाँकपन है 307
66 रात इक ख़्वाब हमने देखा है 308
67 आज दरया चढ़ा चढ़ा सा है 309
68 अगर तलाश करूँ कोई मिल ही जायेगा 310

69 कहीं चाँद राहों में खो गया 311
70 मिरी ज़िन्दगी भी मिरी नहीं ये हज़ार ख़ानों में बट गई 312
71 पके गेहूँ की ख़ुश्बू चीखती है 313
72 अब तेरे मेरे बीच ज़रा फ़ासला भी हो 314
73 वही ताज है वही तख़्त है वही ज़ह्र है वही जाम है 315
74 कभी तो शाम ढले अपने घर गये होते 316
75 कहीं पलकें ओस से धो गई, कहीं दिल को फूलों से भर गई 317
76 महफ़िले मैकशाँ कूचअये दिलबराँ 318
77 पहला सा वो जोर नहीं है मेरे दुख की सदाओं में 319
78 रात की राह में तारो की कमाँ रोशन है 320

इकाई

1 रोशनी के मुक़द्दर में नीदें कहाँ चाँद में ताक़ पर वो सजायें कहीं 323
2 ऐसा नग़मा हैं जिस में सदा तक नहीं, ऐसी आँधी हैं 324
3 अपनी खोई हुई जन्नतें पा गये ज़ीस्त के रास्ते भूलते भूलते 325
4 सब्ज़ा कोहसारों पर उठाता रहा, रेगज़ारों में गुल मुस्कुराते रहे 326
5 ख़्वाहिशें, जैसे अफरीक़ा की बेटियाँ, जंगे आज़ादी में... 327
6 उड़ते बादल, बुजुर्गों की शफ़क़त बने, धूप में लड़कियाँ मुसकुराती... 328
7 मेरी यादों की इक इक गली सो गई, मेरे ख़्वाबों के सारे मकाँ... 329
8 शोलए फ़िक्रों अहसास में 'बद्र जी' 330
9 वो सादगी न करे कुछ भी तो अदा ही लगे 331
10 फूल बरसे, कहीं शबनम, कहीं गौहर बरसे 332
11 सौ खुलूस बातों में, सब करम ख़्यालों में 333
12 मन की उदास वीना के सब तार कस गये 334
13 बिस्तरे दिल पे खूँ उगलते ख़्वाब 335
14 अब तो अंगारों के लब चूम के सो जायेंगे 336
15 रफ़्ता रफ़्ता रंग में तबदील होगी ख़ाके ख़स 337
16 बेताब है रंगत के लिये प्यार की ख़ुशबू 338
17 वो ग़ज़ल वालों का असलूब समझते होंगे 339
18 दिल शिकस्ता कोई हम जैसा यहाँ दफ़्न है क्या 340
19 पिछली रात की नर्म चाँदनी शबनम की खुनकी से रचा है 341

20 बज़्में आज़माइश है, लोग अपने शेरों में तारे तोड़ लाते हैं 343
21 मैं निगारे फ़िक्रो निगाह को कभी भूल कर भी सदा न दूँ 345
22 दिमाग़ भी कोई मसरूफ़ छापा ख़ाना है 346
23 चाय की प्याली में नीली टेबलेट घोली 347
24 रेंगते दौड़ते हुए डब्बे 348
25 धूप खेतों में उतर कर ज़ाफ़रानी हो गई 349
26 आँख लगी तो गुलशन गुलशन मैख़ाने थे 350
27 तुम ने देखा किधर गये तारे 351
28 बेतहाशा सी ला उबाली हँसी 352
29 न जाने कितने तारे थरथराके टूट जाते हैं 353
30 किस देश में ये क़ाफलए वक़्त रुका है 354
31 सरकश पहाड़ियों में झरनों का बाँकपन है 355
32 हमरा दिल, सवेरे का सुनहरा जाम हो जाए 356
33 तारों भरी पलकों की बरसाई हुई ग़ज़लें 357
34 सदियों रहे उजाला वो नूर बख़्शता हूँ 358
35 जब सहर चुप हो, हँसा लो हम को 359
36 सूरजमुखी के गालों पे ताज़ा गुलाब है 360
37 मुझको बराहे रास्त कोई तजरुबा नहीं 361
38 मजरूह बहोत है दिल फिर भी शफ़िक़स्ताँ है 362
39 ज़र्रों में कुनमुनाती हुई कायनात हूँ 363
40 रात भीगी तो थके शहर को याद आने लगे 364
41 इक परी के साथ मौजों पर टहलता रात को 365
42 शफ़्फ़ाक आँखें, तेज़ ट्रक की मुझे लगा 366
43 गाँव छोड़ा तो कई आँखों में काजल फैला 367
44 मोजे गुल के पीछे पड़ कर क्यों दिवानी हुई है मिट्टी 368
45 बज़्मो बाज़ार में हर जा ठहरा 369
46 'बद्र' दो आँखें बहोत ढूँढ़ रही हैं तुम को 370
47 ख़ुफ़ता शजर लरज़ उठे जैसे के डर गये 371
48 ख़ून पत्तों पे जमा हो जैसे 372
49 सूरते शमा सारी रात जलो 373
50 शोलए गुल, गुलाबे शोला क्या 374

51 ज़ख़्म यूँ मुस्कुरा के खिलते हैं 376
52 वो प्यासे झोंके बहोत प्यासे लौट जाते हैं 377
53 वो सूरत गर्दे ग़म में छुप गई हो 379
54 मंज़िल पे हयात आ के ज़रा थक सी गई है 380
55 महफ़िले मैकशाँ कूचए दिल बैरा 381
56 हमको काफ़ी हैं यही हल्क़ए ज़ंजीरें सुख़न 383
57 ये दश्ते ग़म की तपेश वेश अज अज़ाबुलनार 384
58 रात के शह्र में तारों की कमाँ रोशन है 386
59 मैं सो रहा था के इक लम्हे ने झिंझोड़ दिया 387

आहट

1 वक़्ते रुख़सत कहीं तारे कहीं जुगनू आए 391
2 तू मुझसे तेज़ चलेगा तो रास्ता दूँगा 392
3 गाँव मिट जाएँगे शह्र जल जाएगा 393
4 सूरज भी बँधा होगा देखो मेरे बाज़ू में 394
5 मैं ये दुनिया मिटाना चाहता हूँ 395
6 दिल छलक उट्ठा आँख भर आई 396
7 ख़ुशबू की तरह आया वो तेज़ हवाओं में 397
8 उदासी आसमाँ है दिल मेरा कितना अकेला है 398
9 ग़ज़ल को माँ की तरह बाविक़ार करता हूँ 399
10 ये ग़ज़ल किसकी है इस मतले को पढ़कर देखो 400
11 किसी की याद में पलकें ज़रा भिगो लेते 401
12 अच्छा तुम्हारे शहर का दस्तूर हो गया 402
13 मुझको अपनी नज़र ऐ ख़ुदा चाहिए 403
14 उस दर का दरबान बना दे या अल्लाह 404
15 पास रहकर जुदा सी लगती है 405
16 वो नहीं मिला तो मलाल क्या, जो गुज़र गया सो गुज़र गया 406
17 ये ख़ला है अर्शे बरीं नहीं, कहाँ पाँव रक्खूँ ज़मीं नहीं 407
18 शह्रे दिल, ढूँढ रही हैं गलियाँ 408
19 सीने में ख़ंजर की नोक चुभोती हैं 409
20 जाते हो तो ले जाओ यादें भी मेरे दिल से 410

21 हमारे पास तो आओ, बड़ा अन्धेरा है 411
22 बड़ी आग है, बड़ी आँच है, तिरे मैकदे के गुलाब में 412
23 मेरे बारे में हवाओं से वो कब पूछेगा 413
24 कहीं पनघटों की डगर नहीं, कहीं आँचलों का नगर नहीं 414
25 चार शेर 415
इतनी सियाह रात में किसको सदाएँ दूँ
कभी बोले तो शह्रों के मकाँ भी बात करते हैं
अल्लाह ने नवाज़ दिया है तो ख़ुश रहो
जब उसकी नवाज़िश होती है ये मोजज़ा तब हो जाता है

नई ग़ज़लें

1 पियाबाज प्याला पिया जाय ना के नाम 419
2 मैं ज़मीं ता आसमाँ, वो क़ैद आतिशदान में 420
3 परखना मत परखने में कोई अपना नहीं रहता 421
4 कोई चिराग़ नहीं है मगर उजाला है 422
5 आईना धूप का, दरया में दिखाता है मुझे 423
6 सदियों की गठरी सर पर ले जाती है 424
7 है अजीब शह्र की ज़िन्दगी, न सफ़र रहा न क़याम है 425
8 ग़मों की आयतें शब भर छतों पे चलती हैं 426
9 आग को गुलज़ार कर दे, बर्फ़ को दरया करे 427
10 नाम उसी का नाम सवेरे शाम लिखा 428
11 किताबें, रिसाले न अख़बार पढ़ना 429
12 हम लोग सोचते हैं हमें कुछ मिला नहीं 430
13 दालानों की धूप, छतों की शाम कहाँ 431
14 सात रंगों के शामियाने हैं 432
15 इबादतों की तरह मैं ये काम करता हूँ 433

आमद

1

मैंने तिरी आँखों में पढ़ा अल्लाह ही अल्लाह
सब भूल गया याद रहा अल्लाह ही अल्लाह

फूलों में बसी चाँदनी रातों की नमाज़ें
ख़ुशबू सी सितारों की दुआ अल्लाह ही अल्लाह

पेड़ों की सफ़ें[1] पाक फ़रिश्तों की क़तारें
ख़ामोश पहाड़ों की निदा अल्लाह ही अल्लाह

बादल की इबादत है बरसता हुआ पानी
आँसू की ग़ज़ल हम्दो सना[2] अल्लाह ही अल्लाह

इक फूल ने कोनेन की दौलत मुझे दे दी
आँसू से हथेली पे लिखा अल्लाह ही अल्लाह

हम दोनों इसी पाक समन्दर की हैं लहरें
ला हाथ मेरे हाथ में ला अल्लाह ही अल्लाह

इक नाम की तख़्ती का मुझे शौक़ हुआ था
पानी पे हवाओं ने लिखा अल्लाह ही अल्लाह

वो सूरअए यासीन[3] के काफ़ूर की ख़ुशबू
महके हुए फूलों की रिदा[4] अल्लाह ही अल्लाह

1974

1. क़तारें
2. ख़ुदा की तारीफ़
3. क़ुरान की एक आयत जो विशिष्टत: मौत के वक़्त पढ़ी जाती है 4. चादर

2

यूँ ही बेसबब न फिरा करो, कोई शाम घर भी रहा करो
वह ग़ज़ल की सच्ची किताब है उसे चुपके चुपके पढ़ा करो

कोई हाथ भी न मिलायेगा जो गले मिलोगे तपाक से
ये नये मिज़ाज का शह्र है ज़रा फ़ासले से मिला करो

अभी राह में कई मोड़ हैं कोई आयेगा कोई जायेगा
तुम्हें जिसने दिल से भुला दिया उसे भूलने की दुआ करो

मुझे इश्तहार सी लगती हैं ये मुहब्बतों की कहानियाँ
जो कहा नहीं वो सुना करो जो सुना नहीं वो कहा करो

कभी हुस्ने परदा नशीं[1] भी हो ज़रा आशिक़ाना लिबास में
जो मैं बन सँवर के कहीं चलूँ मिरे साथ तुम भी चला करो

नहीं बे हिजाब[2] वो चाँद सा कि नज़र का कोई असर न हो
उसे इतनी गरमि-ए-शौक़ से बड़ी देर तक न तका करो

ये ख़िज़ाँ की ज़र्द सी शाल में जो उदास पेड़ के पास है
ये तुम्हारे घर की बहार है इसे आँसुओं से हरा करो

1977

1. पर्दादार प्रेमिका

2. बेशर्म

3

कोई फूल धूप की पत्तियों में हरे रिबिन से बँधा हुआ
वो ग़ज़ल का लहजा नया नया न कहा हुआ न सुना हुआ

जिसे ले गई है अभी हवा वो वरक़ था दिल की किताब का
कहीं आँसुओं से मिटा हुआ कहीं आँसुओं से लिखा हुआ

कई मील रेत को काट कर कोई मौज फूल खिला गई
कोई पेड़ प्यास से मर रहा है नदी के पास खड़ा हुआ

वही ख़त के जिस पे जगह जगह दो महकते होंटों के चाँद थे
किसी भूले बिसरे से ताक़ पर तहे गर्द होगा दबा हुआ

मुझे हादसों ने सजा सजा के बहुत हसीन बना दिया
मिरा दिल भी जैसे दुल्हन का हाथ हो मेहंदियों से रचा हुआ

वही शहर है वही रास्ते वही घर है और वही लान भी
मगर उस दरीचे[1] से पूछना वो दरख़्त अनार का क्या हुआ

मेरे साथ जुगनू है हमसफ़र मगर इस शरर[2] की बिसात क्या
ये चिराग़ कोई चिराग़ है न जला हुआ न बुझा हुआ

1975

1. खिड़की
2. चिंगारी

4

आँखों में रहा दिल में उतर कर नहीं देखा
किश्ती के मुसाफ़िर ने समन्दर नहीं देखा

बे वक़्त अगर जाऊँगा सब चौंक पड़ेंगे
इक उम्र हुई दिन में कभी घर नहीं देखा

जिस दिन से चला हूँ मिरी मंज़िल पे नज़र है
आँखों ने कभी मील का पत्थर नहीं देखा

ये फूल मुझे कोई विरासत में मिले हैं
तुमने मिरा काँटों भरा बिस्तर नहीं देखा

पत्थर मुझे कहता है मिरा चाहने वाला
मैं मोम हूँ उसने मुझे छूकर नहीं देखा

1978

5

चमक रही है परों में उड़ान की ख़ुशबू
बुला रही है बहुत आसमान की ख़ुशबू

भटक रही है पुरानी दुलाइयाँ ओढ़े
हवेलियों में मिरे ख़ानदान की ख़ुशबू

सुना के कोई कहानी हमें सुलाती थी
दुआओं जैसी बड़े पानदान की ख़ुशबू

दबा था फूल कोई मेज़ पोश के नीचे
गरज रही थी बहुत पेचवान की ख़ुशबू

अजब वक़ार[1] था सूखे सुनहरे बालों में
उदासियों की चमक ज़र्द लान की ख़ुशबू

वो इत्रदान सा लहजा मिरे बुज़ुर्गों का
रची बसी हुई उर्दू ज़बान की ख़ुशबू

ख़ुदा का शुक्र है मेरे जवान बेटे के
बदन से आने लगी है ज़ाफ़रान की ख़ुशबू

इमारतों की बुलन्दी पे कोई मौसम क्या
कहाँ से आ गई कच्चे मकान की ख़ुशबू

गुलों पे लिखती हुई ला इलाहा इल लल्लाह[2]
पहाड़ियों से उतरती अज़ान की ख़ुशबू

1. इज़्ज़त, मान मर्यादा

2. ईश्वर के अलावा कोई दूसरा पूज्य नहीं, कलमे का प्रथम भाग

6

हँसी मासूम सी बच्चों की कापी में इबारत[1] सी
हिरन की पीठ पर बैठे परिन्दे की शरारत सी

वो जैसे सर्दियों में गर्म कपड़े दे फ़क़ीरों को
लबों पे मुस्कुराहट थी मगर कैसी हिक़ारत सी

उदासी पतझड़ों की शाम ओढ़े रास्ता तकती
पहाड़ी पर हज़ारों साल की कोई इमारत सी

सजाये बाज़ुओं पर बाज़ वो मैदाँ में तन्हा था
चमकती थी ये बस्ती धूप में ताराज ओ ग़ारत[2] सी

मेरी आँखों, मेरे होंटों पे ये कैसी तमाज़त[3] है
कबूतर के परों की रेशमी उजली हरारत सी

खिला दे फूल मेरे बाग़ में पैग़म्बरों जैसा
रक़म[4] हो जिस की पेशानी पे इक आयत बशारत[5] सी

1980

1. लेखन
2. रौंदी हुई, वीरान
3. गर्मी
4. लिखित 5. ख़ुश ख़बरी, शुभ सूचना

7

नारियल के दरख़्तों की पागल हवा खुल गये बादबाँ लौट जा लौट जा
साँवली सरज़मीं पर मैं अगले बरस फूल खिलने से पहले ही आ जाऊँगा

गर्म कपड़ों का सन्दूक़ मत खोलना वरना यादों की काफ़ूर जैसी महक
ख़ून में आग बन कर उतर जायेगी सुबह तक ये मकाँ ख़ाक हो जायेगा

लान में एक भी बेल ऐसी नहीं जो देहाती परिन्दे के पर बाँध ले
जंगली आम की जान लेवा महक जब बुलायेगी वापस चला जायेगा

मेरे बचपन के मन्दिर की वह मूर्ति धूप के आसमाँ पे खड़ी थी मगर
एक दिन जब मिरा क़द मुकम्मिल हुआ उसका सारा बदन बर्फ़ में धँस गया

अनगिनत काले काले परिन्दों के पर टूट कर ज़र्दबानी को ढकने लगे
फ़ाख़ता धूप के पुल पे बैठी रही रात का हाथ चुपचाप बढ़ता गया

8

सँवार नोक पलक अबरूओं[1] में ख़म कर दे
गिरे पड़े हुए लफ़्ज़ों को मोहतरम[2] कर दे

ग़ुरूर उस पे बहुत सजता है मगर कह दो
इसी में उसका भला है ग़ुरूर कम कर दे

यहाँ लिबास की क़ीमत है आदमी की नहीं
मुझे गिलास बड़े दे शराब कम कर दे

चमकने वाली है तहरीर मेरी क़िस्मत की
कोई चिराग़ की लौ को ज़रा सा कम कर दे

किसी ने चूम के आँखों को ये दुआ दी थी
ज़मीन तेरी ख़ुदा मोतियों से नम कर दे

1978

1. भवें
2. सम्माननीय

9

कोई लश्कर है के बढ़ते हुए ग़म आते हैं
शाम के साये बहुत तेज़ क़दम आते हैं

दिल वो दरवेश[1] है जो आँख उठाता ही नहीं
इस के दरवाज़े पे सौ अहले करम[2] आते हैं

1. साधु
2. करम करने वाले

मुझ से क्या बात लिखानी है कि अब मेरे लिये
कभी सोने कभी चाँदी के क़लम आते हैं

मैं ने दो चार किताबें तो पढ़ी हैं लेकिन
शह्र के तौर तरीक़े मुझे कम आते हैं

ख़ूबसूरत सा कोई हादसा आँखों में लिये
घर की दहलीज़ पे डरते हुए हम आते हैं

1978

10

वो दरूदों[1] के सलामों के नगर याद आये
नाँतें[2] पढ़ते हुए कस्बात के घर याद आये

घर की मस्जिद में वो नूरानी अजाँ से चेहरे
इन मशीनों में दुआओं के शजर याद आये

शाम के बाद कचहरी का थका सन्नाटा
बे गुनाही को अदालत को हुनर याद आये

मेरे सीने में कोई साँस चुभा करती है
जैसे मज़दूर को परदेस में घर याद आये

कितने ख़त आये गये शाख़ पे फूलों की तरह
आज दरया में चिराग़ों के सफ़र याद आये

1975

1. मुसलमानों की ओर से उनके पैग़म्बर पर दुरुद, एक विशिष्ट हुआ
2. रसूल की प्रशंसा

11

अन्धेरे रास्तों में यूँ तिरी आँखें चमकती हैं
ख़ुदा की बरकतें जैसे पहाड़ों पर उतरती हैं

मुहब्बत करने वाले जब कभी आँसू बहाते हैं
दिलों के आईने धोती हुई पलकें सँवरती हैं

धुआँ सी बदलियों को देखकर अक्सर वो कहती है
हमेशा चाँदनी में बेवफ़ा रूहें भटकती हैं

हमारी ज़िन्दगी में फूल बन कर कोई आया था
उसी की याद में अब तक ये तहरीरें महकती हैं

मुझे लगता है दिल खिंच कर चला आता है हाथों पर
तुझे लिक्खूँ तो मेरी उँगलियाँ ऐसी धड़कती हैं

1975

12

उदास आँखों से आँसू नहीं निकलते हैं
ये मोतियों की तरह सीपियों में पलते हैं

घने धुएँ में फ़रिश्ते भी आँख मलते हैं
तमाम रात खजूरों के पेड़ जलते हैं

मैं शाहराह[1] नहीं रास्ते का पत्थर हूँ
यहाँ सवार भी पैदल उतर के चलते हैं

उन्हें कभी न बताना मैं उनकी आँखें हूँ
वो लोग फूल समझ कर मुझे मसलते हैं

कई सितारों को मैं जानता हूँ बचपन से
कहीं भी जाऊँ मिरे साथ साथ चलते हैं

ये एक पेड़ है आ इस से मिल के रो लें हम
यहाँ से तेरे मेरे रास्ते बदलते हैं

1976

1. राजमार्ग, चौड़ा रास्ता

13

आँधियों के साथ क्या मन्ज़र सुहाने आये हैं
आज मैदानों में बाग़ों के ख़ज़ाने आये हैं

अब मिरे तलवों के नीचे की ज़मीं आज़ाद है
आसमानों से मुझे बादल बुलाने आये हैं

रेत से दरया अटे हैं ख़ाक से झीलें पटीं
ये परिन्दे ख़ून में शायद नहाने आये हैं

ख़्वाब जिस दिल में रहा करते थे कब का मर चुका
किस का दरवाज़ा ये बच्चे खटखटाने आये हैं

इन में रोशन हैं अभी तक तेरे बोसों के चिराग़
इसलिए हम अपनी आँखें ख़ुद बुझाने आये हैं

गिरती दीवारों से लग कर दीपकों के क़ाफ़ले
कुछ सहीफ़े[1] अपनी आँखों से लगाने आये हैं

1. किताबें

आज हम सब एक बेहतर ज़िन्दगी की दौड़ में
कैसे कैसे ख़्वाब क़ब्रों में सुलाने आये हैं

बारहा इस घर का बटवारा हुआ और आज तक
अपने हिस्से में सदा दुख के ख़ज़ाने आये हैं

चार दुश्मन आ मिले हैं रात की छत के तले
मुद्दतों के बाद फिर अगले ज़माने आये हैं

1978

14

होंटों पे मुहब्बत के फ़साने नहीं आते
साहिल पे समन्दर के ख़ज़ाने नहीं आते

पलकें भी चमक उठती हैं सोते में हमारी
आँखों को अभी ख़्वाब छुपाने नहीं आते

दिल उजड़ी हुई एक सराय की तरह है
अब लोग यहाँ रात बिताने नहीं आते

यारो नये मौसम ने यह एहसान किये हैं
अब याद मुझे दर्द पुराने नहीं आते

उड़ने दो परिन्दों को अभी शोख़ हवा में
फिर लौट के बचपन के ज़माने नहीं आते

इस शह्र के बादल तिरी ज़ुल्फ़ों की तरह हैं
ये आग लगाते हैं बुझाने नहीं आते

अहबाब[1] भी ग़ैरों की अदा सीख गये हैं
आते हैं मगर दिल को दुखाने नहीं आते

1980

1. मित्र

15

उनको आईना बनाया धूप का चेहरा मुझे
रास्ता फूलों का सब को आग का दरया मुझे

चाँद चेहरा, ज़ुल्फ़ दरया, बात ख़ुशबू, दिल चमन
इक तुम्हें दे कर ख़ुदा ने दे दिया क्या क्या मुझे

जिस तरह वापस कोई ले जाये अपनी चिट्ठियाँ
जाने वाला इस तरह से कर गया तन्हा मुझे

तुमने देखा है किसी मीरा को मन्दिर में कभी
एक दिन उसने ख़ुदा से इस तरह माँगा मुझे

मेरी मुट्ठी में सुलगती रेत रख कर चल दिया
कितनी आवाज़ें दिया करता था ये दरया मुझे

1981

16

सुनसान रास्तों की सवारी न आयेगी
अब धूल से अटी हुई लारी न आयेगी

छप्पर के चाय ख़ाने भी अब ऊँघने लगे
पैदल चलो के कोई सवारी न आयेगी

तहरीर ओ गुफ़्तगू में किसे ढूँढ़ते हैं लोग
तस्वीर में भी शक्ल हमारी न आयेगी

सर पर ज़मीन ले के हवाओं के साथ जा
आहिस्ता चलने वाले की बारी न आयेगी

पहचान अपनी हम ने मिटाई है इस तरह
बच्चों में कोई बात हमारी न आयेगी

1982

17

मेरी आँखों में ग़म की निशानी नहीं
पत्थरों के प्यालों में पानी नहीं

मैं तुझे भूल कर भी नहीं भूलता
प्यार सोना है सोने का पानी नहीं

मेरी अपनी भी मजबूरियाँ हैं बहुत
मैं समुन्दर हूँ पीने का पानी नहीं

मेरा चेहरा लकीरों में तक़सीम है
आईनों से मुझे बदगुमानी नहीं

शाम के बाद बच्चों से कैसे मिलूँ
अब मिरे पास कोई कहानी नहीं

मौसमों के लिफ़ाफ़े बदलते रहे
कोई तहरीर इतनी पुरानी नहीं

कोई आसेब[1] है इस हसीं शहर पर
शाम रोशन है लेकिन सुहानी नहीं

1979

1. प्रेतबाधा

18

इस तरह साथ निभना है दुश्वार सा
तू भी तलवार सा मैं भी तलवार सा

अपना रंगे ग़ज़ल उसके रुख़सार[1] सा
दिल चमकने लगा है रूख़े यार सा

अब है टूटा सा दिल ख़ुद से बेज़ार सा
इस हवेली में लगता था दरबार सा

ख़ूबसूरत सी पैरों में ज़ंजीर हो
घर में बैठा रहूँ मैं गिरफ़्तार सा

मैं फ़रिश्तों की सुहबत के लायक़ नहीं
हम सफ़र कोई होता गुनहगार सा

गुड़िया, गुड्डे को बेचा ख़रीदा गया
घर सजाया गया रात बाज़ार सा

शाम तक कितने हाथों से गुज़रूगा में
चाय ख़ाने में उर्दू के अख़बार सा

बात क्या है कि मशहूर लोगों के घर
मौत का सोग होता है त्योहार सा

ज़ीना ज़ीना उतरता हुआ आईना
उसका लहजा अनोखा खनकदार सा

1979

1. गाल

19

इस तरह दुनिया मिली शिकवा गिला कोई नहीं
मैं समझता था मिरा तेरे सिवा कोई नहीं

ख़त नहीं हूँ जिस पे तुम राहों की तफ़सीलें लिखो
उस के घर जाऊँगा मैं जिसका पता कोई नहीं

ऐसा लगता है कि तू मुझ से जुदा हो जायेगा
इस बड़े शहरे वफ़ा में बेवफ़ा कोई नहीं

मैं पयम्बर तो नहीं लेकिन मुझे एहसास है
इन बुरे लोगों में भी मुझ से बुरा कोई नहीं

1979

20

दूसरों को हमारी सज़ाएँ न दे
चाँदनी रात को बद्दुआएँ न दे

फूल से आशिक़ी का हुनर सीख ले
तितलियाँ खुद रुकेंगी सदाएँ न दे

सब गुनाहों का इक़रार करने लगे
इस क़दर ख़ूबसूरत सज़ाएँ न दे

मैं दरख़्तों की सफ़[1] का भिखारी नहीं
बेवफ़ा मौसमों की क़बायें[2] न दे

1. पंक्ति, रेखा
2. चोगा

मोतियों को छुपा सीपियों की तरह
बेवफ़ाओं को अपनी वफ़ाएँ न दे

मैं बिखर जाऊँगा आँसुओं की तरह
इस क़दर प्यार से बद्दुआएँ न दे

1977

21

सर पे साया सा दस्ते दुआ[1] याद है
अपने आँगन में इक पेड़ था याद है

जिस में अपनी परिन्दों सी तशबीह[2] थी
तुम को स्कूल की वो दुआ याद है

ऐसा लगता है हर इम्तहाँ के लिये
ज़िन्दगी को हमारा पता याद है

मैकदे में अज़ाँ सुन के रोया बहुत
इस शराबी को दिल से ख़ुदा याद है

मैं पुरानी हवेली का परदा मुझे
कुछ कहा याद है कुछ सुना याद है

1975

1. दुआ का हाथ
2. उपमा

22

इक शहर था ख़राब जहाँ कोई भी न था
हम लौट आये हम सा वहाँ कोई भी न था

लौ की तरह चिराग़ का क़ैदी नहीं हूँ मैं
अच्छा हुआ कि अपना मकाँ कोई भी न था

दिल पर जमी थीं गर्दें सफ़र की कई तहें
काग़ज़ पे उँगलियों का निशाँ कोई भी न था

वह महफ़िलों की जान है दुनिया के वास्ते
मुझ से वहाँ मिला था जहाँ कोई भी न था

सन्नाटे आये, दर्ज़ों में झाँका, चले गये
गर्मी की छुट्टियाँ थीं वहाँ कोई भी न था

1965

23

पत्थर के जिगर वालो ग़म में वो रवानी है
ख़ुद राह बना लेगा बहता हुआ पानी है

फूलों में ग़ज़ल रखना ये रात की रानी है
उस में तिरी ज़ुल्फ़ों की बे रब्त[1] कहानी है

1. बेतरतीब

इक ज़हने परेशाँ में वो फूल सा चेहरा है
पत्थर की हिफ़ाज़त में शीशे की जवानी है

क्यों चाँदनी रातों में दरया पे नहाते हो
सोये हुए पानी में क्या आग लगानी है

इस हौसलये दिल पर हम ने भी कफ़न पहना
हँस कर कोई पूछेगा क्या जान गँवानी है

रोने का असर दिल पर रह रह के बदलता है
आँसू कभी शीशा है आँसू कभी पानी है

ये शबनमी लहजा है आहिस्ता ग़ज़ल पढ़ना
तितली की कहानी है फूलों की ज़ुबानी है

1959

24

मुस्कुराती हुई धनक है वही
इस बदन में चमक दमक है वही

फूल कुम्हला गये उजालों के
साँवली शाम में नमक है वही

अब भी चेहरा चिराग़ लगता है
बुझ गया है मगर चमक है वही

वो सरापा दिये की लौ जैसा
मैं हवा हूँ इधर लपक है वही

कोई शीशा ज़ुरूर टूटा है
गुनगुनाती हुई खनक है वही

प्यार किसका मिला है मिट्‌टी में
इस चमेली तले महक है वही

1976

25

बड़े ताजिरों[1] की सताई हुई
ये दुनिया दुल्हन है जलाई हुई

भरी दोपहर का खिला फूल है
पसीने में लड़की नहाई हुई

किरन फूल की पत्तियों में दबी
हँसी उसके होंटों पे आई हुई

वो चेहरा किताबी रहा सामने
बड़ी ख़ूबसूरत पढ़ाई हुई

उदासी बिछी है बड़ी दूर तक
बहारों की बेटी पराई हुई

ख़ुशी हम ग़रीबों की जैसे मियाँ
मज़ारों पे चादर चढ़ाई हुई

1978

1. सौदागरों

26

किसने मुझ को सदा दी बता कौन है
ऐ हवा तेरे घर में छुपा कौन है

बारिशों में किसी पेड़ को देखना
शाल ओढ़े हुए भीगता कौन है

ख़ुशबुओं में नहाई हुई शाख़ पर
फूल सा मुस्कराता हुआ कौन है

मैं यहाँ धूप में तप रहा हूँ मगर
वो पसीने में डूबा हुआ कौन है

दिल को पत्थर हुए इक ज़माना हुआ
इस मकाँ में मगर बोलता कौन है

आसमानों को हम ने बताया नहीं
डूबती शाम में डूबता कौन है

तुम भी मजबूर हो हम भी मजबूर हैं
बेवफ़ा कौन है बावफ़ा कौन है

1981

27

हर बात में महके हुए जज़्बात की ख़ुशबू
याद आई बहुत पहली मुलाक़ात की ख़ुशबू

छुप छुप के नई सुब्ह का मुँह चूम रही है
इन रेशमी ज़ुल्फ़ों में बसी रात की ख़ुशबू

मौसम भी हसीनों की अदा सीख गये हैं
बादल हैं छुपाये हुए बरसात की ख़ुशबू

घर कितने ही छोटे हों घने पेड़ मिलेंगे
शह्रों से अलग होती है क़स्बात की ख़ुशबू

होंटों पे अभी फूल की पत्ती की महक है
साँसों में रची है तिरी सौग़ात की ख़ुशबू

1975

28

दुआ करो के ये पौधा सदा हरा ही लगे
उदासियों में भी चेहरा खिला खिला ही लगे

अजीब शख़्स है नाराज़ हो के हँसता है
मैं चाहता हूँ ख़फ़ा हो तो वो ख़फ़ा ही लगे

वो ज़ाफ़रानी पुलोअर उसी का हिस्सा है
कोई जो दूसरा पहने तो दूसरा ही लगे

नहीं है मेरे मुक़द्दर में रोशनी न सही
ये खिड़की खोलो ज़रा सुब्ह की हवा ही लगे

1958

29

वो चाँदनी का बदन ख़ुशबुओं का साया है
बहुत अज़ीज़ हमें है मगर पराया है

उतर भी आओ कभी आसमाँ के ज़ीने से
तुम्हें ख़ुदा ने हमारे लिये बनाया है

कहाँ से आई ये ख़ुशबू ये घर की ख़ुशबू है
इस अजनबी के अन्धेरे में कौन आया है

महक रही है ज़मीं चाँदनी के फूलों से
ख़ुदा किसी की मुहब्बत पे मुस्कुराया है

उसे किसी की मुहब्बत का एतबार नहीं
उसे ज़माने ने शायद बहुत सताया है

तमाम उम्र मिरा दम इसी धुएँ में घुटा
वो इक चराग़ था मैं ने उसे बुझाया है

1975

30

सौ ख़ुलूस[1] बातों में सब करम ख़यालों में
बस ज़रा वफ़ा कम है तेरे शह्र वालों में

1. निश्छलता

पहली बार नज़रों ने चाँद बोलते देखा
हम जवाब क्या देते खो गये सवालों में

रात तेरी यादों ने दिल को इस तरह छेड़ा
जैसे कोई चुटकी ले नर्म नर्म गालों में

यूँ किसी की आँखों में सुब्ह तक अभी थे हम
जिस तरह रहे शबनम फूल के प्यालों में

मेरी आँख के तारे अब न देख पाओगे
रात के मुसाफ़िर थे खो गये उजालों में

1958

31

वो महकती पलकों की ओट से कोई तारा चमका था रात में
मिरी बन्द मुट्ठी न खोलिये वही कोहेनूर है हाथ में

मैं तमाम तारे उठा-उठा के ग़रीब लोगों में बाँट दूँ
कभी एक रात वो आसमाँ का निज़ाम दें मिरे हाथ में

अभी शाम तक मिरे बाग़ में कहीं कोई फूल खिला न था
मुझे ख़ुशबुओं में बसा गया तिरा प्यार एक ही रात में

तिरे साथ इतने बहुत से दिन तो पलक झपकते गुज़र गये
हुई शाम खेल ही खेल में गई रात बात ही बात में

कोई इश्क़ है कि अकेला रेत की शाल ओढ़ के चल दिया
कभी बाल बच्चों के साथ आ ये पड़ाव लगता है रात में

कभी सात रंगों का फूल हूँ कभी धूप हूँ कभी धूल हूँ
मैं तमाम कपड़े बदल चुका तिरे मौसमों की बरात में

1977

32

अभी इस तरफ न निगाह कर मैं ग़ज़ल की पलकें सँवार लूँ
मिरा लफ़्ज़ लफ़्ज़ हो आईना तुझे आईने में उतार लूँ

मैं तमाम दिन का थका हुआ तू तमाम शब का जगा हुआ
ज़रा ठहर जा उसी मोड़ पर तेरे साथ शाम गुज़ार लूँ

अगर आसमाँ की नुमायशों में मुझे भी इज़्ने क़याम[1] हो
तो मैं मोतियों की दुकान से तिरी बालियाँ तिरे हार लूँ

1. रुकने की अनुमति

कहीं और बाँट दे शोहरतें कहीं और बख़्श दे इज़्ज़तें
मिरे पास है मिरा आईना मैं कभी न गर्द ओ ग़ुबार लूँ

कई अजनबी तिरी राह में मिरे पास से यूँ गुज़र गये
जिन्हें देखकर ये तड़प हुई तिरा नाम ले के पुकार लूँ

1960–76

33

क़भी यूँ भी आ मिरी आँख में कि मिरी नज़र को ख़बर न हो
मुझे एक रात नवाज़ दे मगर इस के बाद सहर न हो

वो बड़ा रहीम ओ करीम[1] है मुझे ये सिफ़त[2] भी अता करे
तुझे भूलने की दुआ करूँ तो मिरी दुआ में असर न हो

मिरे बाज़ुओं में थकी थकी अभी महवे ख़्वाब[3] है चाँदनी
न बुझे ख़राबे की रोशनी कभी बे चराग़ ये घर न हो

कभी दिन की धूप में झूम के कभी शब के फूल को चूम के
यूँ ही साथ साथ चलें सदा कभी ख़त्म अपना सफ़र न हो

1978

1. रहम और करम करने वाला ईश्वर
2. विशेषता
3. सपने में खोई

34

ख़ाक जब ख़ाकसार[1] लगती है
किस क़दर बा वक़ार[2] लगती है

ख़ून पानी बना के पीती है
धूप सरमाया दार[3] लगती है

सब्र कर, सब्र करने वालों की
बे बसी शानदार लगती है

अब बुझा दो हमारी आँखें भी
रोशनी नागवार लगती है

रतजगों की बड़ी हवेली अब
जंगलों का मज़ार लगती है

आज कल मेरे पाँव के नीचे
कोई शै जानदार लगती है

सिर्फ़ अख़बार पढ़ने वालों को
ज़िन्दगी इश्तहार लगती है

गर्म मौसम में गर्म चाय भी
बद मिज़ाजों का प्यार लगती है

1978

1. नम्र
2. इज़्ज़त वाली
3. पूँजीपति

35

सोये कहाँ थे आँखों ने तकिये भिगोये थे
हम भी कभी किसी के लिये ख़ूब रोये थे

अँगनाई में खड़े हुए बेरी के पेड़ से
वो लोग चलते वक़्त गले मिल के रोये थे

हर साल ज़र्द फूलों का इक क़ाफ़ला रुका
उस ने जहाँ पे धूल अटे पाँव धोये थे

इस हादसे से मेरा तआलुक़ नहीं कोई
मेले में एक साल कई बच्चे खोये थे

आँखों की किश्तियों में सफ़र कर रहे हैं वो
जिन दोस्तों ने दिल के सफ़ीने[1] डुबोये थे

1. नावें

कल रात मैं था मेरे अलावा कोई न था
शैतान मर गया था फ़रिश्ते भी सोये थे

1978

36

आँसुओं के साथ सब कुछ बह गया
दिल में सन्नाटा सा बाक़ी रह गया

छोड़ आया हूँ ज़मीनो आसमाँ
फ़ासला अब और कितना रह गया

रफ़्ता रफ़्ता बुझ गये सारे चराग़
एक चेहरा झिलमिलाता रह गया

बस्तियाँ धुँधला गईं, फिर खो गईं
रोशनी का शह्‌र पीछे रह गया
1970

37

कहाँ आँसुओं की ये सौग़ात होगी
नये लोग होंगे नई बात होगी

मैं हर हाल में मुस्कुराता रहूँगा
तुम्हारी मुहब्बत अगर साथ होगी

चराग़ों को आँखों में महफ़ूज़[1] रखना
बड़ी दूर तक रात ही रात होगी

परेशाँ हो तुम भी, परेशाँ हूँ मैं भी
चलो मैकदे में वहीं बात होगी

चराग़ों की लौ से सितारों की ज़ौ[2] तक
तुम्हें मैं मिलूँगा जहाँ रात होगी

जहाँ वादियों में नये फूल आये
हमारी तुम्हारी मुलाक़ात होगी

सदाओं को अल्फ़ाज़ मिलने न पायें
न बादल घिरेंगे न बरसात होगी

मुसाफ़िर हैं हम भी मुसाफ़िर हो तुम भी
किसी मोड़ पर फिर मुलाक़ात होगी
1973

1. सुरक्षित
2. आभा, प्रकाश

38

पत्तों का दुख खोज रहे हो उड़ने वाले पंछी में
आँसू तो पल भर का मुसाफ़िर पलकों की इस कश्ती में

हर चेहरे में तेरा चेहरा ढूँढ़ के तुझको खो बैठे
घर का रस्ता भूल गये हम घर आने की जल्दी में

इक इक घर का नाम और नम्बर पूछ के दिन भी डूब चला था
बेलों से साये के पीछे शाम खडी थी खिड़की में

वो तितली थी दिये की लौ को फूल समझ कर बैठ गई
जब चाँदी के बाल नज़र आये बच्ची को कंघी में

वो अनपढ़ था फिर भी उसने पढ़े लिखे लोगों से कहा
इक तस्वीर कई ख़त भी हैं साहब आप की रद्दी में

बे मौसम आँखों की बदली हम को नहीं अच्छी लगती है
धुआँ धुआँ घर हो जाता है सावन की गीली लकड़ी में

आ मेरे सीने पर सर रख अपने कान से सुन पगली
मेरे भगवन बोल रहे हैं मन मन्दिर की घँटी में

1980

39

शाम आँख़ों में, आँख पानी में
और पानी सराये फ़ानी में

झिलमिलाते हैं किश्तियों में दिये
पुल खड़े सो रहे हैं पानी में

ख़ाक हो जायेगी ज़मीन इक दिन
आसमानों की आसमानी में

वो कहाँ है उसे कहाँ ढूँढू
आग में ख़ाक में कि पानी में

आ पहाड़ों की तरह सामने आ
इन दिनों मैं भी हूँ रवानी में

1979

40

रातों के मुसाफ़िर हो अँधेरों में रहोगे
जुगनू की तरह दिन में जलोगे न बुझोगे

सब लोग ये कहते हैं कि तुम लौट गये हो
तुम साथ थे, तुम साथ हो, तुम साथ रहोगे

क्या अन कही ग़ज़लों की किताबें हैं वो आँखें
जब पढ़ नहीं सकते हो तो क्या ख़ाक लिखोगे

ख़ुशबू की हवेली है मिरे दिल की ज़मीं पर
वादा करो इक रोज़ मिरे साथ चलोगे

दिल्ली हो कि लाहौर कोई फ़र्क़ नहीं है
सच बोल के हर शह्‌र में ऐसे ही रहोगे

1980

41

राहों में कौन आया गया कुछ पता नहीं
उसको तलाश करते रहे जो मिला नहीं

बे आस खिड़कियाँ हैं सितारे उदास हैं
आँखों में आज नींद का कोसों पता नहीं

मैं चुप रहा तो और ग़लत फ़हमियाँ बढ़ीं
वो भी सुना है उसने जो मैं ने कहा नहीं

दिल में इसी तरह से है बचपन की एक याद
शायद अभी कली को हवा ने छुआ नहीं

चेहरे पे आँसुओं ने लिखी हैं कहानियाँ
आईना देखने का मुझे हौसला नहीं

1980

42

वो ग़ज़ल वालों का असलूब[1] समझते होंगे
चाँद कहते हैं किसे ख़ूब समझते होंगे

इतनी मिलती है मिरी ग़ज़लों से सूरत तेरी
लोग तुझ को मिरा महबूब समझते होंगे

मैं समझता था मुहब्बत की ज़बाँ ख़ुश्बू है
फूल से लोग उसे ख़ूब समझते होंगे

देख कर फूल के औराक़[2] पे शबनम कुछ लोग
तेरा अश्कों भरा मकतूब[3] समझते होंगे

भूल कर अपना ज़माना ये ज़माने वाले
आज के प्यार को मायूब[4] समझते होंगे

1976

1. शैली
2. पन्ने
3. ख़त
4. बुरा, ऐबदार

43

सूरज, चन्दा जैसी जोड़ी हम दोनों
दिन का राजा रात की रानी हम दोनों

जगमग जगमग दुनिया का मेला झूठा
सच्चा सोना सच्ची चाँदी हम दोनों

इक दूजे से मिल कर पूरे होते हैं
आधी आधी एक कहानी हम दोनों

घर घर दुख सुख का इक दीपक जले बुझे
हर दीपक में तेल और बाती हम दोनों

दुनिया की ये माया कंकर पत्थर है
आँसू, शबनम, हीरा, मोती हम दोनों

चारों ओर समुन्दर बढ़ती चिन्ताएँ
लहर लहर लहराती कश्ती हम दोनों

परबत परबत बादल बादल किरन किरन
उजले पर वाले दो पंछी हम दोनों

मैं दहलीज़ का दीपक हूँ आ तेज़ हवा
रात गुज़ारें अपनी अपनी हम दोनों

1976

44

उसकी आँखों सा उसके गेसू सा
मेरा सारा कलाम ख़ुशबू सा

मेरी पलकों पे झिलमिलाता है
रात भर एक नाम जुगनू सा

कितनी मुद्दत के बाद तुझ से मिले
मुस्कुराता है प्यार आँसू सा

आज वादा किसी का टूट गया
रेशमी तितलियों के बाज़ू सा

रोज़ तन्हाइयों में इक चेहरा
तौलता है मुझे तराज़ू सा

1981

45

घर से निकले अगर कदम बहक जायेंगे
वो गुलाबी कटोरे छलक जायेंगे

हम ने अल्फाज़ को आईना कर दिया
छुपने वाले ग़ज़ल में चमक जायेंगे

दुश्मनी का सफ़र इक क़दम दो क़दम
तुम भी थक जाओगे हम भी थक जायेंगे

रफ़्ता रफ़्ता हर इक ज़ख़्म भर जायेगा
सब निशानात फूलों से ढक जायेंगे

नाम पानी पे लिखने से क्या फायदा
लिखते लिखते तिरे हाथ थक जायेंगे

ये परिन्दे भी खेतों के मज़दूर हैं
लौट के अपने घर शाम तक जायेंगे

दिन में परियों की कोई कहानी न सुन
जंगलों में मुसाफ़िर भटक जायेंगे

1982

46

सवेरे सितारों की शबनम कहाँ
ज़रा देर में तुम कहाँ, हम कहाँ

उदासी के सावन बरस दो बरस
जवानी गई फिर ये मौसम कहाँ

मुसाफ़िर को आँगन के फूलों से क्या
हवा की हथेली पे शबनम कहाँ

हमारा बदन धूप का बाग़ है
यहाँ चाँदनी और शबनम कहाँ

शिकस्तों के डेरे मुँड़ेरों पर हैं
हमारी फ़सीलों[1] पे परचम कहाँ

1982

1. दीवार के ऊपर की सुरक्षात्मक दीवार, ताकि कोई अन्दर न आ सके, परकोट

47

फ़न अगर रूह ओ दिल की रयाज़त[1] न हो
ऐसी मस्जिद है जिस में इबादत न हो

तेरी आँखों में ऐसा सँवर जाऊँ मैं
उम्र भर आईनों की ज़ुरूरत न हो

किस को नीलाम करते हो बाज़ार में
ये किसी घर के मन्दिर की मूरत न हो

दिल नवाज़ी के फ़न जानना चाहिए
हुस्न चाहे बहुत ख़ूबसूरत न हो

दिन तो निकला ख़रीदा हुआ आदमी
ऐ ख़ुदा रात भी सब की औरत न हो

छप्परों पर दिये रख गई है हवा
ताकि फिर रोशनी की शिकायत न हो

1980

1. अभ्यास

48

तुम अभी शह्र में क्या नये आये हो
रुक गये राह में हादसा देख कर

तुम जिन्हें फूल समझे हो आँखें न हों
पाँव रखना ज़मीं पर ज़रा देख कर

फिर दिये रख गईं तेरी परछाइयाँ
आज दरवाज़ा दिल का खुला देख कर

इस की आँखों का सावन बरसने लगा
बादलों में परिन्दा घिरा देख कर

शाम गहरी हुई और घर दूर है
फूल सो जायेंगे रास्ता देख कर

फूल सी उँगलियाँ कंघियाँ बन गईं
उल्झे बालों से माथा ढका देख कर

1980

49

मैकदा, रात ग़म का घर निकला
दिल, हवेली तले खंडर निकला

मैं उसे ढूँढ़ता था आँखों में
फूल बन कर वो शाख़ पर निकला

किस के साये में सर छुपाओगे
वो शजर, धूप का शजर निकला

उस का आँचल भी कोई बादल था
वो हवाओं का हमसफ़र निकला

कोई काग़ज़ न था लिफ़ाफ़े में
सिर्फ़ तितली का एक पर निकला

जब से जाना कि वो बहादुर हैं
दिल से कुछ दुश्मनों का डर निकला

ज़िन्दगी एक फ़क़ीर की चादर
जब ढके पाँव हमने सर निकला

1978

50

हमारा दिल सवेरे का सुनहरा जाम हो जाये
चराग़ों की तरह आँखें जलें जब शाम हो जाये

कभी तो आसमाँ से चाँद उतरे जाम हो जाये
तुम्हारे नाम की इक ख़ूबसूरत शाम हो जाये

अजब हालात थे यूँ दिल का सौदा हो गया आख़िर
मोहब्बत की हवेली जिस तरह नीलाम हो जाये

समंदर के सफ़र में इस तरह आवाज़ दे हम को
हवायें तेज़ हों और कश्तियों में शाम हो जाये

मुझे मालूम है उस का ठिकाना फिर कहाँ होगा
परिन्दा आसमाँ छूने में जब नाकाम हो जाये

उजाले अपनी यादों के हमारे साथ रहने दो
न जाने किस गली में ज़िन्दगी की शाम हो जाये

1956

51

भूल शायद बहुत बड़ी कर ली
हम ने दुनिया से दोस्ती कर ली

तुम मोहब्बत को खेल कहते हो
हम ने बरबाद ज़िन्दगी कर ली

सब की नज़रें बचा के देख लिया
आँखों आँखों में बात भी कर ली

आशिक़ी में बहुत ज़ुरूरी है
बेवफ़ाई, कभी कभी कर ली

हम नहीं जानते चराग़ों ने
क्यों अन्धेरों से दोस्ती कर ली

धड़कन, दफ़्न हो गई होंगी
दिल में दीवार क्यों खड़ी कर ली

1978

52

मोम की ज़िन्दगी घुला करना
कुछ किसी से न तज़किरा करना

मेरा बचपन था आईने जैसा
हर खिलौने का मुँह तका करना

एक लड़की थी खेल था उसका
गुड़िया गुड्डों का सिलसिला करना

फूल शाख़ों के हों के आँखों के
रास्ते रास्ते चुना करना

ये रवायत बहुत पुरानी है
नींद में आग पर चला करना

रास्ते में कोई ख़ंडर होगा
शह सवारो वहाँ रुका करना

1977

53

बेवफ़ा रास्ते बदलते हैं
हमसफ़र साथ साथ चलते हैं

किस के आँसू छुपे हैं फूलों में
चूमता हूँ तो होंट जलते हैं

उस की आँखों को ग़ौर से देखो
मन्दिरों में चिराग़ जलते हैं

दिल में रह कर नज़र नहीं आते
ऐसे काँटे कहाँ निकलते हैं

एक दीवार वो भी शीशे की
दो बदन पास पास जलते हैं

वो सितारे मिरे सितारे हैं
जो भरी धूप में निकलते हैं

काँच के, मोतियों के, आँसू के
सब खिलौने ग़ज़ल में ढलते हैं

1977

54

इसे फ़न नहीं परदये फ़न[1] कहो
ग़ज़ल को चराग़ों की चिलमन कहो

इन्ही में सँवरते रहो उम्र भर
सदा मेरी आँखों को दरपन कहो

वो जब चाहे सर सब्ज़[2] कर दे मुझे
मिरे वास्ते इसको सावन कहो

क़दम चाँद से मेरे दिल पर रखो
इसे भी कभी घर का आँगन कहो

जवाँ हो के मिल जायेंगे ख़ाक में
गुलों को शहीदों का बचपन कहो

कई बाग़ हैं इस ज़मीं के तले
मिरे दिल को यादों का मदफ़न[3] कहो

सितारों के धब्बे खुला आसमाँ
इसे भी शराबी का दामन कहो

1977

1. कला
2. हरा भरा
3. दफ़्न होने का स्थान, क़ब्र

55

ख़ुदा हम को ऐसी ख़ुदाई न दे
कि अपने सिवा कुछ दिखाई न दे

ख़तावार समझेगी दुनिया तुझे
अब इतनी ज़ियादा सफ़ाई न दे

हँसो आज इतना कि इस शोर में
सदा सिसकियों की सुनाई न दे

ग़ुलामी को बरकत समझने लगें
असीरों[1] को ऐसी रिहाई न दे

ख़ुदा ऐसे अहसास का नाम है
रहे सामने और दिखाई न दे

1976

1. बन्दी

56

तमाम आग है दिल ख़ारो ख़स[1] की नहीं
यही गली है जहाँ सल्तनत हवस की नहीं

वो सब के सामने बाँहों में आ के खो जाना
फ़रिश्तों जैसी ये मासूमियत हवस की नहीं

बस एकशाम की लज़्ज़त बहुत ग़नीमत जान
अज़ीम पाक मोहब्बत, हर इक के बस की नहीं

था एक शख़्स, हर एक शख़्स उस पे आशिक़ था
ये बात कल की है दो चार दस बरस की नहीं

निसाब[2] दिल का कहाँ रख दिया किलासों में
ग़ज़ल की आग है ये काग़ज़ों के बस की नहीं

1980

1. प्यास
2. पाठ्यक्रम

57

यूँ दिल को गुदगुदाया हर ग़म जगा दिया है
उसने हँसी हँसी में हम को रुला दिया है

पूछा बहुत जो हमने किस ओर अब मिलोगे
चुटकी में रेत लेकर उस ने उड़ा दिया है

कल शब अजब हवा थी बुझते दिये की लौ में
वो आँसुओं का काग़ज़ हम ने जला दिया है

रोशन थे रात से ख़ेमे मुसाफ़िरों के
दिन के सफ़र में सब ने हम को भुला दिया है

जिन काग़ज़ों पे दिल की क़ीमत लिखी हुई थी
इन दीमकों को किस ने उन का पता दिया है

1979

58

शाम के पेड़ की सुरमई शाख़ पर
पत्तियों में छुपा कोई जुगनू भी है
साहिलों पर पड़ी सीपियों में कहीं
झिलमिलाता हुआ एक आँसू भी है

आँधियाँ राख के ढर लेती गईं,
चमकीं चिंगारियाँ कोंपलों की तरह
इन दिनों ज़िन्दगी फिर हमारे लिये
सुब्हे आरिज़[1] भी है शामे गेसू भी है

इस पहाड़ी इलाके में इकगाँव के
मोड़ पर आती जाती बसों के लिये
दो दरख़्तों की मुश्फ़िक़[2] घनी छाँव में
गर्म चाय की मानूस ख़ुश्बू भी है

इन नहाते परिन्दों के हमराह अब
मैं भी आकाश सर पर उठा लाऊँगा
नद्दियों में नहा कर थकन धुल गई
कुछ दरख़्तों की बाँहों का जादू भी है

मेरे दुश्मन मेरी जुस्तुजू में अभी
इस कमींगाह[3] को आग दिखलायेंगे
अब ये बेहतर है मैं ख़ुद ही आगे बढ़ूँ
झाड़ियों में यहाँ एक आहू[4] भी है

1981

1. गाल

2. मेहरबान

3. ओट, शिकार की ताक में छिपकर बैठने का स्थान 4. हिरन

59

जहाँ पेड़ पर चार दाने लगे
हवा ओ हवस के निशाने लगे

हुई शाम यादों के इक गाँव से
परिन्दे उदासी के आने लगे

घड़ी दो घड़ी मुझ को पलकों पे रख
यहाँ आते आते ज़माने लगे

कभी बस्तियाँ दिल की यूँ भी बसीं
दुकानें खुलीं कारख़ाने लगे

वहीं ज़र्द पत्तों का कालीन है
गुलों के जहाँ शामयाने लगे

पढ़ाई लिखाई का मौसम कहाँ
किताबों में ख़त आने जाने लगे

1984

60

मुसाफ़िर के रस्ते बदलते रहे
मुक़द्दर में चलना था चलते रहे

मिरे रास्तों में उजाला रहा
दिये उसकी आँखों के जलते रहे

कोई फूल सा हाथ काँधे पे था
मिरे पाँव शोलों पे चलते रहे

सुना है उन्हें भी हवा लग गई
हवाओं के जो रुख़ बदलते रहे

वह क्या था जिसे हम ने ठुकरा दिया
मगर उम्र भर हाथ मलते रहे

मोहब्बत, अदावत, वफ़ा, बेरुख़ी
किराये के घर थे बदलते रहे

लिपट कर चराग़ों से वो सो गये
जो फूलों पे करवट बदलते रहे

1978

61

रेशम की चादर ओढ़ी पगड़ी बाँधी
दामन में दरवाज़े की मिट्टी बाँधी

रेल की पटरी पर मेरी शोहरत रख दी
बस के पहियों से रोज़ी रोटी बाँधी

पलकों में झिलमिल झिलमिल सावन बरसा
मौसम ने बादल जैसी सारी बाँधी

इस तुलसी से इन का रिश्ता था कोई
आँचल में उसने सूखी पत्ती बाँधी

पहले से कुछ साफ़ नज़र आई दुनिया
जब से हम ने आँखों पर पट्टी बाँधी

1976

62

दिल पे छाया रहा उमस की तरह
एक लम्हा था सौ बरस की तरह

वो मोहब्बत की तरह पिघलेगी
मैं भी मर जाऊँगा हवस की तरह

रात सर पर लिये हूँ जंगल में
रास्ते की ख़राब बस की तरह

आत्मा बेज़बान मैना है
और माटी का तन क़फ़स[1] की तरह

ख़ानक़ाहों[2] में ख़ाक़ उड़ती है
उर्दू वालों के केम्पस की तरह

मौत की वादियों से गुज़रूँगा
मैं पहाड़ों की एक बस की तरह

1980

1. पिंजरा

2. दरगाहों, आश्रमों

63

सरे राह कुछ भी कहा नहीं कभी उसके घर में गया नहीं
मैं जनम जनम से उसी का हूँ उसे आज तक ये पता नहीं

उसे पाक नज़रों से चूमना भी इबादतों में शुमार है
कोई फूल लाख क़रीब हो कभी मैं ने उसको छुआ नहीं

ये ख़ुदा की देन अजीब है कि इसी का नाम नसीब है
जिसे तू ने चाहा वो मिल गया जिसे मैं ने चाहा मिला नहीं

इसी शह्र में कई साल से मिरे कुछ क़रीबी अज़ीज़ हैं
उन्हें मेरी कोई ख़बर नहीं मुझे उन का कोई पता नहीं

1976

64

ख़ुआब इन आँखों से अब कोई चुरा ले जाये
क़ब्र के सूखे हुए फूल उठा कर ले जाये

मुन्तज़र फूल में ख़ुशबू की तरह हूँ कब से
कोई झोंके की तरह आये उड़ा कर ले जाये

ये भी पानी है मगर आँखों का ऐसा पानी
जो हथेली से रची मेंहदी छुड़ा कर ले जाये

मैं मोहब्बत से महकता हुआ ख़त हूँ मुझ को
ज़िन्दगी अपनी किताबों में छुपा कर ले जाये

ख़ाक इन्साफ़ है, नाबीना[1] बुतों के आगे
रात थाली में चराग़ों को सज़ा कर ले जाये

उन से कहना कि मैं पैदल नहीं आने वाला
कोई बादल मुझे काँधे पे बिठा कर ले जाये

1978

1. अंधे

65

अब दिलों के अलावा पढ़ना क्या
अपना काग़ज़ कलम से रिश्ता क्या

आँसुओं से मिरी हथेली पर
कौन पढ़ता कि उसने लिक्खा क्या

इक महक जैसे रात की रानी
क्या बताऊँ कि मैं ने सोचा क्या

जब भी देखो इसी तरफ़ नज़रें
चाँद भी है किसी का चेहरा क्या

पंखड़ी पंखड़ी सलामों पयाम
फूल भी है कोई लिफ़ाफ़ा क्या

जो न आदाबे दुश्मनी जाने
दोस्ती का उसे सलीक़ा क्या

तुम मेरी ज़िन्दगी हो ये सच है
ज़िन्दगी का मगर भरोसा क्या

1976

66

वो शायद दिलों को धड़कने न देंगे
गुलों से महकने का हक़ छीन लेंगे

हमारे दिलों के दिये बुझ चुके हैं
हम आँखों की तहरीर कैसे पढ़ेंगे

हमारे बदन भी हमारे नहीं हैं
उसे छूके महसूस कैसे करेंगे

लहू का समन्दर है पलकों के पीछे
ये रोशन जज़ीरे लरज़ते रहेंगे

सुनहरे सुनहरे परों वाले बादल
खुले गेसुओं की महक ले उड़ेंगे

कभी सब्ज़ सावन कभी ज़र्द जाड़े
दरख़तों के कपड़े बदलते रहेंगे

जिन्हें रोशनी का बदन ओढ़ना है
वो कोहरे की चादर लपेटे मिलेंगे

वसीला[1] है इन्सान राज़िक[2] ख़ुदा है
जो दर बन्द होंगे दरीचे[3] खुलेंगे

अज़ल[4] से अबद[5] तक सफ़र ही सफ़र है
मुसाफ़िर हैं सब लोग चलते रहेंगे

1974

1. ज़रिया, माध्यम
2. रोटी देने वाला
3. खिड़कियाँ
4. दुनिया का पहला दिन 5. क़यामत

67

ये चिराग़ बे नज़र है ये सितारा बे ज़ुबाँ है
अभी तुम से मिलता जुलता कोई दूसरा कहाँ है

वही शख़्स जिस पे अपने दिलो जाँ निसार कर दूँ
वो अगर ख़फ़ा नहीं है तो ज़ुरूर बद गुमाँ है

कभी पा के तुझ को खोना, कभी खो के तुझ को पाना
ये जनम जनम का रिश्ता तिरे मिरे दरमयाँ है

मिरे साथ चलने वाले तुझे क्या मिला सफ़र में
वही दुख भरी ज़मीं है वही ग़म का आसमाँ है

मैं इसी गुमाँ में बरसों बड़ा मुतमइन रहा हूँ
तिरा जिस्म बेतग़इयुर[1] मेरा प्यार जाविदाँ[2] है

1. परिवर्तनशील
2. अमर

उन्हीं रास्तों ने जिन पर कभी तुम थे साथ मेरे
मुझे रोक रोक पूछा तिरा हम सफ़र कहाँ है

1958–75

68

उदासी का ये पत्थर आँसुओं से नम नहीं होता
हज़ारों जुगनुओं से भी अन्धेरा कम नहीं होता

कभी ब़रसात में शादाब[1] बेलें सूख जाती हैं
हरे पेड़ों के गिरने का कोई मौसम नहीं होता

बहुत से लोग दिल को इस तरह महफ़ूज रखते हैं
कोई बारिश हो ये काग़ज़ ज़रा भी नम नहीं होता

बिछड़ते वक़्त कोई बदगुमानी दिल में आ जाती
उसे भी ग़म नहीं होता, मुझे भी ग़म नहीं होता

ये आँसू हैं, इन्हें फूलों में शबनम की तरह रखना
ग़ज़ल अहसास है अहसास का मातम नहीं होता

1985–86

1. हरी, तरो-ताज़ा

69

अब किसे चाहें किसे ढूँढ़ा करें
वो भी आख़िर मिल गया अब क्या करें

हल्की हल्की बारिशें होती रहें
हम भी फूलों की तरह भीगा करें

आँख मूँदें इस गुलाबी धूप में
देर तक बैठे उसे सोचा करें

दिल मोहब्बत दीन दुनिया शायरी
हर दरीचे से तुझे देखा करें

घर नया कपड़े नये बरतन नये
इन पुराने काग़ज़ों का क्या करें
1986

70

ये कसक दिल की दिल में चुभी रह गई
ज़िन्दगी में तुम्हारी कमी रह गई

एक मैं-एक तुम-इक दीवार थी
ज़िन्दगी आधी आधी बटी रह गई

रात की भीगी भीगी छतों की तरह
मेरी पलकों पे थोड़ी नमी रह गई

मेरे घर की तरफ धूप की पीठ थी
आते आते इधर चाँदनी रह गई

रेत पर आँसुओं ने तिरे नाम की
जो कहानी लिखी बेपढ़ी रह गई

1980

71

इसी लिए तो यहाँ अब भी अजनबी हूँ मैं
तमाम लोग फ़रिश्ते हैं आदमी हूँ मैं

ज़ईफ़[1] बूढ़ी जो पुल पर उदास बैठी है
उसी की आँख में लिक्खा है ज़िन्दगी हूँ मैं

1. कमज़ोर

है पक्की उम्रों की इक बे ज़बान सी लड़की
उसी का रिश्ता हूँ और वो भी आख़री हूँ मैं

तमाम रात चराग़ों में मुस्कुराती थी
वो अब नहीं है मगर उस की रोशनी हूँ मैं

कहीं मैं और था मग़रिब[2] की जो अज़ाँ न सुनी
इन आँसुओं में सहर की नमाज़ भी हूँ मैं

2. जब शाम हो रही हो, उस वक़्त की नमाज़

सितारे राह के है मीर ओ ग़ालिब ओ इक़बाल
क़लम हूँ बच्चे का तख़्ती नई नई हूँ मैं

अगर वो चाहें तो ज़िन्दा जला भी सकते हैं
दुआ के हाथ, हुकूमत की बेबसी हूँ मैं

1982

72

उदासी के चेहरे पढ़ा मत करो
ग़ज़ल आँसुओं से लिखा मत करो

बहरहाल ये आग ही आग है
चराग़ों को ऐसे छुआ मत करो

दुआ, आँसुओं में खिला फूल है
किसी के लिए बद्दुआ मत करो

तुम्हें लोग कहने लगें बेवफ़ा
ज़माने से इतनी वफ़ा मत करो

अगर वाक़ई तुम परेशान हो
किसी और से तज़किरा मत करो

ख़ुदा के लिए चाँदनी रात में
अकेले अकेले फिरा मत करो

1980

73

सोचा नहीं अच्छा बुरा देखा सुना कुछ भी नहीं
माँगा ख़ुदा से रात दिन तेरे सिवा कुछ भी नहीं

सोचा तुझे, देखा तुझे, चाहा तुझे, पूजा तुझे
मेरी ख़ता मेरी वफ़ा, तेरी ख़ता कुछ भी नहीं

जिस पर हमारी आँख ने मोती बिछाये रात भर
भेजा वही काग़ज़ उसे हम ने लिखा कुछ भी नहीं

इक शाम की दहलीज पर बैठे रहे वो देर तक
आँखों से की बातें बहुत मुँह से कहा कुछ भी नहीं

अहसास की ख़ुशबू कहाँ, आवाज़ के जुगनूँ कहाँ
ख़ामोश यादों के सिवा घर में रहा कुछ भी नहीं

दो चार दिन की बात है दिल ख़ाक में मिल जायेगा
जब आग पर काग़ज़ रखा बाक़ी बचा कुछ भी नहीं

1979

74

वो अपने घर चला गया अफ़सोस मत करो
इतना ही उस का साथ था अफ़सोस मत करो

इन्सान अपने आप में मजबूर है बहुत
कोई नहीं है बेवफ़ा अफ़सोस मत करो

इस बार तुम को आने में कुछ देर हो गई
थक हार के वो सो गया अफ़सोस मत करो

दुनिया में और चाहने वाले भी हैं बहुत
जो होना था वो हो गया अफ़सोस मत करो

इस ज़िन्दगी के मुझ पे कई कर्ज़ हैं मगर
मैं जल्द लौट आऊँगा अफ़सोस मत करो

ये देखो फिर से आ गईं फूलों पे तितलियाँ
इक रोज़ वो भी आयेगा अफ़सोस मत करो

वह तुम से आज दूर है कल पास आयेगा
फिर से ख़ुदा मिलायेगा अफ़सोस मत करो

बेकार जी पे बोझ लिये फिर रहे हो तुम
दिल है तुम्हारा फूल सा अफ़सोस मत करो

1985

75

इक चाँद है खोया खोया सा सूनी छत पर तन्हा तन्हा
मैं भी हूँ इधर तन्हा वो भी है उधर तन्हा तन्हा

दिल की तन्हाई और बढ़ी मेहमानों के आ जाने से
इक तेरे आज न होने से लगता है घर तन्हा तन्हा

मुद्दत से रेत के सहरा में आया न गया बादल कोई
किस देश गये सारे पंछी सूखा है शजर तन्हा तन्हा

मुरझाये हुए चेहरे पे हँसी जब आई मुझ को याद आया
भूली भटकी शहज़ादी का जंगल में सफ़र तन्हा तन्हा

नरगिस के फूलों में छुप कर परियों की आँखें रोती हैं
यूँ रात बिरात अकेले में जाओ न उधर तन्हा तन्हा

1985

76

आस होगी न आसरा होगा
आने वाले दिनों में क्या होगा

मैं तुझे भूल जाँऊगा इक दिन
वक़्त सब कुछ बदल चुका होगा

नाम हमने लिखा था आँखों में
आँसुओं ने मिटा दिया होगा

कितना दुश्वार था सफ़र उस का
वो सरे शाम सो गया होगा

पतझड़ों की कहानियाँ पढ़ना
सारा मन्ज़र किताब सा होगा

आसमाँ भर गया परिन्दों से
पेड़ कोई हरा गिरा होगा
1980

77

भीगी हुई आँखों का ये मन्ज़र न मिलेगा
घर छोड़ के मत जाओ कहीं घर न मिलेगा

फिर याद बहुत आयेगी जुल्फों की घनी शाम
जब धूप में साया कोई सर पर न मिलेगा

आँसू को कभी ओस का क़तरा न समझना
ऐसा तुम्हें चाहत का समन्दर न मिलेगा

इस ख़्वाब के माहौल में बेख़्वाब हैं आँखें
जब नींद बहुत आयेगी बिस्तर न मिलेगा

ये सोच लो अब आख़री साया है मोहब्बत
इस दर से उठोगे तो कोई दर न मिलेगा

1980

78

फ़क़ीर आईना है, परदये ख़्याल नहीं
मिरे बदन पे किसी मसलेहत[1] की शाल नहीं

ये लोग जीते हैं ख़ुश फहमियों की क़ब्रों में
वतन परस्ती की इस से बड़ी मिसाल नहीं

ज़मीन माँ भी है, महबूब भी है, बेटी भी
ज़मीन छोड़ के जाऊँ कोई सवाल नहीं

कहानियों का मुक़द्दर वही अधूरा पन
कहीं फ़िराक़[2] नहीं है कहीं विसाल[3] नहीं

बहुत उदास रही ज़िन्दगी तुम्हारे बाद
ख़्याल था कि तुम्हें भूलना मोहाल नहीं

1984

1. स्वार्थ
2. वियोग
3. मिलन

79

हम को बेकार लिये फिरते हो बाज़ारों में
हम न यूसुफ़[1] हैं न यूसुफ़ के ख़रीदारों में

मुल्क तक़सीम[2] हुए दिल तो सलामत हैं अभी
खिड़कियाँ हम ने खुली रखी हैं दीवारों में

इक ज़ुबाँ जिस को ग़ज़ल कहिये वो मुजरिम ठहरी
शाहज़ादी को चुना जायेगा दीवारों में

इक हवेली में चहकते हुए पंछी की तरह
तेरी आवाज़ अभी क़ैद है दरबारों में

धूप की आग में हँसने की अदा क्या जानें
जंगली फूल कहाँ आप के गुलज़ारों में

दिल में सौ ग़म हैं तिरी याद है तन्हा तन्हा
इक उजली सी परी फिरती है बीमारों में

इज़्ज़तो दौलतो शोहरत हैं हवा की मानिन्द
लाल, नीले, हरे उड़ते हुए गुब्बारों में

1980

1. एक पैगम्बर का नाम जिन्हें बाज़ार में बेचा गया था
2. विभाजित

80

मेरा उस से वादा था घर रहने का
अपनी छत के नीचे दुख सुख सहने का

बारिश बारिश कच्ची क़ब्र का घुलना है
जाँ लेवा अहसास अकेले रहने का

अब के आँसू आँखों से दिल में उतरे
रुख़ बदला दरया ने कैसा बहने का

हिज्रो विसाल के सारे क़िस्से झूठे हैं
हक़ मिलता है किस को अपना कहने का

जगमग जगमग हीरे जैसी आँखों में
एक अजीब ग़ुबार हवेली ढहने का

1986

81

मुझ से बिछड़ के ख़ुश रहते हो
मेरी तरह तुम भी झूठे हो

इक दीवार पे चाँद टिका था
मैं ये समझा तुम बैठे हो

उजले उजले फूल खिले थे
बिल्कुल जैसे तुम हँसते हो

मुझको शाम बता देती है
तुम कैसे कपड़े पहने हो

दिल का हाल पढ़ा चेहरे से
साहिल से लहरें गिनते हो

तुम तन्हा दुनिया से लड़ोगे
बच्चों सी बातें करते हो

1983

82

शबनम के आँसू फूल पर ये तो वही क़िस्सा हुआ
आँखें मिरी भीगी हुई चेहरा तिरा उतरा हुआ

अब इन दिनों मेरी ग़ज़ल ख़ुशबू की इक तस्वीर है
हर लफ़्ज़ गुनचे की तरह खिल कर तिरा चेहरा हुआ

शायद उसे भी ले गये अच्छे दिनों के क़ाफ़िले
इस बाग़ में इक फूल था तेरी तरह हँसता हुआ

हर चीज़ है बाज़ार में इस हाथ दे उस हाथ ले
इज़्ज़त गई शोहरत मिली रूस्वा हुए चर्चा हुआ

मंदिर गये मस्जिद गये पीरों फ़क़ीरों से मिले
इक उस को पाने के लिये क्या क्या किया क्या क्या हुआ

अनमोल मोती प्यार के दुनिया चुराकर ले गई
दिल की हवेली में कोई दरवाज़ा था टूटा हुआ

बरसात में, दीवारो दर की सारी तहरीरें, मिटीं
धोया बहुत, मिटता नहीं तक़दीर का लिक्खा हुआ

1981

83

चरवाहा भेड़ों को लेकर घर घर आया रात हुई
तू पंछी, दिल तेरा पिंजरा, पिंजरे में जा रात हुई

कोई हमें हाथों पे उठा कर बिस्तर में रख देता है
दुनिया वाले ये कहते हैं सूरज डूबा रात हुई

शहर मकाँ दूकानों वाले सब परदे किरनों ने लपेटे
ख़त्म हुआ सब खेल तमाशा जा अब घर जा रात हुई

सुर्ख़ सुनहरा साफ़ा बाँधे शहज़ादा घोड़े से उतरा
काले ग़ार[1] से कम्बल ओढ़े जोगी निकला रात हुई

शाम के साये ज़िंदाँ[2] की दीवारें ऊँची करने लगे
फूल सा दिल लोहे के पंजे में फिर आया रात हुई

किस की ख़ातिर धूप के गजरे इन शाख़ों ने पहने थे
जंगल जंगल रोये मीरा कोई न आया रात हुई

1980

1. खोह, गुफा
2. बन्दीगृह

84

यहाँ सूरज हँसेंगे आँसुओं को कौन देखेगा
चमकती धूप होगी, जुगनुओं को कौन देखेगा

फलों की बाग़वानी में तो बारिश की दुआ होगी
गुज़रते ख़ूबसूरत बादलों को कौन देखेगा

अगर हम साहिलों पर डोर काँटे ले के बैठेंगे
तो मौजों में चमकती तितलियों को कौन देखेगा

है सर्दी वाक़ई लेकिन घने कोहरे की यूरिश[1] में
पहाड़ों से उतरती इन बसों को कौन देखेगा

बहुत अच्छा सा कोई सूट पहनो तंग दस्ती में
उजालों में छुपी इन बदलियों को कौन देखेगा

अभी अपने इशारों पर हमें चलना नहीं आया
सड़क की लाल पीली बत्तियों को कौन देखेगा

1980

1. हमला

85

इक सवारी आयेगी इक जायेगी
बारी बारी सब की बारी आयेगी

फूल अगर पैरों के नीचे आयेंगे
आँखों की बीनाई[1] कम हो जायेगी

थोड़ी देर में इक चराग़ों की थाली
काली बिल्ली सर पर रख कर लायेगी

पतझड़ के पीले सोने से लदी हुई
पक्के बालों वाली औरत आयेगी

सूखे फूलों से सीने को ढाँपेगी
टूटे पत्तों की पिश्वाज़[2] बनायेगी

आहिस्ता चलने में अब दम घुटता है
ठहरूँगा तो साँस मेरी रुक जायेगी

पानी को गन्दा करने से क्या हासिल
तेरी भी परछाईं धुँधला जायेगी

1978

1. ज्योति

2. नर्तकियों द्वारा पहने जाने वाली एक पोशाक

86

खुद अपने आप से शर्मिंदगी सी होती है
कभी कभी तो बड़ी बे दिली सी होती है

सुलगती धूप, घनी चाँदनी सी होती है
तुम्हारे साथ ये दुनिया नई सी होती है

गले में उसके ख़ुदा की अजीब बरकत है
वो बोलता है तो इक रोशनी सी होती है

वो गुनगुनाता है, बेले के फूल खिलते हैं
तमाम घर में बिछी चाँदनी सी होती है

किरन निकलने से पहले गुलाब देखे हैं
तुम्हारी याद में वो ताज़गी सी होती है

वो मुस्कुराती हुई धूप जैसी आँखों में
घनेरी पलकों के पीछे नमी सी होती है

मिरी ग़ज़ल किसी परदा नशीं का क़िस्सा है
अगर सुनाऊँ तो बेपरदगी सी होती है

मैं बोलता हूँ तो इल्ज़ाम है बग़ावत का
मैं चुप रहूँ तो बड़ी बेबसी सी होती है

1977

87

उदास रात है कोई तो ख़्वाब दे जाओ
मेरे गिलास में थोड़ी शराब दे जाओ

मैं ज़र्द पत्तों पे शबनम सजा के लाया हूँ
किसी ने मुझ से कहा था हिसाब दे जाओ

अदब नहीं है ये, अख़बार के तराशे हैं
गये ज़मानों की कोई किताब दे जाओ

फिर इस के बाद नज़ारे नज़र को तरसेंगे
वो जा रहा है ख़िज़ाँ के गुलाब दे जाओ

मिरी नज़र में रहे डूबने का मंज़र भी
ग़ुरूब[1] होता हुआ आफ़ताब दे जाओ

हज़ार सफहों का दीवान कौन पढ़ता है
बशीर बद्र कोई इन्तख़ाब[2] दे जाओ

1977

1. डूबना
2. चयन

88

उसकी चाहत की चाँदनी होगी
ख़ूबसूरत सी ज़िन्दगी होगी

एक लड़की बहुत से फूल लिये
दिल की दहलीज़ पर खड़ी होगी

चाहे जितने चराग़ गुल कर दो
दिल अगर है तो रोशनी होगी

नींद तरसेगी मेरी आँखों को
जब भी ख़्वाबों से दोस्ती होगी

हम बहुत दूर थे मगर तुमने
दिल की आवाज़ तो सुनी होगी

सोचता हूँ कि वो कहाँ होगा
किस के आँगन में चाँदनी होगी

1976

89

साथ चलते जा रहे हैं पास आ सकते नहीं
इक नदी के दो किनारों को मिला सकते नहीं

देने वाले ने दिया सब कुछ अजब अन्दाज़ में
सामने दुनिया पड़ी है और उठा सकते नहीं

उसकी भी मजबूरियाँ हैं मेरी भी मजबूरियाँ
रोज़ मिलते हैं मगर, घर में बता सकते नहीं

किसने किस का नाम ईंटों पर लिखा है ख़ून से
इश्तहारों से ये दीवारें छुपा सकते नहीं

राज़ जब सीने से बाहर हो गया अपना कहाँ
रेत पर बिखरे हुए आँसू उठा सकते नहीं

आदमी क्या है गुज़रते वक़्त की तस्वीर है
जाने वाले को सदा देकर बुला सकते नहीं

शहर में रहते हुए हम को ज़माना हो गया
कौन रहता है कहाँ कुछ भी बता सकते नहीं

उस की यादों से महकने लगता है सारा बदन
प्यार की ख़ुशबू को सीने में छुपा सकते नहीं

पत्थरों के बरतनों में आँसुओं को क्या रखें
फूल को, लफ़्ज़ों के गमलों में खिला सकते नहीं

1975

90

मिरे साथ तुम भी दुआ करो यूँ किसी के हक़ में बुरा न हो
कहीं और हो न ये हादसा कोई रास्ते में जुदा न हो

सरे शाम ठहरी हुई ज़मीं जहाँ आसमाँ है झुका हुआ
इसी मोड़ पर मिरे वास्ते वो चराग़ ले के खड़ा न हो

मिरी छत से रात की सेज तक कोई आँसुओं की लकीर है
ज़रा बढ़ के चाँद से पूछना वो उसी तरफ़ से गया न हो

मुझे यूँ लगा के ख़मोश ख़ुशबू के होंट तितली ने छू लिये
इन्हीं ज़र्द पत्तों की ओट में कोई फूल सोया हुआ न हो

इसी अहतियात में वो रहा इसी अहतियात में मैं रहा
वो कहाँ कहाँ मिरे साथ है किसी और को ये पता न हो

वो फ़रिश्ते आप तलाश कीजे कहानियों की किताब में
जो बुरा कहें न बुरा सुनें, कोई शख़्स उन से ख़फ़ा न हो

वो फिराक़ हो कि विसाल हो तिरी आग महकेगी एक दिन
वो गुलाब बन के खिलेगा क्या जो चराग़ बन के जला न हो

1985

91

ख़्वाब की वादियों से निकलता हुआ
चाँद सो कर उठा आँख मलता हुआ

हाथ पर धूप की पत्तियाँ रख गया
कोई फूलों की चादर बदलता हुआ

शीश महलों के शीशों से टकरा गया
पत्थरों से उतरता सँभलता हुआ

शाम तक होगा सूरज हमारी तरह
कोई सूखा हुआ पेड़ जलता हुआ

एक आहट सी नज़दीक आती हुई
लान में शाम का फूल खिलता हुआ

मैं भी आ ही गया तेरे बाज़ार तक
रोज़ चेहरे पे चेहरा बदलता हुआ

1980

92

शेर मेरे कहाँ थे किसी के लिये
मैं ने सब कुछ लिखा है तुम्हारे लिये

अपने दुख सुख बहुत ख़ूबसूरत रहे
हम जिये भी तो इक दूसरे के लिये

हम सफ़र ने मेरा साथ छोड़ा नहीं
अपने आँसू दिये रास्ते के लिये

इस हवेली में अब कोई रहता नहीं
चाँद निकला किसे देखने के लिये

ज़िन्दगी और मैं दो अलग तो नहीं
मैं ने सब फूल काँटे इसी से लिये

शह्र में अब मिरा कोई दुश्मन नहीं
सब को अपना लिया मैं ने तेरे लिये

ज़हन में तितलियाँ उड़ रही हैं बहुत
कोई धागा नहीं बाँधने के लिये

एक तस्वीर ग़ज़लों में ऐसी बनी
अगले पिछले ज़मानों के चेहरे लिये

1978

93

सियाहियों के बने हर्फ़ हर्फ़[1] धोते हैं
ये लोग रात में काग़ज़ कहाँ भिगोते हैं

किसी की राह में दहलीज़ पर दिये न रखो
किवाड़ सूखी हुई लकड़ियों के होते हैं

चराग़ पानी में मौजों से पूछते होंगे
वो कौन लोग हैं जो कश्तियाँ डुबोते हैं

उन्हीं में खेलने आती है बेरया[2] रूहें
वो घर जो लाल, हरी दफ़्तियों के होते हैं

क़दीम[3] क़स्बों में कैसा सुकून होता है
थके थकाये हमारे बुज़ुर्ग सोते हैं

चमकती है कहीं सदियों में आँसुओं से ज़मीं
ग़ज़ल के शेर कहाँ रोज़ रोज़ होते हैं

1978

1. अक्षर
2. निष्कपट, निश्छल
3. पुराने

94

दिखला के यही मंज़र बादल चला जाता है
पानी के मकानों पे कैसे लिखा जाता है

उस मोड़ पे हम दोनों कुछ देर बहुत रोये
जिस मोड़ से दुनिया को इक रास्ता जाता है

दोनों से चलो पूछें उस को कहीं देखा है
इक क़ाफ़ला आता है इक क़ाफ़ला जाता है

इक शमा जलाते हो इक शमा बुझाते हो
ये चाँद उभरता है दिल डूबता जाता है

दुनिया में कहीं इन की तालीम नहीं होती
दो चार किताबों को घर में पढा जाता है

1977

95

मेरे दिल की राख कुरेद मत इसे मुस्कुरा के हवा दे
ये चराग़ फिर भी चराग़ है कहीं तेरा हाथ जला न दे

नये दौर के नये ख़्वाब हैं नये मौसमों के गुलाब हैं
ये मोहब्बतों के चराग़ हैं इन्हें नफ़रतों की हवा न दे

ज़रा देख चाँद की पत्तियों ने बिखर बिखर के तमाम शब
तिरा नाम लिक्खा है रेत पर कोई लहर् आके मिटा न दे

मैं उदासियाँ न सजा सकूँ कभी जिस्मों जाँ के मज़ार पर
न दिये जलें मिरी आँख में मुझे इतनी सख़्त सज़ा न दे

मिरे साथ चलने के शौक़ में बड़ी धूप सर पे उठायेगा
तिरा नाक नक़्शा है मोम का कहीं ग़म की आग घुला न दे

मैं ग़ज़ल की शबनमी आँख से ये दुखों के फूल चुना करूँ
मिरी सल्तनत मिरा फ़न रहे मुझे ताजो तख़्त खुदा न दे

1977

96

तलवार से काटा है फूलों भरी डालों को
दुनिया ने नहीं चाहा हम चाहने वालों को

मैं आग था फूलों में तबदील हुआ कैसे
बच्चों की तरह चूमा उसने मिरे गालों को

अख़लाक़[1], वफ़ा, चाहत सब क़ीमती कपड़े हैं
हर रोज़ न ओढ़ा कर इन रेशमी शालों को

1. नैतिकता

बरसात का मौसम तो लहराने का मौसम है
उड़ने दो हवाओं में बिखरे हुए बालों को

चिड़ियों के लिये चावल पौधों के लिये पानी
थोड़ी सी मोहब्बत दे हम चाहने वालों को

अब राख बटोरेंगे अल्फाज़ के सौदागर
मैं आग पे रख दूँगा नायाब रिसालों को

मौला मुझे पानी दे, मैंने नहीं माँगा था
चाँदी की सुराही को सोने के प्यालों को

1978

97

मोहब्बत से, इनायत से, वफ़ा से चोट लगती है
बिखरता फूल हूँ मुझको हवा से चोट लगती है

मिरी आँखों में आँसू की तरह इक रात आ जाओ
तकल्लुफ़ से, बनावट से, अदा से, चोट लगती है

मैं शबनम की ज़ुबाँ से फूल की आवाज़ सुनता हूँ
अजब एहसास है अपनी सदा से चोट लगती है

तुझे ख़ुद अपनी मजबूरी का अन्दाज़ा नहीं शायद
न कर अहदे वफ़ा[1], अहदे वफ़ा से चोट लगती है

1979

1. वफ़ा का वादा

98

पास से देखो जुगनू आँसू दूर से देखो तारा आँसू
मैं फूलों की सेज पे बैठा आधी रात का तन्हा आँसू

मौसम की ख़ुशबू में अक्सर ग़म की ख़ुशबू मिल जाती है
आमों के बाग़ों में कैसे सावन सावन बरसा आँसू

अपने बचपन का क़िस्सा है इक तस्वीर बनाई उस ने
मेंहदी वाले हाथ रचे थे बीच हथेली टपका आँसू

इक गाँव में दो बारातें शायद दूल्हा बदल गया है
मेरी आँख में तेरा आँसू, तेरी आँख में मेरा आँसू

पास से देखो जुगनूँ आँसू दूर से देखो तारा आँसू
मैं फूलों की सेज पे बैठा आधी रात का तन्हा आँसू

मेरी इन आँखों ने अक्सर ग़म के दोनों पहलू देखे
ठहर गया तो पत्थर आँसू बह निकला तो दरिया आँसू

प्यार अजब तलवार है जिस पे हम दोनों के नाम लिखे हैं
टहनी टहनी कलियाँ आँसू पत्थर पत्थर झरना आँसू

1976

99

सभी से इन दिनों रूठा हुआ सा लगता हूँ
मैं अपने आप को अब बेवफ़ा सा लगता हूँ

तमाम रात मैं गिरती हुई हवेली में
दिलों से निकली हुई बद्दुआ सा लगता हूँ

मैं वो ख़ज़ाना हूँ हक़दार जिस की दुनिया है
हज़ारों हिस्सों में बाँटा हुआ सा लगता हूँ

मिरी तलाश बदस्तूर अब भी जारी है
वो मिल गया है मैं खोया हुआ सा लगता हूँ

मिरी हँसी से उदासी के फूल खिलते हैं
मैं सब के साथ हूँ लेकिन जुदा सा लगता हूँ

चमक रहा था वो चेहरा किसी की आँखों में
मैं आईने में कोई दूसरा सा लगता हूँ

तमाम रात बरसती है रेत पर शबनम
मैं अपने चाँद से जब भी ख़फ़ा सा लगता हूँ

1977

100

गुलाबों की तरह दिल अपना शबनम में भिगोते हैं
मोहब्बत करने वाले ख़ूबसूरत लोग होते हैं

किसी ने जिस तरह अपने सितारों को सजाया है
ग़ज़ल के रेशमी धागों में यूँ मोती पिरोते हैं

पुरान मौसमों के नामे नामी मिटते जाते हैं
कहीं पानी क़हीं शबनम कहीं आँसू से धोते हैं

यही अन्दाज़ है मेरा समन्दर फ़तह करने का
मिरी काग़ज़ की कश्ती में कई जुगनू भी होते हैं

सुना है बद्र साहब महफ़िलों की जान होते थे
बहुत दिन से वो पत्थर हैं न हँसते हैं न रोते हैं

1985

101

दिल में एक तस्वीर छपी थी आन बसी है आँखों में
शायद हम ने आज ग़ज़ल सी बात लिखी है आँखों में

जैसे इक आसामी लड़की मन्दिर के दरवाज़े पर
शाम दियों की थाल सजाएँ झाँक रही है आँखों में

इस रूमाल को काम में लाओ अपनी पलकें साफ़ करो
मैला मैला चाँद नहीं है धूल जमी है आँखों में

पढ़ता जो ये मंज़र[1] नामा ज़र्द विशाल पहाड़ों का
धूप खिली पलकों के ऊपर बर्फ़ जमी है आँखों में

मैंने इक नाविल लिक्खा है आने वाली सुबह के नाम
कितनी रातों का जागा हूँ नींद भरी है आँखों में

1980

1. दृश्य

102

सब कुछ ख़ाक हुआ है लेकिन चेहरा क्या नूरानी[1] है
पत्थर नीचे बैठ गया है ऊपर बहता पानी है

बचपन से मेरी आदत है फूल छुपा कर रखता हूँ
हाथों पर जलता सूरज है दिल में रात की रानी है

दफ़्न हुए रातों के क़िस्से इक छत की ख़मोशी में
सन्नाटों की चादर ओढ़े ये दीवार पुरानी है

इस को पाकर इतराओगे खो कर जान गँवा दोगे
बादल का साया है दुनिया हर शै आनी जानी है

दिल अपना इक चाँद नगर है अच्छी सूरत वालों का
शहर में आकर शायद हम को ये जागीर गँवानी है

तेरे बदन पर मैं फूलों से इस लम्हे का नाम लिखूँ
जिस लम्हे का मैं अफ़साना तू भी एक कहानी है

1980

1. तेजस्वी

103

कभी यूँ मिलें कोई मसलहत[1] कोई ख़ौफ़ दिल में ज़रा न हो
मुझे अपनी कोई ख़बर न हो, तुझे अपना कोई पता न हो

1. समझौता, अच्छे बुरे का ख़याल रखना

कभी धूप दे कभी बदलियाँ दिलो जाँ से दोनों क़ुबूल हैं
मगर उस महल में न क़ैद कर जहाँ ज़िन्दगी की हवा न हो

वो हज़ार बाग़ों का बाग़ हो तिरी बरकतों की बहार से
जहाँ कोई शाख़ हरी न हो जहाँ कोई फूल खिला न हो

तिरे इख़्त्यार में क्या नहीं मुझे इस तरह से नवाज़ दे
यूँ दुआएँ मेरी क़ुबूल हों मेरे लब पे कोई दुआ न हो

कभी हम भी उसके क़रीब थे दिलो जाँ से बढ़ के अज़ीज़ थे
मगर आज ऐसे मिला है वो कभी पहले जैसे मिला न हो

1980

104

कुछ तो पास बचा कर रक्खो सब कुछ कारोबार न जानो
दिल के दरवाज़े मत खोलो इस घर को बाज़ार न जानो

माना रस्ता बहुत कठिन है फिर भी सायेदार शजर हैं
टहनी को तलवार न समझो आँचल को दीवार न जानो

सब कुछ उस को दे आया हूँ सब कुछ उस से ले आया हूँ
मेरी जीत को जीत न समझो मेरी हार को हार न जानो

दिन भर धूप में चलते चलते हम दोनों की शाम हुई है
थक कर बाँहों से सो जाना ये जिस्मानी प्यार न जानो

तितली के नाज़ुक पंखों पर आँसू की तहरीर ग़ज़ल है
लफ़्जों की मीनाकारी को इल्हामी अश्आर न जानो

1980

इमेज़

1

सुनो पानी में ये किसकी सदा है
कोई दरिया की तह में रो रहा है

सवेरे मेरी इन आँखों ने देखा
ख़ुदा चारों तरफ़ बिखरा पड़ा है

अँधेरी रात का तन्हा मुसाफ़िर
मिरी पलकों पे अब सहमा हुआ है

समेटो और सीने में छुपा लो
ये सन्नाटा बहुत फैला हुआ है

हक़ीक़त सुर्ख़ मछली जानती है
बदन अपना सुनहरा हो चुका है

हमारी शाख़ का नौ ख़ेज़[1] पत्ता
हवा के होंट अक्सर चूमता है

मुझे उन नीली आँखों ने बताया
तुम्हारा नाम पानी पर लिखा है

1970

1. नवोदित, नवांकुरित

2

दहकती धूप समन्दर है ये जज़ीरे[1] हैं
घने दरख़्त जो सड़कों पे साया करते हैं

1. टापू

अजीब शह्र है ये इसके आसमान पे भी
लहू में डूबे हुए सुर्ख़ सुर्ख़ कपड़े हैं

वो कोई और था शब ख़ून[2] मारने वाला
हमें न मार के हम बेज़रर[3] फ़रिश्ते हैं

2. रात का हमला
3. हानिरहित, निरुपद्रवी

ये पत्थरों का है जंगल चलो यहाँ से चलें
हमारे पास तो गीली ज़मीं के पौधे हैं

अरक़ निचोड़ने वाली मशीन प्यासी है
अभी हमारे बदन सब्ज़ कच्चे कच्चे हैं

फिर इनके नीचे दरिंदों के नाम किसने लिखे
हमें यक़ीन है ये सब हमारे चेहरे हैं

अज़ीम दुश्मनो चाक़ू चलाओ मौक़ा है
हमारे हाथ हमारी कमर के पीछे हैं

कहानियों की कई बातें सच हुई जैसे
सुनहरे शह्र समन्दर में बहते रहते हैं

1970

3

सब्ज़ पत्ते धूप की ये आग जब पी जायेंगे
उजले फ़र के कोट पहने हल्के जाड़े आयेंगे

गीले गीले मंदिरों में बाल खोले देवियाँ
सोचती हैं उनके सूरज देवता कब आयेंगे

सुर्ख नीले चाँद तारे दौड़ते हैं बर्फ़ पर
कल हमारी तरह ये भी धुंद में खो जायेंगे

दिन में दफ़्तर का क़लम मिल की मशीनें सब हैं हम
रात आयेगी तो पलकों पे सितारे आयेंगे

शाम तक मेला है पागल पेड़ पंछी किसके मीत
अपनी अपनी बोलियाँ सब बोल कर उड़ जायेंगे

दिन के इन बाग़ी फ़रिश्तों को सड़क पर जाने दो
बच गये तो शाम तक घर लौट कर आ जायेंगे

तन्हा तय करना है सबको रात का सारा सफ़र
झाड़ियों में जुगनुओं के क़ाफ़िले खो जायेंगे

1970

4

ख़ुशबुओं को तितलियों के परों में छुपाऊँगा
फिर नीले नीले बादलों में लौट जाऊँगा

दीवानावार मुझसे लिपट जायेगी हवा
मैं सुर्ख़ सुर्ख़ फूलों में जब मुस्कराऊँगा

सोने के फूल पत्ते गिरेंगे ज़मीन पर
मैं ज़र्द ज़र्द शाख़ों पे जब गुनगुनाऊँगा

वो जाके ख़ुशबुओं का बदन चूम आयेंगे
रंगों के वो फ़रिश्ते हवा में उड़ाऊँगा

ये लकड़ियाँ जो ख़ुश्क हैं बे बर्गो बार[1] हैं
इनको मैं अपनी आग में जलना सिखाऊँगा

दीनार ख़ूब बरसेंगे आँगन में सारी रात
मैं ख़्वाब के शजर की वो शाख़ें हिलाऊँगा

धुल जायेंगी बदन पे जमी धूप की तहें
अपने लहू में आज मैं ऐसा नहाऊँगा

इक पल की ज़िन्दगी मुझे बेहद अज़ीज़ है
पलकों पे झिलमिलाऊँगा और टूट जाऊँगा

1. निर्धन, निराश्रय (यहाँ जिन पर पत्ते और फल न हों से आश्य है)

ये रात फिर न आयेगी बादल बरसने दे
मैं जानता हूँ सुब्ह तुझे भूल जाऊँगा

मिट्टी तिरी सदा हूँ मैं ठंडे सितारों की
ख़ामोश होंट चूमते ही डूब जांऊँगा

उस दिन बजाये ओस के टपकेगा सुर्ख़ ख़ून
तलवार लेके जब मैं ख़लाओं[2] में जाऊँगा

जब रात के सुपुर्द मुझे करने आओगे
रूमाल रोशनी का हवा में उड़ाऊँगा

रह रह के एक फूल महकता है ख़ून में
उसको बदन की मिट्टी के नीचे दबाऊँगा

आँगन में नन्हे नन्हे फ़रिश्ते लड़ेंगे जब
भूरी शफ़ीक़[3] आँखों में मैं मुस्कुराऊँगा

1970

2. आकाश, स्पेस

3. दयालु

5

उड़ती किरनों की रफ़्तार से तेज़ तर,
नीले बादल के इक गाँव में जायेंगे
धूप माथे पे अपने सजा लायेंगे
साये पलकों के पीछे छुपा लायेंगे

बर्फ़ पर तैरते रोशनी के बदन,
चलती घड़ियों की दो सुइयों की तरह
दायरे में सदा घूमने के लिये,
आहिनी[1] महवरों[2] पर जड़े जायेंगे

1. लोहे की
2. परिधि, घेर

जब ज़रा शाम कुछ बेतकल्लुफ़ हुई,
बरगज़ीदा[3] फ़रिश्तों के पर नुच गये
रात का टेप सूरज बजा दे अगर,
मोम के पाक चेहरे पिघल जायेंगे

3. बुज़ुर्ग

सुरमई हड्डियों, ख़ाकी[4] अश्जार[5] ने,
लौटने वालों का ख़ैर मक़दम किया
हम ने तो ये सुना था के इन लोगों पे
चाँद तारे बहोत फूल बरसायेंगे

4. माटी से संबंधित, मानव-जाति
5. वृक्ष समूह

मुख़तलिफ़[6] पेच में इक कसी शख़्सियत
याद का फूल बन कर बिखर जायेगी
धूप के चमचमाते हुए हाथ जब,
नीम के फूल सड़कों पे बरसायेंगे

6. विभिन्न, पृथक

1970

6

नारियल के दरख़्तों की पागल हवा,
खुल गये बादबाँ[1] लौट जा लौट जा
साँवली सरज़मीं पर मैं अगले बरस
फूल खिलने से पहले ही आ जाऊँगा

गर्म कपड़ों का संदूक़ मत खोलना,
वरना यादों की काफ़ूर जैसी महक
ख़ून में आग बनकर उतर जायेगी
सुब्ह तक ये मकाँ ख़ाक हो जायेगा

बेद के ज़र्द मोढ़े पे बैठी हुई,
शाम ने उठ के बत्ती जलाई नहीं
रोशनी का फ़रिश्ता बड़ी देर तक
दस्तकें दे के वापस चला भी गया

मेरे बचपन के मन्दिर की वह मूर्ति
धूप के आस्माँ पर खड़ी थी मगर
एक दिन जब मिरा क़द मुकम्मल हुआ
उस का सारा बदन बर्फ़ में धँस गया

जैसे ये जानता हो तिलिस्मी हवा,
उस परिन्दे को वापस नहीं लायेगी
ख़ुश्क डंठल ने इक फ़ाख़्ता की घनी
बन्द पलकों का इस तरह बोसा लिया

1. पोतपट, पाल

आस्माँ के सुनहरे फलों की तरह
शहद से थरथराता था अपना बदन
एक दिन बर्फ़ ज़ारों[2] से दरया चले,
आँसुओं का नमक ख़ून में घुल गया

2. बर्फ़ के मैदान

लान में एक भी बेल ऐसी नहीं,
जो देहाती परिन्दे के पर बाँध ले
जंगली आम की जान लेवा महक
जब बुलायेगी वापस चला जायेगा

अनगिनत काले-काले परिन्दों के पर
टूट कर ज़र्द पानी को ढकने लगे
फ़ाख़्ता धूप के पुल पे बैठी रही,
रात का हाथ चुपचाप बढ़ता रहा
1970

7

कच्चे फल कोट की जेब में ठूँस कर
जैसे ही मैं किताबों की जानिब बढ़ा
गैलरी में छुपी दोपहर ने मुझे,
नारियल की तरह तोड़ कर पी लिया

पटरियों पर खड़े दो नये डब्बों ने,
जिस घड़ी तय किया हम न होंगे जुदा
सब्ज़ पलकें झुकीं, देव आगे बढ़ा,
एक डब्बा अकेला खड़ा रह गया

धुन्द की बन्द पलकें कतरते हुए
सायकिल पर चलीं धूप की क़ैंचियाँ
रंग वाली हवाओं के कुर्ते उड़े,
सुब्ह का सायरन दे रहा है सदा

बन्द पलकों पे जो फूल रख कर कहे
आओ हम बर्फ़ की चोटियों पर चलें
सब्ज़ क़ालीन पर धूप लेटी हुई,
सोचती है न जाने वो कब आयेगा

एक मानूस[1] बे नाम कोहरे में सब,
अपने अन्दर ही अन्दर सुलगने लगे
उनके सीनों पे जब सुरमई शाम ने
दर्द का पाक लोबान सुलगा दिया

रेशमी बालों वाले किसी फूल की,
गर्म टोपी फँसी झाड़ियों में मिली
सुर्ख़ ख़रगोश के वो तआक़ुब[2] में गुम
वादियों में उतरता चला ही गया

1970

1. परिचित

2. पीछा करना.

8

फटे काग़ज़ों, चीथड़ों, ज़र्द पत्तों, किताबों के औराक़ ले
कर हवा सर पटकती चली जा रही है
ये दोनों का बाहम[1] अजब सिलसिला है ज़मीं के बदन पर
जहाँ घाव देखा हवा उस को भरती चली जा रही है

1. परस्पर, इकट्ठा आपस में

सभी कापियों और किताबों पे गहरी उदासी जमी थी,
उसे पहले झाड़ा, कबूतर का ख़ूँ गर्म होंटों पे फेरा
केलेण्डर में बैठे हुए सुर्ख़ बिल्ले की मूँछों को चूमा
और अब वो अँधेरी सड़क पार करती चली जा रही है

'खड़ी मौज' के लहर खाते कटाव के नीचे बँधी
ज़र्द साड़ी के ऊपर अजब जान लेवा सा हिस्सा खुला है
ये पसमाँदा[2] क़स्बे की पतली सड़क पर ट्रैफ़िक रुका है
(सिपाही करे क्या) बहुत भीड़ बढ़ती चली जा रही है

2. पिछड़ा

ये कैसी सदा है जो इन धूप खाती हुई मक्खियों को
बुलाती है आओ कभी झाग के इन पहाड़ों में आओ
खुले साबुनों की महकती नदी में कभी तुम भी आओ,
तभी ये लहकती बहकती चली जा रही है

मिरे पाँव स्टील, सीना सड़क, हाथ लकड़ी के जंगले,
गुज़रते हैं जिन पर ट्रक रेल, मोटर बसें, बैल गाड़ी
मगर अब ये महसूस होता है मुझको के कुछ दिन से पानी
मुझे काटता है ज़मीं अपने अन्दर ही धँसती चली जा रही है

मैं आँचल का साया, खुले आँगनों, ऊँची दीवारो दर, छत,
शजर और पहाड़ों से होता ख़िला[3] का मकीं[4] हो रहा हूँ
तलब थी इस फैलते और सिमटते बदन को मैं बाँहों में भर लूँ
मगर धूप कैसी सरकती चली जा रही है

1971

3. ख़ाली स्थान, 4. रहने वाला

9

सुबह का झरना हमेशा हँसने वाली औरतें
झटपटे की नद्दियाँ, ख़ामोश गहरी औरतें

मौतदिल[1] कर देती हैं ये सर्द मौसम का मिज़ाज
बर्फ़ के टीलों पे चढ़ती धूप जैसी औरतें

सब्ज़, नारंगी, सुनहरी, खट्ठी मीठी लड़कियाँ
भारी जिस्मों वाली टपके आम जैसी औरतें

सड़कों, बाज़ारों, मकानों, दफ़्तरों में रात दिन
लाल, पीली, सब्ज़, नीली, जलती बुझती औरतें

शहर में इक बाग़ है और बाग़ में तालाब है
तैरती हैं इस में सातों रंग वाली औरतें

सैकड़ों ऐसी दुकानें हैं जहाँ मिल जायेंगी
धात की, पत्थर की, शीशे की रबर की औरतें

मुन्जमिद[2] हैं बर्फ में कुछ आग के पैकर[3] अभी
मक़बरों की चादरें हैं फूल जैसी औरतें

इन के अन्दर पक रहा है वक़्त का आतिश फ़िशाँ[4]
किन पहाड़ों को ढके हैं बर्फ़ जैसी औरतें

1. सामान्य
2. जमी हुई
3. ढाँचा
4. ज्वालामुखी

आँसुओं की तरह तारे गिर रहे हैं अर्श[5] से
रो रही हैं आसमानों की अकेली औरतें

ग़ौर से सूरज निकलते वक़्त देखो आसमाँ
चूमती हैं किसका माथा उजली लम्बी औरतें

फ़ाख़्तायें, तितलियाँ, मछली, गिलहरी, बिल्लियाँ
ज़िँदगी में आईं अपनी कैसी कैसी औरतें

सब्ज़ सोने के पहाड़ों पर क़तार अन्दर क़तार
सर से सर जोड़े खड़ी हैं लाँबी लाँबी औरतें

इक ग़ज़ल में सैकड़ों अफ़्साने, नज़्में और गीत
इस सरापे[6] में छुपी हैं कैसी कैसी औरतें

वाक़ई दोनों बहुत मज़लूम हैं नक़्क़ाद[7] और
माँ कहे जाने की हसरत में सुलगती औरतें

1971

5. आसमान

6. आपादमस्तक, सर से पाँव तक

7. आलोचक

10

चल मुसाफ़िर, बत्तियाँ जलने लगीं
आसमानी घंटियाँ बजने लगीं

खिल रहा है शाम का काला गुलाब
ज़र्द सूखी पत्तियाँ झड़ने लगीं

सुर्ख़, धानी, सब्ज़, नीली, दूधिया
शाम आई बत्तियाँ जलने लगीं

दिन के सारे कपड़े ढीले हो गये
रात की सब चोलियाँ कसने लगीं

रात इक तालाब के आईने में
झिलमिलाती कश्तियाँ चलने लगीं

डूब जायेंगे सभी दरया, पहाड़
चाँदनी की नद्दियाँ चढ़ने लगीं

बन्द कर लो दर, दरीचे, खिड़कियाँ
फिर हवा में सीटियाँ बजने लगीं

जामुनों के बाग़ पर छाई घटा
ऊदी ऊदी[1] लड़कियाँ हँसने लगीं

1. जामुनी

शाख़ थी कमज़ोर शायद इसलिए
पत्तियों पर पत्तियाँ मरने लगीं

रात की तन्हाइयों को सोच कर
चाय की दो प्यालियाँ हँसने लगी

दौड़ते हैं फूल, बस्तों को दबाये
पाँव पाँव तितलियाँ चलने लगीं

1971

11

लहू पूकारता है रोशनी के पैकर दे
ज़मीन चीख़ रही है हमें पयम्बर दे

ये आब सीधा चला जा रहा है बढ़ता हुआ
कोई चटान बने सीना सामने कर दे

कहाँ से ज़हन में इक दम मिरे ख़्याल आया
गिलास ख़ाली है इस में कोई लहू भर दे

ज़रा सा सर है मगर उसमें एक सहरा है
इसी तरह मिरी आवाज़ को समन्दर दे

तमाम तारों को छूता हुआ गुज़र जाऊँ
कमान बन के मुझे तीर सा रवाँ कर दे

ये अब कि ख़ुद पे गिरा कर शहीद हो जायें
ख़ला में सहमी अबाबीलों को वो पत्थर दे

अँधेरे कमरे में सब लोग अब बरहना हैं
किसी का हाथ बढ़े और रोशनी कर दे

खुले से लान में सब लोग बैठें चाय पियें
दुआ करो कि ख़ुदा हम को आदमी कर दे

1971

12

अपनी उदास धूप तो घर घर चली गई
ये रोशनी लकीर के बाहर चली गई

नीला सफ़ेद कोट ज़मीं पे बिछा दिया
फिर मुझ को आसमान पे ले कर चली गई

मैं नीचे ज़र्द घास के बिस्तर पे सो गया
वो अपनी सुर्ख़ कार की छत पर चली गई

कब तक झुलसती रेत पे चलती तुम्हारे साथ
दरया की मौज दरया के अन्दर चली गई

हम लोग ऊँचे पोल के नीचे खड़े रहे
उल्टा था बल्ब रोशनी ऊपर चली गई

लहरों ने घेर रक्खा था सारे मकान को
मछली किधर से कमरे के अन्दर चली गई

1971

13

अपनी जगह जमे हैं कहने को कह रहे थे
सब लोग वरना बहते दरया में बह रहे थे

ऐसा लगा कि हम तुम कोहरे में चल रहे हों
दो फूल ऊँची नीची लहरों पे बह रहे थे

दिल उजले पाक फूलों से भर दिया था किसने
उस दिन हमारी आँखों से अश्क बह रहे थे

अक्सर शराब पी कर पढ़ती थी वो दुआयें
हम एक ऐसी लड़की के साथ रह रहे थे

अख़बार में तो ऐसी कोई ख़बर नहीं थी
झुलसे मकान झूठे अफ़्साने कह रहे थे

1971

14

हवा में ढूँढ़ रही है कोई सदा मुझको
पुकारता है पहाड़ों का सिलसिला मुझको

मैं आसमानो ज़मीं की हदें मिला देता
कोई सितारा अगर झुक के चूमता मुझको

चिपक गये मिरे तलवों से फूल शीशे के
ज़माना खींच रहा था बरहना पा मुझको

वो शहसवार बड़ा रहम दिल था मेरे लिये
बढ़ा के नेज़ा ज़मीं से उठा लिया मुझको

मकान, खेत, सभी आग की लपेट में थे
सुनहरी घास में उसने छुपा दिया मुझको

दबीज़[1] होने लगी सब्ज़ काई की चादर
न चूम पायेगी अब सरफ़िरी हवा मुझको

पिला के रात का रस राक्षस बनाती थी
सवेरे लोगों से कहती थी देवता मुझको

तू एक हाथ में ले आग एक में पानी
तमाम रात हवा में जला बुझा मुझको

बस एक रात में सरसब्ज़ ये ज़मीन हुई
मिरे ख़ुदा ने कहाँ तक बिछा दिया मुझको

1971

1. मोटी

15

दहकते नेज़ों से ये रात हमला कर देगी
सजा के चाँद की कश्ती में मेरा सर देगी

चढ़ेगा सूखे बदन में लहू का फ़व्वारा
ये सुर्ख़ चाँदनी, ख़ाली गिलास भर देगी

थिरकते मछ्ली, निकल कर सरकते कपड़ों से
तमाम रात को अब बे लिबास कर देगी

ये नर्म बिल्ली जो सोई है मेरे सीने पर
मैं सो गया तो कलेजा ही चाक कर देगी

इसी ख़याल से पत्थर है बीच पानी में
कोई तो मौज, गुहर की उसे ख़बर देगी

बहार अब के लहू के चढ़े समन्दर को
क़लम किये हुए बाज़ू, बुरीदा[1] सर देगी

बदन के पेड़ को ख़ुद उसकी शाख़ काटेगी
यही तराश ज़मी को नया शजर देगी

तवाफ़[2], दायरे का पहली बार टूटा है
ये रहगुज़र हमें इक और रहगुज़र देगी

चढ़ा के पीठ पे बकरी के बच्चे घूमेंगे
ये दुनिया अब हमें सरकस का शेर कर देगी

1969

1. कटा हुआ
2. परिक्रमा

16

माटी की कच्ची गागर को क्या खोना क्या पाना, बाबा
माटी को माटी रहना है माटी में मिल जाना, बाबा

हम क्या जानें दीवारों से कैसे धूप उतरती होगी
रात रहे बाहर जाना है रात गये घर आना, बाबा

जिस लकड़ी को अन्दर अन्दर दीमक बिल्कुल चाट चुकी हो
उस को ऊपर से चमकाना राख पे धूप जमाना, बाबा

छत के ऊपर बादल बरसे, छत के नीचे अपनी आँखें
तन की इस गीली मिट्टी को घुल घुल कर बह जाना, बाबा

प्यार की गहरी फुंकारों से सारा बदन आकाश हुआ है
दूध पिलाना, तन डसवाना, है दस्तूर पुराना, बाबा

इन ऊँचे शह्रों में पैदल सिर्फ़ देहाती ही चलते हैं
हम को बाज़ारों से इक दिन काँधे पर ले जाना, बाबा

पानी के हम झूठे मोती कैसे पलकों पर रुक जायें
नद्दी को दरया, दरया को सागर से मिल जाना, बाबा

धूप नई बैल बाटम पहने सड़कों की कश्ती पर तैरे
राख का कुर्ता, धूल की लुंगी, अपना भेस पुराना, बाबा

1971

17

चाँद हाथ में भर कर जुगनुओं के सर काटो और आग पर रख दो
मोमबत्ती की रानें जब ब्लेड से खुल जायें चाकुओं के सर रख दो

मैं घना अँधेरा हूँ आज मेरी पलकों पर जुगनुओं के घर रख दो
ख़ुशबुओं से नहला दो इन सुलगती आँखों पर तितलियों के पर रख दो

मैं भी एक शजर ही हूँ जिस पे आज तक शायद फूल फल नहीं आये
तुम मिरी हथेली पर एक रात चुपके से बर्फ़ के समर[1] रख दो

धूप का हरा बजरा आग के समन्दर में चल पड़ा हमें लेने
नर्मोगर्म होंटों से बन्द होती पलकों पर तितलियों के पर रख दो

चाहे कोई मौसम हो दिन गई बहारों के फिर से लौट आयेंगे
एक फूल की पत्ती अपने होंटों पर रख कर मेरे होंट पर रख दो

मेरा तन दरख़्तों में इसलिए झुलसता है सख़्त धूप सहता है
क्या पता तुम आ निकलो और मेरे काँधों पर थक के अपना सर रख दो

रोज़ तार कटने से रात के समन्दर में शह्र डूब जाता है
इसलिए ज़रूरी है इक दिया जला कर तुम दिल के ताक़ पर रख दो

1958–72
(कुछ शेर 58 में कहे गये हैं कुछ 72 में)

1. फल

18

ज़मीं से आँच ज़मीं तोड़कर निकलती है
अजीब तिश्नगी इन बादलों से बरसी है

मिरी निगाह मुख़ातिब से बात करते हुए
तमाम जिस्म के कपड़े उतार लेती है

हमारे अहद[1] में नायाब है बचाये रहो
तुम्हारी आँख में इक चीज़ जो चमकती है

सरों पे धूप की गठरी उठाये फिरते हैं
दिलों में जिनके बड़ी सर्द रात होती है

खड़े खड़े मैं सफ़र कर रहा हूँ बरसों से
ज़मीन पाँव के नीचे कहाँ ठहरती है

हवा हमारे ही सीने में आये जाये है
बुलन्द चाँद सितारे ज़मीन गहरी है

बिखर रही है मिरी रात उसके शानों पर
किसी की सुब्ह मिरे बाज़ुओं में सोती है

पिघल रही हैं चटाने नहीफ़[2] बाँहों में
बदन में प्यार के कैसी अजीब गर्मी है

हवा के आँख नहीं, हाथ और पाँव नहीं
इसीलिए वो सभी रास्तों पे चलती है

1972

1. युग

2. कमज़ोर

19

सब आने वाले बहला कर चले गये
आँखों पर शीशे चमका कर चले गये

मलबे के नीचे आकर मालूम हुआ
सब कैसे दीवार गिराकर चले गये

लोग कभी लौटेंगे राख बटोरेंगे
जंगल में जो आग लगा कर चले गये

मैं था, दिन था और इक लम्बा रस्ता था
सब ख़ेमे जब लोग उठा कर चले गये

चट्टानों पर आकर ठहरे दो रस्ते
फिर आगे इक राह बना कर चले गये

बर्फ़ में रक्खी ठंडी बोतल चिपक गई
ख़ौफ़ दिलों में लोग दबा कर चले गये

जब दो नाली ने रुख़ फेरा सब ग़ाज़ी
अपने अपने हाथ उठा कर चले गये

जाने कब डोंगों में महकेंगे तारे
कितने सूरज हाथ धुला कर चले गये

गारे, चूने पत्थर के दुश्मन देखो
आहन की दीवार बना कर चले गये

पत्थर जैसे मछली के कूल्हे चमके
गंगा जल में आग लगा कर चले गये

सात सितारे उड़ते घोड़ों पर आये
पल्कों से कुछ फूल चुरा कर चले गये

दीवारें, दीवारों की जानिब सरकीं
छत से बिस्तर लोग उठा कर चले गये

कुछ ऐसे बच्चे भी आये मकतब में
नाम लिखाया नाम लिखा कर चले गये

तितली भागे तितली के पीछे पीछे
फूल आये और फूल चुरा कर चले गये

सर्दी आई लोग पहाड़ों को भूले
पत्थर पर शीशे बिखरा कर चले गये

रात हवा के ऐसे झोंके दर आये
भरी हुई छागल छलका कर चले गये

1971

20

धूप आती है मुझ को फैलाने
शामियाना मिरा हवा ताने

पत्ते, मोती, हथेलियों पे लिये
सुब्ह को दे रहे हैं नज़राने

झूमते फूल माँगते हैं दुआ
अब हवा आये हम को बिखराने

धूप के ऊँचे नीचे रस्तों को
एक कमरे का बल्ब क्या जाने

हाथ को हाथ छू नहीं सकते
उँगलियों का नसीब दस्ताने

तेज़ पहियों की धूल में डूबे
पेड़ थक कर खड़े हैं सुस्ताने

मछलियाँ टूटती हैं कारों पर
घोड़े स्कूटरों के दीवाने

उजले चूहे नफ़ीस सूटों में
अच्छे लगते हैं जैसे अफ़साने

बिल्लियाँ कुर्सियों पे आ बैठीं
रंग आलूद चमचे खनकाने

फिर हवा में गिलास लहराये
दो सितारे उठे हैं टकराने

रात बिल्कुल बरहना लेटी है
बिखरे हैं चाँद तारों के दाने

आख़री वक़्त जब गुज़रने लगूँ
कुछ भी मेरी नज़र न पहचाने

एक चिड़िया है उस को ले आना
मेरे कानों में गीत टपकाने

मैं उसे तरह तरह देखूँगा
बन्द आँखें सुनेंगी वो गाने

1971–72

21

रात की बदलियाँ बिखरने लगीं
बर्फ़ की चोटियाँ चमकने लगीं

रेत में आग दफ़्न है शायद
मुनजमिद मछलियाँ पिघलने लगीं

फिर ये गुलज़ार हो न जाये कहीं
आग में तितलियाँ चमकने लगीं

तलख़ियों की ज़ुबान पर इक रात
बर्फ़ की टाफ़ियाँ पिघलने लगीं

बैरिकों में चहल पहल है बहुत
वर्दियाँ पेटियाँ चमकने लगीं

बहरी[1] क़ज़्ज़ाक़[2] हो गये बूढ़े
बेख़तर कश्तियाँ गुज़रने लगीं

पीठ पर बिस्तरों को लादे हुए
पेड़ पर चींटियाँ उतरने लगीं

अब समन्दर हमारी तरह हुआ
रेत पर सीपियाँ सुलगने लगीं

एक तेज़ाब है नसों में रवाँ
ख़ून में हड्डियाँ पिघलने लगीं

1972

1. समुद्री 2. लुटेरे

22

सन्नाटा क्या चुपके-चुपके कहता है
सारी दुनिया किसका रैन बसेरा है

आसमान के दोनों कोनों के आख़िर
एक सितारा तेरा है, इक मेरा है

अण्डा, मछली छूकर जिनको पाप लगे
उनका पूरा हाथ लहू में डूबा है

आहिस्ता, आहिस्ता दिल पर दस्तक दो
धीरे-धीरे ये दरवाज़ा खुलता है

सूरज के घर से उसके घर तक जाना
कितना सीधा सादा धूप का रस्ता है

सारी रात लिहाफ़ों में रोईं आँखें
सब कहते थे रिश्ता-नाता झूठा है

1972

23

ऐसी गडमड हुईं सर्दियाँ, गर्मियाँ
आग की सिस्कियों में घुली कुल्फ़ियाँ

धूप में सुर्ख़ तारे चमकने लगे
पक्के अमरूद पर पड़ गईं चित्तियाँ

सुबह की पसलियों से निकलने लगीं
किरनें बाँधे हुए रंग की लुंगियाँ

आग की तितलियों को अगर छू लिया
राख हो जायेगा लकड़ियों का मकाँ

1972

24

रात के साथ रात लेटी थी
सुबह एक पालने में रोती थी

याद की बर्फ़पोश टहनी पर
एक गिलहरी उदास बैठी थी

मैं ये समझा के लौट आये तुम
धूप कल इतनी उजली उजली थी

कितने शादाब कितने दिलकश थे
जब नदी रोज़ हमसे मिलती थी

एक कुर्ते के बायें काँधे पर
प्यार की सुर्ख़ तितली बैठी थी

कितनी हल्की क़मीज़ पहने हुए
सुब्ह अँगड़ाई लेके उट्ठी थी
1971-72

25

सुरमा, मिस्सी, कंघी, चोटी भूली है
सूखे पत्तों पर जो मैना बैठी है

कुहरे के लरज़ीदा[1] हाथों में अक्सर
तुलसी और अदरक की चाय छलकती है

वो जो रंग चमकता है उस टहनी पर
हाथ आये तो फूल, नहीं तो तितली है

अपने ही मिर्ची, पोदीने सूख गये
वर्ना दुनिया, माश की दाल तो अब भी है

इस सुनसान सी शाम में, ऊँचे टीले पर
ज़ुल्फ़ें खोले वो लड़की क्यों बैठी है

शावर के नीचे घुलती जाती है शाम
मेरी आँखों पर इक टावल लिपटी है

ऐब पुराने घर का ये ही है बाबा
कोई आये न आये घण्टी बजती है

तीन समन्दर दो सहरा[2] उसके आगे
नागिन जैसी एक लकीर चमकती है

1972

1. काँपते हुए
2. जंगल, रेगिस्तान

26

याद अब ख़ुद को आ रहे हैं हम
कुछ दिनों तक ख़ुदा रहे हैं हम

आरज़ूओं के सुर्ख़ फूलों से
दिल की बस्ती सजा रहे हैं हम

आज तो अपनी ख़ामुशी में भी
तेरी आवाज़ पा रहे हैं हम

बात क्या है कि फिर ज़माने को
याद रह रह के आ रहे हैं हम

जो कभी लौट कर नहीं आते
वो ज़माने बुला रहे हैं हम

ज़िंदगी अब तो सादगी से मिल
बाद सदियों के आ रहे हैं हम

अब हमें देख भी न पाओगे
इतने नज़दीक आ रहे हैं हम

ग़ज़लें अब तक शराब पीती थीं
नीम का रस पिला रहे हैं हम

धूप निकली है मुद्दतों के बाद
गीले जज़्बे सुखा रहे हैं हम

फ़िक्र की बे लिबास शाख़ों पर
फ़न की पत्ती लगा रहे हैं हम

सर्दियों में लिहाफ़ से चिमटे
चाँद तारों पे जा रहे हैं हम

ज़ीस्त की एक बर्फ़ी लड़की को
'नूर नामा'[1] पढ़ा रहे हैं हम

उस ने पूछा हमारे घर का पता
काफ़ी हाउस बुला रहे हैं हम

कंधे उचका के बात करने में
मुनफ़रद[2] होते जा रहे हैं हम

चुस्त कपड़ों में जिस्म जाग पड़े
रूहो दिल को सुला रहे हैं हम

कोई शोला है कोई जलती आग
जल रहे हैं जला रहे हैं हम

टेड़ी तहज़ीब, टेड़ी फ़िक्रो नज़र
टेड़ी ग़जलें सुना रहे हैं हम

1970

1. मजहबी क़िताब
2. अद्वितीय, अनोखा

27

हम से मुसाफ़िरों का सफ़र इंतज़ार है
सब खिड़कियों के सामने लम्बी क़तार है

चमकीली सब्ज़ आँखें बहुत दूर जा चुकीं
किन घँटियों का रास्तों को इंतज़ार है

बाँसों के जंगलों में वही तेज़ बू मिली
जिन का हमारी बस्तियों में कारोबार है

आवाज़ फड़फड़ा के वहीं दफ़्न हो गई
सीने में ग़ालिबन कोई बिजली का तार है

सूरज बरीदा सर है ज़मीं के शहीद का
ये धूप उस के ज़र्द बदन की बहार है

ग़ुब्बारा फट रहा है हवाओं के ज़ोर से
दुनिया को अपनी मौत का अब इन्तज़ार है

झाँका हक़ीर[1] क़तरे ने नेज़े की नौक से
नीचे सियाह रात का बे अन्त ग़ुबार है

किस रोशनी के शह्र से गुज़रे हैं तेज़ रौ
नीले समन्दरों पे सुनहरा ग़ुबार है

आई निदा[2] वो उड़ते सितारे उधर मुड़े
इन बदलियों के पीछे कोई कोहसार[3] है

1970

1. तुच्छ
2. आवाज़
3. पर्वत

28

मिरा क्या कहीं भी चला जाऊँगा
मगर रास्ता तो बना जाऊँगा

अगर बारिशें आ गईं राह में
समन्दर की तह में उतर जाऊँगा

अगर मुझको किरनों के नेज़े लगे
मैं कुत्ते को कच्चा चबा जाऊँगा

अगर बूढ़े कमरे की बत्ती बुझी
मैं ख़ूँख़ार बिल्ली को खा जाऊँगा

अगर चाँद हर साल आते रहे
तो मैं चाँद ही पर चला जाऊँगा

यहाँ दूसरा कोई बिस्तर नहीं
तो क्या मैं तुम्हें कोई खा जाऊँगा

1970

29

चमकते चाँद सितारों को और क्या दोगे
इन आईनों में कई बदलियाँ छुपा दोगे

समन्दरों पे लहू ने कहानियाँ लिख दीं
तुम इन को बर्फ़ के औराक़ में दबा दोगे

उदासियों में मुझे रात भर जलाओगे
मसर्रतों में सरे शाम ही बुझा दोगे

मैं रात रोक लूँ इतनी मिरी बिसात नहीं
सुनहरी पटरियाँ रस्तों पे तुम बिछा दोगे

बरस पड़ेंगे भूरे बादलों के तइयारे[1]
कोई सितारा अगर फूल में छुपा दोगे

तमाम रात ये स्टेशनों पे भटकेंगे
हरे दरख़्तों के पंछी अगर उड़ा दोगे

किसे ख़बर थी दरख़्तों पे साया करने को
गुलों की रंग भरी छतरियाँ लगा दोगे

गुलाबी झील में नीले सितारे तैरेंगे
अगर बदन की सभी बत्तियाँ बुझा दोगे

तुम्हारी बस्तियाँ पानी में डूब जायेंगी
समन्दरों की अगर तिशनगी[2] बढ़ा दोगे

1970

1. उड़ने वाले

2. प्यास

30

इस ज़ख़्मी प्यासे को इस तरह पिला देना
पानी से भरा शीशा पत्थर पे गिरा देना

इन पत्तों ने गर्मी भर साये में हमें रक्खा
अब टूट के गिरते हैं बेहतर है जला देना

छोटे क़दो क़ामत पे मुमकिन है हँसे जंगल
इक पेड़ बहुत लम्बा है उसको गिरा देना

मुमकिन है के इस तरह बहशत में कमी आये
इन सोये दरख़्तों में तुम आग लगा देना

अब दूसरों की ख़ुशियाँ चुभने लगीं आँखों में
ये बल्ब बहुत रोशन है इस को बुझा देना

बारीक़ कफ़न पहने तुम छत पे चली जाओ
जब भीड़ सी लग जाये ये परदा उठा देना

वो जैसे ही दाख़िल हो सीने से मिरे लग कर
तुम कोट के कालर पर इक फूल लगा देना

इस बदमज़ा चाये में सब ज़ायके पायेंगे
इक सोने के चमचे को हर कप में चला देना

1970

31

हमारा दर्द हमारी दुखी नवा से लड़े
सुलगती आग कभी सरफिरी हवा से लड़े

मैं जानता हूँ कि अंजाम कार क्या होगा
अकेला पत्ता अगर रात भर हवा से लड़े

समझना बादलों में घिर गया है मेरा जहाज़
लहू में तर कोई ताइर[1] अगर हवा से लड़े

मेरे अज़ीज़ मुझे क़त्ल करके फेंक आते
भला हुआ कि मेरे लब मेरी सदा से लड़े

सुनहरी मछलियाँ बादल में कौंध जाती हैं
बदन वही है जो बंदिश में भी क़बा[2] से लड़े

तमाम रात की खूँरेज़ जंग का हासिल
बहुत अँधेरा था अपने ही दस्तो-पा से लड़े

तुम्हारे शहर में क्या हो गया था, जिसके लिए
'बशीर' रात रहे रात भर ख़ुदा से लड़े

1970-71

1. परिन्दा

2. चोला

32

सोफ़े, मसहरी, कत्थई, भूरा लिहाफ़ है
लेकिन हर एक शै पे सुनहरा ग़िलाफ़ है

सीने से लग के काटता रहता है रात दिन
दरया का नर्म मिट्टी से क्या इख़्तिलाफ़ है

दुश्मन, न कोई फ़ौज, न घोड़े, न शहसवार
ख़ुद से लड़ें के आज तो मैदान साफ़ है

साहिल को तिशना रेत पे जो मेह्रबाँ हुई
दरया भी ऐसी मौज के बेहद ख़िलाफ़ है

ऐसे मिलो कि अपना समझता रहे सदा
जिस शख़्स से तुम्हारा दिली इख़्तिलाफ़ है

1971

33

अपने पहाड़ ग़ैर के गुलज़ार हो गये
ये भी हमारी राह की दीवार हो गये

फल पक चुका है शाख़ पे गर्मी की धूप में
हम अपने दिल की आग में तैयार हो गये

हम पहले नर्म पत्तों की इक शाख़ थे मगर
काटे गये हैं इतने के तलवार हो गये

बाज़ार में बिकी हुई चीजों की माँग है
हम इस लिये ख़ुद अपने ख़रीदार हो गये

ताज़ा लहू भरा था सुनहरे गुलाब में
इन्कार करने वाले गुनहगार हो गये

वो सरकशों[1] के पाँव की ज़ंजीर थे कभी
अब बुज़दिलों के हाथ में तलवार हो गये

1971

1. सर उठाकर चलने वाला

34

परों में नूर है परवाज़ में हरारत है
लहू हवा में किसी सुब्ह की शहादत है

किसी का प्यार मुझे देर तक न रोक सका
मिरे बदन पे हवा की कोई अलामत[1] है — 1. चिह्न

फ़िज़ा में धुनकी हुई रूई के ज़जीरे मिले
कहाँ कहाँ मेरे अहसास की लताफ़त है

सफ़ेद बर्फ़ के ख़रगोश गुदगुदाने लगे
लतीफ़ सर्दियों में नर्म नर्म हिद्दत[2] है — 2. गर्मी

रगों में सैकड़ों बर्फ़ीली सुइयाँ उतरीं
मगर लहू में अभी तक वही तमाज़त[3] है — 3. गर्मी

मैं अपने हाथ में अपना बुरीदा सर ले कर
बग़ौर देखूँ मेरी वाक़ई जो सूरत है

सियाह साँप के सर पर सफ़ेद फूल खिला
रिवायतों में बड़ी पेचदार जिद्दत[4] है — 4. नयापन

सदा की धूप न चमके तो घर उजड़ जाये
विशाल मंदिरों में घंटियों से अज़मत है

1971

35

आँखों में मुस्कुराती हुई नर्म धूप से
किस तरह सर्द बर्फ़ के पत्थर पिघल गए

हमको दुआयें देते थे बाहम युँ ही मिलो
शाख़ों पे उजले उजले फ़रिश्ते खिले हुए

मैं घर से जब चला तो किवाड़ों की ओट में
नर्गिस के फूल चाँद की बाँहों में छुप गए

उसकी तरफ़ चला था कि रास्ते में बार बार
शीशे की टूटी गुड़ियों के टुकड़े पड़े मिले

सब सो रहे हैं चाँद बहुत पास आ गया
डरता हूँ कोई छत पे खड़ा हो के छू न ले

जंगल में एक पेड़ से आई सदा, रुको
हम लोग जा रहे थे युँ ही घूमते हुए

1971

36

कई दरख़्तों ने ऐसा ज़मीं को छोड़ दिया
कि जैसे वाक़ई इनको लिये फिरेगी हवा

कभी जो दूसरी झीलों की सिम्त प्यास बढ़ी
हमारे सीने में कोई परिन्दा चीख़ पड़ा

फिर उसके बाद अभी तक मुझे ज़मीं न मिली
ज़रा सी उम्र थी जब तन्हा पहली बार उड़ा

बदन दिखाई न दे कैसी ख़ुश लिबासी है
ये क्या दिया कि ग़रीबी का बाँकपन भी गया

मशीनें चलने लगी हैं कोट पैंट पहने हुए
किसी का नाम मुहब्बत किसी का नाम वफ़ा

1972

37

हम को भी अपनी मौत का पूरा यक़ीन है
पर दुश्मनों के मुल्क में इक महजबीन है

सर पर खड़े हैं चाँद सितारे बहुत मगर
इन्सान का जो बोझ उठा ले ज़मीन है

ये आख़री चराग़ उसी को बुझाने दो
इस बस्ती में वो सब से ज़ियादा हसीन है

तकिये के नीचे रखता है तस्वीर की किताब
तहरीरो गुफ़्तुगू में जो इतना मतीन[1] है

1. सुसंस्कृत

अश्कों की तरह थम गईं जज़्बों की नागिनें
बेदार मेरे होंटों पे लफ़्ज़ों की बीन है

यारों ने जिस पे अपनी दुकानें सजाई हैं
ख़ुशबू बता रही है हमारी ज़मीन है

तफ़सील क्या बतायें हमारे भी अहद में
तादाद शायरों की वही 'पौने तीन' है

1972

38

गुज़ारे हम ने कई साल ऐसे दफ़्तर में
कुआँरी लड़की रहे जैसे ग़ैर के घर में

ख़ुदा का शुक्र अभी तक है अपने जिस्मों में
वो एक फ़र्क़ जो होता है मादाओ नर में

बहुत सँभाल के रक्खा था नेक बीवी ने
हवा चली तो बुरादा बिखर गया घर में

मिरी निगाह किसी दूसरे को तकने लगी
वो लड़की बैठ गई जब मिरे बराबर में

उसे पुकारा तो आँगन की मेंहदी बोल पड़ी
पुकारते हो उन्हें रात को कहाँ घर में

ये आसमान ज़मीं का बदन चबायेगा
सितारे टूट के गिर जायेंगे समन्दर में

1972

39

साँप जब ओस का बदन चाटे
रेत को रेत की जलन चाटे

बर्फ़ की उँगलियाँ अगर चूमूँ
मेरे तलवों को इक किरन चाटे

एक लम्हे की रोशनी के लिये
आग काग़ज़ के पैरहन चाटे

इक हज़ार एक रात के फन हैं
जब ये नागन किसी का तन चाटे

मर्द उस सिम्त देखते ही नहीं
गाय जब गाय का बदन चाटे

ज़र्द कुत्ते की सुर्ख़ जीभ कभी
सुरमई रात की थकन चाटे

एक बिल्ली सफ़ेद चूहे का
धूप में बैठ कर बदन चाटे

एक ख़रगोश बर्फ़ पर लेटा
इक गिलहरी का सर्द तन चाटे

आईना ख़ाने में अकेला साँप
झूम झूम आज अपना फन चाटे

दो मिनट में कुकर की सात डिशें
उँगलियाँ अब ग़ज़ल का फन चाटे

1972

40

सुब्ह होती है छुपा लो हमको
रात भर चाहने वालो हमको

हम हक़ीक़त हैं नज़र आते हैं
दास्तानों में छुपा लो हमको

दिल न पा जाये कहीं शब का राज़
सुब्ह से पहले उठा लो हमको

हम ज़माने के सताये हैं बहुत
अपने सीने से लगा लो हमको

वक्त के होंट हमें छू लेंगे
अन कहे बोल हैं गा लो हमको

कल ख़रीदारों के पहरे होंगे
आज की रात चुरा लो हमको

1972

41

ख़ुश रहे या बहुत उदास रहे
ज़िन्दगी तेरे आस-पास रहे

वो नहीं है तो उसकी आस रहे
एक जाये तो एक पास रहे

जब भी कसने लगा उतार दिया
इस बदन पर कई लिबास रहे

घुल गए अपनी बदनसीबी में
वो सितारे जो अपने पास रहे

आज हम सबके साथ ख़ूब हँसे
और फिर देर तक उदास रहे

दोनों एक दूसरे का मुँह देखें
आईना आईने के पास रहे

1970

42

फूल सा कुछ कलाम और सही
इक ग़ज़ल उस के नाम और सही

उस की ज़ुल्फ़ें बहुत घनेरी हैं
एक शब क़ा क़याम[1] और सही

ज़िन्दगी के उदास क़िस्से में
एक लड़की का नाम और सही

कुर्सियों को सुनाइये ग़ज़लें
क़त्ल की एक शाम और सही

कँपकँपाती है रात सीने में
ज़ह्र का एक जाम और सही

1970

1. ठहरना

43

आया ही नहीं हम को आहिस्ता गुज़र जाना
शीशे का मुक़द्दर है टकरा के बिखर जाना

तारों की तरह शब के सीने में उतर जाना
आहट न हो क़दमों की इस तरह गुज़र जाना

नश्शे में सँभलने का फ़न यूँ ही नहीं आता
इन ज़ुल्फ़ों से सीखा है लहरा के सँवर जाना

भर जायेंगे आँखों में आँचल से बँधे बादल
याद आयेगा जब गुल पर शबनम का बिखर जाना

हर मोड़ पे दो आँखें हम से यही कहती हैं
जिस तरह भी मुमकिन हो तुम लौट के घर जाना

पत्थर को मिरा साया आईना सा चमका दे
जाना तो मिरा शीशा यूँ दर्द से भर जाना

ये चाँद सितारे तुम औरों के लिये रख लो
हम को यहीं जीना है हम को यहीं मर जाना

जब टूट गया रिश्ता सर सब्ज़ पहाड़ों से
फिर तेज़ हवा जाने किस को है किधर जाना

1970

44

इन के ही इशारों पर ये रात मिली हम को
जिन चाँद से चेहरों का साया भी सुनहरा है

सन्नाटे की शाख़ों पर कुछ ज़ख़्मी परिन्दे हैं
ख़ामोशी बज़ाते ख़ुद आवाज़ का सहरा है

इक गूँज भटकती है सुनसान पहाड़ों में
जब रात के सीने में दिल मेरा धड़कता है

कब जाने हवा उसको बिखरा दे फ़िज़ाओं में
ख़ामोश दरख़्तों पे सहमा हुआ नग़मा है

पलकों के महो अन्जुम[1] मिट्टी में मिलाते हो
शबनम की फुहारों से पत्थर कहीं पिघला है

1970

1. चाँद सितारे

45

हर रोज़ हमें मिलना हर रोज़ बिछड़ना है
मैं रात की परछाईं तू सुब्ह का चेहरा है

आलम का ये सब नक़शा बच्चों का घरौंदा है
इक ज़र्रे के क़ब्ज़े में सहमी हुई दुनिया है

हम राह चलो मेरे या राह से हट जाओ
दीवार के रोके से दरया कहीं रुकता है

46

जो इधर से जा रहा है वही मुझ पर मेह्रबाँ है
कभी आग पासबाँ है, कभी धूप सायबाँ है

बड़ी आरज़ू थी मुझ से कोई ख़ाक रो के कहती
उतर आ मेरी ज़मीं पर तू ही मेरा आसमाँ है

मैं इसी गुमां में बरसों बड़ा मुतमइन रहा हूँ
तिरा जिस्म बे तग़इयुर मिरा प्यार जाविदाँ है

कभी सुर्ख़ मोमी शम्अें वहाँ फिर से जल सकेंगी
वो लखौरी ईंटों वाला जो बड़ा सा इक मकाँ है

सभी बर्फ़ के मकानों पे कफ़न बिछे हैं लेकिन
ये धुआँ बता रहा है अभी आग भी यहाँ है

कोई आग जैसे कोहरे में दबी दबी से चमके
तिरी झिलमिलाती आँखों में अजीब सा समाँ है

इन्हीं रास्तों ने जिन पर कभी तुम थे साथ मेरे
मुझे रोक रोक पूछा तिरा हम सफ़र कहाँ है

47

साये उतरे, पंछी लौटे, बादल भी छाने वाला है
लेकिन मैं वो टूटा तारा जो घर से जाने वाला है

फिर सुब्ह हुई आँखें खोलें, कपड़े बदलें, फ़ीते बाँधे
उस शह्र के बारे में सोचें जो शह्र अब आने वाला है

कल शब इक वीराँ मस्जिद में उस ने मेरे आँसू पोंछे
जो हम सब की सूखी शाख़ों पर फूल खिलाने वाला है

दिल के ये दोनों दरवाज़े कभी नहीं बेनूर हुए हैं
सदियों से इस उजड़े घर में इक दिया जलाने वाला है

मैं वो शबनम जो फूलों की आँखों में रहे और ये सोचे
ऐसा लगता है जैसे अब सब हाथ से जाने वाला है

हम रेत के जलते ज़र्रों को ये धूप ही चमकाये वरना
दरया कतराने वाला है, बादल तरसाने वाला है

जुगनू चमके तो मैं चौंकूँ, तारा निकले तो मैं सहमूँ
जैसे हर कोई मेरे ही घर आग लगाने वाला है

जिस छप्पर के नीचे गाँव के बूढ़े हुक़्क़ा पीते रहते हैं
उस छत में इक पागल लड़का अब आग लगाने वाला है

जिस आईने को पर्स में तुम रक्खे फिरते थे टूट गया
ये धूप का शीशा आँखों पर नेज़े चमकाने वाला है

48

रात के समन्दर में डूब गई शाम
मेरे भी सीने में आये मिरी शाम

बादल थे कमरे में बिखरे पड़े
बिस्तर पे लेटी थी थकी हुई शाम

बन्द किये बैठे थे यादों का घर हम
दरवाज़ा खोल कर चली गई शाम

सारे बदन का तनाव फ़िजाँ में
कसे कसे कपड़ों में फँसी फँसी शाम

तारों की आँखों में किरनों के नेज़े
सूरज के सीने में चुभी हुई शाम

थके थके पैडिल के बीच चले सूरज
घर की तरफ़ लौटी दफ़्तर की शाम

1970

49

कोहरे के कम्बल में पोल कपकपाये
दो बल्ब चश्मे के पीछे थरथराये

हीटर में बुझी बुझी बीमार सरसों
पानी तो पानी है कैसे खौल जाये

चेहरे पर केले के छिल्के भी मारें
बल्ले से पहले अगर गेंद घूम जाये

साहिल पे मछली ने कपड़े उतारे
चढ़े हुए दरया की धार कहे हाय

हर सिम्त मोटर की आँखों के नेज़े
जैसे मशीनों के बीच हाथ आ जाये
1970

50

हवा चली लह्रों से लह्रें लपट जायें
मौजों की चाल पर कगार कट जाये

बिजली के दहके हुए तारों को छू लें
कहो रेल गाड़ी के नीचे कट जायें

छोटे से डिब्बे में इतने मुसाफ़िर
मिल जुल के सब बैठें आओ सट जायें

कितने ही तन्हा कपासी रंग धागे
रेशम की डोरी के साथ बट जायें

ऊँचा उड़ा कर हम को लड़ा दो
चाहे उसे काटें और चाहे कट जायें

काहे को भागो हो सूरज के पीछे
रातें भी ऐसी जो लिपट लिपट जाये

चिकने लिहाफ़ों में डूब गये तारे
हम भी फटी चादर के साथ लिपट जायें

ठंडी हवाओं में कैसी लपट है
फूलों के रंग भरे होंट फट जायें

1970

51

मुझे भुलाये कभी याद करके रोये भी
वो अपने आप को बिखराये और पिरोये भी

बहुत ग़ुबार भरा था दिलों में दोनों के
मगर वो एक ही बिस्तर पे रात सोये भी

बहुत दिनों से नहाये नहीं है आँगन में
कभी तो राह की बारिश हमें भिगोये भी

ये तुमसे किसने कहा रात से मैं डरता हूँ
ज़रूर आये मेरे बाज़ुओं में सोये भी

वो नौजवाँ तो जवानी की नींद में गुम था
बहुत पुकारा, झंझोड़ा, लिपट के रोये भी

यक़ीन जानिये अहसास तक न होगा हमें
नसों में सूईयाँ कोई अगर चुभोये भी

1970

52

शबनम हूँ सुर्ख़ फूल पे बिखरा हुआ हूँ मैं
दिल मोम और धूप में बैठा हुआ हूँ मैं

कुछ देर बाद राख मिलेगी तुम्हें यहाँ
लौ बनके इस चराग़ से लिपटा हुआ हूँ मैं

दो सख़्त ख़ुश्क रोटियाँ कब से लिये हुए
पानी के इन्तिज़ार में बैठा हुआ हूँ मैं

लादी उठा के घाट पे जाने लगे हिरन
कैसे अजीब दौर में पैदा हुआ हूँ मैं

नस नस में फैल जाऊँगा बीमार रात की
पलकों पे आज शाम से सिमटा हुआ हूँ मैं

औराक़[1] में छिपाती थी, अक्सर वो तितलियाँ
शायद किसी किताब में रक्खा हुआ हूँ मैं

1. पन्ने

दुनिया है बेपनाह तो भरपूर ज़िन्दगी
दो औरतों के बीच में लेटा हुआ हूँ मैं

53

कोई जाता है यहाँ से न कोई आता है
ये दिया अपने अँधेरे में घुटा जाता है

सब समझते हैं वही रात की क़िस्मत होगा
जो सितारा कि बुलन्दी पे नज़र आता है

बिल्डिंगें लोग नहीं हैं जो कहीं भाग सकें
रोज़ इन्सानों का सैलाब बढ़ा जाता है

मैं इसी खोज में बढ़ता ही चला जाता हूँ
किसका आँचल है जो कोहसारों पे लहराता है

मेरी आँखों में है इक अब्र[1] का टुकड़ा शायद
कोई मौसम हो सरेशाम बरस जाता है

दे तसल्ली जो कोई आँख छलक उठती है
कोई समझाए तो दिल और भी भर आता है

अब्र के खेत में बिजली की चमकती हुई राह
जाने वालों के लिए रास्ता बन जाता है

1970

1. बादल

54

राख उड़ती है अब हिलालों पर
धूप थी सेब जैसे गालों पर

आग महफ़ूज़ रखिये सीने में
बर्फ़ जमने लगी है बालों पर

पीस कर किसने लेप दी हल्दी
सब्ज़ मौसम के सुर्ख़ गालों पर

पेड़ तो कट चुका कहाँ होंगे
जो चहकते बहुत थे डालों पर

तुम भी बिक जाओगे हमारी तरह
एकदिन चार छै निवालों पर

जंगली लड़कियों ने जंगल में
फूल काढ़े हैं सब्ज़ शालों पर

नाफ़[1] में फूल, रान पर मछली
तितलियाँ सो रही हैं गालों पर

सिर्फ़ इक ख़्वाब थी जदीद[2] ग़ज़ल
नाज़ कर हम से बे कमालों पर

1970

1. नाभि
2. आधुनिक

55

हर बे ज़ुबान गुल में चहकने लगे हैं हम
पीसे गये तो और महकने लगे हैं हम

ग़ुरबत बुरा नशा है इसी का असर न हो
अब बात बात पर जो बहकने लगे हैं हम

मिट्टी की बास अपने बदन की असीर थी
ये तेरा क़ुर्ब[1] है कि महकने लगे हैं हम

दुनिया समझ रही थी के अब राख हो चुके
कैसी हवा चला दी दहकने लगे हैं हम

जिन की ज़ुबानें कट गईं फूलों के नाम पर
उन बुलबुलों की तरह चहकने लगे हैं हम

1970

1. समीप्य

56

गुलों की तरह हम ने ज़िंदगी को इस क़दर जाना
किसी की ज़ुल्फ़ में इक रात सोना और बिखर जाना

अगर ऐसे गये तो ज़िंदगी पर हर्फ़ आयेगा
हवाओं से लिपटना तितलियों को चूम कर जाना

धुनक के रख दिया था बादलों को जिन परिन्दों ने
उन्हें किस ने सिखाया अपने साये से भी डर जाना

कहाँ तक ये दिया बीमार कमरे की फ़िज़ा बदले
कभी तुम एक मुट्ठी धूप इन ताक़ों में भर जाना

इसी में आफ़िअत है घर में अपने चैन से बैठो
किसी की सिम्त जाना हो तो रस्ते में उतर जाना

1970

57

क़दम जमाना है और सब के साथ चलना भी
हम अपनी राह का पत्थर हैं और दरया भी

बहुत ज़हीन ओ ज़माना शनास[1] था लेकिन
वो रात बच्चों की सूरत लिपट के रोया भी

1. ज़माना पहचानने वाला

ये ख़ुश्क शाख़ न सर सब्ज़ हो सकी उसने
मुझे गले से लगाया पलक से चूमा भी

चराग़ जलने से पहले हमें पहुँचना है
ढके हुए हैं पहाड़ों को आज कोहरा भी

हज़ारों मील का मंज़र है इस नगीने में
ज़रा सा आदमी दरया है और सहरा भी

वही शरारा[2] के जिस से झुलस गईं पलकें
सितारा बन के मिरी रात में वो चमका भी

2. चिन्गारी

असर वही हुआ आख़िर अगरचे पहले पहल
हवा का हाथ गुलों के बदन पे फिसला भी

उन्हें तो हिफ़्ज़[3] थे सब अपने लोग नाम बनाम
हमीं को याद न आया किसी का चेहरा भी

3. याद

हम अपना घर भी न अब ढूँढ़ पायेंगे शायद
अगर हमारा हुआ उस तरफ़ को फेरा भी

अभी ज़माने से शायद हो सौ बरस पीछे
तुम्हारा दिल भी सलामत है और चेहरा भी

मगर जो फ़ासला पहले था और बढ़ता गया
मैं उस के पास गया वो इधर से गुज़रा भी

1970

58

चाँद का टुकड़ा न सूरज का नुमाइंदा हूँ
मैं न इस बात पे नाज़ाँ हूँ न शर्मिंदा हूँ

दफ़्न हो जायेगा जो सैकड़ों मन मिट्टी में
ग़ालिबन मैं भी उसी शहर का बाशिन्दा हूँ

जिंदगी तू मुझे पहचान न पाई लेकिन
लोग कहते हैं कि मैं तेरा नुमाइंदा हूँ

फूल सी क़ब्र से अक्सर ये सदा आती है
कोई कहता है बचा लो मैं अभी ज़िन्दा हूँ

तन पे कपड़े हैं क़दामत[1] की अलामत और मैं
सर बरहना यहाँ आ जाने पे शर्मिंदा हूँ

वाक़ई इस तरह मैं ने कभी सोचा ही नहीं
कौन है अपना यहाँ किस के लिये ज़िन्दा हूँ

1970

1. प्राचीन

59

किसे ख़बर थी तुझे इस तरह सजाऊँगा
ज़माना देखेगा और मैं न देख पाऊँगा

हयातो मौत फिराक़ो विसाल सब यकजा
मैं एक रात में कितने दिये जलाऊँगा

पला बढ़ा हूँ अभी तक इन्हीं अन्धेरों में
मैं तेज़ धूप से कैसे नज़र मिलाऊँगा

मिरे मिज़ाज की ये मादराना फितरत है
सवेरे सारी अज़ीयत[1] मैं भूल जाऊँगा

1. दुःख

तुम एक पेड़ से बाबस्ता हो मगर मैं तो
हवा के साथ बहोत दूर दूर जाऊँगा

मिरा ये अहद है मैं आज शाम होने तक
जहाँ से रिज़्क़ लिखा है वहीं से लाऊँगा

1970

60

कोई न जान सका वो कहाँ से आया था
और उसने धूप से बादल को क्यों मिलाया था

ये बात लोगों को शायद पसंद आई नहीं
मकान छोटा था लेकिन बहुत सजाया था

वो अब वहाँ है जहाँ रास्ते नहीं जाते
मैं जिस के साथ यहाँ पिछले साल आया था।

सुना है उस पे चहकने लगे परिन्दे भी
वो एक पौधा जो हमने कभी लगाया था

चराग़ डूब गये कपकपाये होंटों पर
किसी का हाथ हमारे लबों तक आया था

बदन को छोड़ के जाना है आसमाँ की तरफ़
समन्दरों ने हमें ये सबक़ पढ़ाया था

तमाम उम्र मिरा दम इसी धुएँ में घुटा
वो इक चिराग़ था मैं ने उसे बुझाया था

1970

61

हमारी शोहरतों की मौत बे नामो निशाँ होगी
न कोई तज़किरा[1] होगा न कोई दास्ताँ होगी — 1. चर्चा

अगर मैं लौटना चाहूँ तो क्या मैं लौट सकता हूँ
वो दुनिया साथ जो मेरे चली थी अब कहाँ होगी

परिन्दे अपनी मिनकारों[2] में सब तारे छुपा लेंगे — 2. चोंच
जवानी चार दिन की चाँदनी है फिर कहाँ होगी

दरख़्तों की ये छालें भी उतर जायेंगी पत्ते क्या
ये दुनिया धीरे धीरे एक दिन फिर से जवाँ होगी

हवायें रोयेंगी सर फोड़ लेंगी इन पहाड़ों से
कभी जब बादलों में चाँद की डोली रवां होगी

किसे मालूम था हम लोग इक बिस्तर पे सोयेंगे
हिफ़ाज़त के लिये तलवार अपने दरम्याँ होगी

पसीना बन्द कमरे की उमस का जज़्ब है इसमें
हमारे तौलिये में धूप की ख़ुश्बू कहाँ होगी

किसी गुमनाम पत्थर पर बहुत से नाम लिख दोगे
तो क़ुर्बानी हमारी इस तरह से जाविदाँ होगी

ज़मीनें तो मिरे अजदाद[3] ने सारी गवाँ दी हैं — 3. पूर्वज
मगर ये एक मुट्ठी ख़ाक ख़ुद अपना निशाँ होगी

समन्दर बूढ़े हो जायेंगे और इर फ़ाहिशा मछली
हमारे साहिलों और जंगलों की हुक्मराँ होगी

1970

62

जब रात की तन्हाई सीने में धड़कती है
यादों के दरीचे में चिलमन सी सरकती है

ये चाँदनी भी जिन को छूते हुई डरती है
दुनिया उन्हीं फूलों को पैरों से मसलती है

शोहरत की बुलन्दी भी पल भर का तमाशा है
जिस डाल पे बैठे हो वो टूट भी सकती है

लोबान में चिंगारी जैसे कोई रख जाये
यूँ याद तिरी शब भर सीने में सुलगती है

आँसू कभी पलकों पर ता देर नहीं रहते
उड़ जाते हैं ये पंछी जब शाख़ लचकती है

ख़ुश रंग परिन्दों के लौट आने के दिन आये
बिछड़े हुए मिलते हैं जब बर्फ़ पिघलती है

1970

63

सीने में आग, आग में आहन भी चाहिए
रिमझिम बरसता बातों से सावन भी चाहिए

तलवार तोड़ने से तलाफ़ी कहाँ हुई
इन बुज़दिलों के हाथ में कंगन भी चाहिए

सीने में आफ़ताब सा इक दिल ज़ुरूर हो
हर घर में एक धूप का आँगन भी चाहिए

सूरज ख़ुद अपनी आग से सूरज है आज तक
इंसान के मिज़ाज में उलझन भी चाहिए

इस फ़ाइशा ज़मीं के लिये आस्माँ बनो
दुनिया समेट लेने को दामन भी चाहिए

कोई फ़क़ीर हूँ जो कटोरा लिये फिरूँ
खाने के साथ खाने के बर्तन भी चाहिए

यूँ ज़िन्दगी के सीने से आँचल न खींचिए
सच्चाइयों में झूठ का कुछ फ़न भी चाहिए

बच्चों के साथ झाड़ियों में जुगनू ढूँढिये
दिल के मुआमलात में बचपन भी चाहिए

हम आदमी हैं या कोई बेहिस चटान हैं
दिल में किसी के नाम की धड़कन भी चाहिए

राहें रवायतों की अगर रौंदने चलूँ
सर पर मुझे बुज़ुर्गों का दामन भी चाहिए

1970

आसमान

1

ख़ुदा हम को ऐसी ख़ुदाई न दे
कि अपने सिवा कुछ दिखाई न दे

मुझे ऐसी जन्नत नहीं चाहिए
जहाँ से मदीना दिखाई न दे

मुझे अपनी चादर में यूँ ढाँप लो
ज़मीं आसमाँ कुछ दिखाई न दे

मैं अश्कों से नामे मोहम्मद लिखूँ
क़लम छीन ले रोशनाई न दे

ग़ुलामी को बरकत समझने लगें
असीरों को ऐसा रिहाई न दे

ख़ुदा ऐसे अहसास का नाम है
रहे सामने और दिखाई न दे

2

सर से पा तक वो गुलाबों का शजर लगता है
बावज़ू हो के भी छूते हुए डर लगता है

मैं तिरे साथ सितारों से गुज़र सकता हूँ
कितना आसान मोहब्बत का सफ़र लगता है

मुझ में रहता है कोई दुश्मने जानी मेरा
ख़ुद से तन्हाई में मिलते हुए डर लगता है

बुत भी रक्खे हैं, नमाज़ें भी अदा होती हैं
दिल मिरा दिल नहीं अल्लाह का घर लगता है

ज़िन्दगी तू ने मुझे क़ब्र से कम दी है ज़मीं
पाँव फैलाऊँ तो दीवार में सर लगता है

3

मोहब्बतों में दिखावे की दोस्ती न मिला
अगर गले नहीं मिलता तो हाथ भी न मिला

घरों पे नाम थे, नामों के साथ ओहदे थे
बहुत तलाश किया कोई आदमी न मिला

तमाम रिश्तों को मैं घर पे छोड़ आया था
फिर उस के बाद मुझे कोई अजनबी न मिला

ख़ुदा की इतनी बड़ी कायनात में मैं ने
बस एक शख़्स को माँगा मुझे वही न मिला

बहुत अजीब है ये क़ुरबतों[1] की दूरी भी
वो मेरे साथ रहा और मुझे कभी न मिला

1. नज़दीकियाँ

4

लोग टूट जाते हैं एक घर बनाने में
तुम तरस नहीं खाते बस्तियाँ जलाने में

और जाम टूटेंगे इस शराब ख़ाने में
मौसमों के आने में मौसमों के जाने में

हर धड़कते पत्थर को लोग दिल समझते हैं
उम्रें बीत जाती हैं दिल को दिल बनाने में

फ़ाख़्ता की मजबूरी ये भी कह नहीं सकती
कौन साँप रखता है उस के आशियाने में

दूसरी कोई लड़की ज़िन्दगी में आयेगी
कितनी देर लगती है उसको भूल जाने में

5

हमारे हाथों में एक शक्ल चाँद जैसी थी
तुम्हें ये कैसे बतायें वो रात कैसी थी

महक रहे थे मिरे होंट उसकी ख़ुश्बू से
अजीब आग थी बिल्कुल गुलाब जैसी थी

इसी में सब थे मिरी माँ, बहन भी, बीवी भी
समझ रहा था जिसे मैं वो ऐसी वैसी थी

तुम्हारे घर के सभी रास्तों को काट गई
हमारे साथ में कोई लकीर ऐसी थी

6

मैं ख़िज़ाँ की धूप का आईना कि मैं एक हो को हज़ार हूँ
कहीं आँसुओं का हूँ क़ाफ़ला, कहीं जुगनुओं की कतार हूँ

कोई तारा टूट के गिर गया कोई चाँद छत से उतर गया
किसी आसमान के हाथ से जो बिखर गया वही हार हूँ

वही सूखे सूखे से पेड़ हैं वही उजड़ी उजड़ी सी टहनियाँ
कोई फूल जिस पे खिला नहीं मैं ग़मों की ऐसी बहार हूँ

मुझे क्यों बुलाते हैं प्यार से ये चहकते पंछी मुंडेर के
मैं ख़मोश रात का दर्द हूँ मैं उदास चाँद का प्यार हूँ

मैं वो शेर हूँ जिसे आज तक न कहा गया न सुना गया
जिसे उँगलियों ने छुआ नहीं वही बदनसीब सितार हूँ

1985

7

हर इक चिराग़ की लौ ऐसी सोई सोई थी
वो शाम जैसे किसी से बिछड़ के रोई थी

नहा गया था मैं कल जुगनुओं की बारिश में
वो मेरे काँधे पे सर रख के खूब रोई थी

क़दम क़दम पे लहू के निशान कैसे हैं
ये सरज़मीं तो मिरे आँसुओं ने धोई थी

मकाँ के साथ वो पौदा भी जल गया जिस में
महकते फूल थे फूलों में एक तितली थी

ख़ुद उस के बाप ने पहचान कर न पहचाना
वो लड़की पिछले फ़सादात में जो खोई थी

1988

8

दिल की दहलीज़ पे यादों के दिये रखे हैं
आज तक हम ने ये दरवाज़े खुले रखे हैं

इस कहानी के वो किरदार कहाँ से लाऊँ
वही दरिया है वही कच्चे घड़े रखे हैं

हम पे जो गुज़री बताया न बतायेंगे कभी
कितने ख़त अब भी तिरे नाम लिखे रखे हैं

आप के पास ख़रीदारी की क़ुव्वत है अगर
आज सब लोग दुकानों में सजे रखे हैं

1988

9

टूटे हुए सितार के सब तार कस गये
बारिश हुई के दर्द के नग़में बरस गये

कैसी स्याह रात थी दहलीज़ पर खड़ी
वो मुस्कुरा दिये तो उजाले बरस गये

शादाबियों[1] के दौर का अंजाम ये हुआ
अब के तो बूँद बूँद को दरिया तरस गये

अब ख़ाक उड़ रही है गुलाबों के शह्र में
वो लू चली है अब के कि पत्थर झुलस गये

घर से ख़ुलूस क्या क्या सब कुछ चला गया
बातों में रस नहीं रहा हाथों के जस गये

आलम में इंतख़ाब थे कुछ लोग शह्र में
कोई तो कुछ बताये कहाँ जा के बस गये

1961

1. हरे भरे होने का

10

अगर यक़ीं नहीं आता तो आज़माये मुझे
वो आईना है तो फिर आईना दिखाये मुझे

अजब चिराग़ हूँ दिन रात जलता रहता हूँ
मैं थक गया हूँ हवा से कहो बुझाये मुझे

मैं जिस की आँख का आँसू था उसने क़द्र न की
बिखर गया हूँ तो अब रेत से उठाये मुझे

बहुत दिनों से मैं इन पत्थरों में पत्थर हूँ
कोई तो आये ज़रा देर को रुलाये मुझे

मैं चाहता हूँ के तुम ही मुझे इज़ाज़त दो
तुम्हारी तरह से कोई गले लगाये मुझे

1987

11

कोई हल न कोई जवाब है यह सवाल कैसा सवाल है
जिसे भूल जाने का हुक्म है उसे भूल जाना मुहाल है

हुईं ज़र्द फूलों की बस्तियाँ मगर इसमें तेरी ख़ता कहाँ
तुझे लोग दिल से दुआयें दें यही तेरे फ़न का कमाल है

कभी आस्माँ की बुलंदियों से उतर के ख़ाक पे आयेंगे
अभी पंछियों को ख़बर नहीं यह ज़मीन वालों का जाल है

इसी ज़र्द पेड़ की ओट में अभी चाँद हार के सो गया
तिरे पाक होटों को चूम ले ये कहाँ किसी की मजाल है

इसी एक बिस्तरए बेहिसी[1] पे थके थके से बदन मिले 1. बेएहसास
तिरे साथ ही वही बेदिली ये विसाल कैसा विसाल है

1989

12

दुल्हन बनी है रात बड़े अहतमाम से
आँसू सजा रही है सितारों के नाम से

सब लोग अपने अपने घरों को चले गये
नींद आ गई है आज सितारों को शाम से

उन से जुरूर मिलना सलीक़े के लोग हैं
सर भी क़लम करेंगे बड़े अहतराम से

कितना बदल गया हूँ मैं दुनिया के वास्ते
आवाज़ दे रही है मुझे तेरे नाम से

1983

13

वो इंतज़ार की चौखट पे सो गया होगा
किसी से वक़्त तो पूछें के क्या बजा होगा

मैं हँस रहा हूँ लतीफ़ों की शेरी महफिल में
वो मेरी आँखों से इस वक़्त रो रहा होगा

ये पत्थरों की तरह क्यों उदास रहता है
मुझे यक़ीन है दिल इसका आईना होगा

मैं इस ख़याल से उसके क़रीब आया था
कि दूसरों की तरह वो भी बेवफ़ा होगा

1985

14

कौन आया रास्ते आईना ख़ाने हो गये
रात रोशन हो गई दिन भी सुहाने हो गये

क्यों हवेली के उजड़ने का मुझे अफ़सोस हो
सैकड़ों बेघर परिन्दों के ठिकाने हो गये

जाओ इन कमरों के आईने उठाकर फेंक दो
बे अदब ये कह रहे हैं हम पुराने हो गये

ये भी मुमकिन है कि मैं ने उस को पहचाना न हो
अब उसे देखे हुए कितने ज़माने हो गये

मेरी पलकों पर ये आँसू प्यार की तौहीन थे
उसकी आँखों से गिरे मोती के दाने हो गये

1984

15

वो बुझे घरों का चराग़ था ये कभी किसी को ख़बर न हो
उसे ले गई है कहाँ हवा, ये कभी किसी को ख़बर न हो

कई लोग जान से जायेंगे मिरे क़ातिलों की तलाश में
मिरे क़त्ल में मिरा हाथ था, ये कभी किसी को ख़बर न हो

वो तमाम दुनिया के वास्ते जो मुहब्बतों की मिसाल थ।
वही अपने घर में था बेवफ़ा, ये कभी किसी को ख़बर न हो

कहीं मस्जिदों में शहादतें कहीं मंदिरों में अदालतें
यहाँ कौन करता है फैसला ये कभी किसी को ख़बर न हो

मुझे जानकर कोई अजनबी वो दिखा रहे हैं गली गली
इसी शह्र में मिरा घर भी था, ये कभी किसी को ख़बर न हो

वो समझ के धूप के देवता मुझे आज पूजने आये हैं
मैं चराग़ हूँ तिरी शाम का, ये कभी किसी को ख़बर न हो

1984

16

अज़मतें सब तिरी ख़ुदाई की
हैसियत क्या मिरी इकाई की

मेरे होंटों के फूल सूख गये
तुम ने क्या मुझ से बेवफ़ाई की

सब मिरे हाथ पाँव लफ़्ज़ों के
और आँखें भी रोशनाई की

मैं ही मुल्ज़िम हूँ मैं ही मुंसिफ़ हूँ
कोई सूरत नहीं रिहाई की

इक बरस ज़िन्दगी का बीत गया
तह जमी एक और काई की

अब तरसते रहो ग़ज़ल के लिये
तुम ने लफ़्ज़ों से बेवफ़ाई की

1987

17

ख़ानदानी रिश्तों में अक्सर रक़ाबत है बहुत
घर से निकलो तो ये दुनिया ख़ूबसूरत है बहुत

अपने कालिज में बहुत मग़रूर जो मशहूर है
दिल मिरा कहता है उस लड़की में चाहत है बहुत

उनके चेहरे चाँद तारों की तरह रोशन रहे
जिन ग़रीबों के यहाँ हुस्ने क़नाअत[1] है बहुत

1. सब्र करना

हम से हो सकती नहीं दुनिया की दुनिया दारियाँ
इश्क़ की दीवार के साये में राहत है बहुत

धूप की चादर मिरे सूरज से कहना भेज दे
ग़ुरबतों का दौर है जाड़ों की शिद्दत है बहुत

उन अँधेरों में जहाँ सहमी हुई थी ये ज़मीं
रात से तन्हा लड़ा जुगनू में हिम्मत है बहुत

1987

18

तीर नज़रों के तो पलकों की कमाँ रक्खे हैं
उनकी क्या बात है फूलों की ज़ुबाँ रक्खे हैं

हम तो आँखों में सँवरते हैं वहीं सँवरेंगे
हम नहीं जानते आईने कहाँ रक्खे हैं

अपने क़ातिल भी उसी रोज़ से शर्मिन्दा हैं
हम भी ख़ामोश बहुत अपनी ज़ुबाँ रक्खे हैं

दिल कभी रेत का साहिल नहीं होने देते
हम ने महफ़ूज़ वो क़दमों के निशाँ रक्खे हैं

जिन पे तहरीर है बचपन की मुहब्बत अपनी
अब मिरे घर के वो दरवाज़े कहाँ रक्खे हैं

1987

19

ये ज़मीन सोई थी नींद में यहाँ लाके मुझ को बसा गये
वो चमकती धूप की शाल पर मिरे दिल के फूल सजा गये

किसी रात बर्फ़ की ओट से नई आग ले के वो आयेंगे
अगर आज धूप की गोद में वो गुलाब अपने सुला गये

कई लोग आग के फूल हैं ज़रा दूर हूँ तो चमन चमन
जहाँ मुस्कुरा के गले लगे दिलो जाँ में आग लगा गये

ये हँसी भी कोई नक़ाब है जहाँ चाहा हमने गिरा लिया
कभी उसका दर्द छुपा गये कभी अपना दर्द छुपा गये

वहाँ सात चूल्हे अँगीठियाँ बुझे मर्द औरतें बच्चियाँ
जहाँ शाम आई तो सात घर इसी एक घर में समा गये

मिरे दायें हाथ की उँगलियाँ तो अन्धेरी रात की शम्में हैं
ये बदन तमाम है मोम का वो इसीलिये तो जला गये

कई राज महलों के राजगाँ[1] लिये साथ मेवों की बर्फ़ियाँ
कभी आज तक जो बनी नहीं उसी मूर्ती पे चढ़ा गये

1. रजवाड़े

अभी रात फूलों की कार में यहाँ एक आये थे पीर जी
हमें बाद मर्ग़ मिलेगा क्या वो तमाम नक़्शे दिखा गये

1987

20

कई पेड़ धूप के पेड़ थे तिरी रहमतों से हरे रहे
मिरे नाम आग के फूल थे मिरी झोलियों में भरे रहे

कहीं मालो ज़र के वज़ीर थे कहीं इल्मो फ़न के अमीर थे
वले[1] हम भी ऐसे फ़क़ीर थे जो हमेशा उन से परे रहे 1. लेकिन

मिरे दिल में दर्द के पेड़ हैं यहाँ कोई ख़ौफ़े ख़िज़ाँ नहीं
ये दरख़्त कितने अजीब थे सभी मौसमों में हरे रहे

वो कलाम जिन से छतें उड़ीं वहीं शामियानों में दफ़्न हैं
तिरे शेर दिल में उतर गये जो खरे थे सिक्के खरे रहे

1987

21

मैं कब तन्हा हुआ था, याद होगा
तुम्हारा फ़ैसला था, याद होगा

बहुत से उजले उजले फूल लेकर
कोई तुम से मिला था, याद होगा

बिछी थीं हर तरफ़ आँखें ही आँखें
कोई आँसू गिरा था, याद होगा

उदासी और बढ़ती जा रही थी
वो चेहरा बुझ रहा था, याद होगा

वो ख़त पागल हवा के आँचलों पर
किसे तुम ने लिखा था, याद होगा

1986

22

मिरी ज़बाँ पे नये ज़ायकों के फल लिख दे
मिरे ख़ुदा तू मिरे नाम इक ग़ज़ल लिख दे

मैं चाहता हूँ ये दुनिया, वो चाहता है मुझे
ये मसअला बड़ा नाज़ुक है कोई हल लिख दे

ये आज जिस का है उस नाम को मुबारक हो
मिरी ज़बीं पे मिरे आँसुओं से कल लिख दे

हवा की तरह मैं बेताब हूँ कि शाख़े गुलाब
जो रेगज़ारों[1] पे तालाब के कँवल लिख दे

1. रेतीला मैदान, मरुस्थल

मैं एक लम्हे में दुनिया समेट सकता हूँ
तू कब मिलेगा अकेले में एक पल लिख दे

1987

23

दरवाज़े की राख भी घर है मुट्ठी में ये घर रखना
दिल इक पाकीज़ा चादर है सर पर ये चादर रखना

जली हुई टूटी दीवारें मेरे ज़ख़्मी काँधे हैं
चाँदनी रात में छुप कर आना इन पर अपना सर रखना

जिस काग़ज़ पर हाल लिखूँगा वो काग़ज़ जल जायेगा
तितली पर तेज़ाब छिड़कना फूलों पर ख़ंजर रखना

संदल और सेन्दूर से माँग सदा रहे तारों की भरी
रहे कलाई यूँ ही खनकती मालिक ये ज़ेवर रखना

इस धरती से प्यार किया था, प्यार किया है, प्यार करूँगा
मैं जब जाऊँ मेरे तन पर माटी की चादर रखना

1986

24

अपनी खोई हुई जन्नतें पा गये
ज़ीस्त[1] के रास्ते भूलते भूलते
मौत की वादियों में कहीं खो गये
तेरी आवाज़ को ढूँढते ढूँढते

मस्तो सरशार[2] थे कोई ठोकर लगी
आसमाँ से ज़मीं पर यूँ हम आ गये
शाख़ से फूल जैसे कोई गिर पड़े
रक़्से[3] आवाज़ पे झूमते झूमते

कोई पत्थर नहीं हूँ कि जिस शक्ल में
मुझको चाहो बनाया बिगाड़ा करो
भूल जाने की कोशिश तो की थी मगर
याद तुम आ गये भूलते भूलते

आँखें आँसू भरी पलकें बोझल घनी
जैसे झीलें भी हों नर्म साये भी हों
वो तो कहिए उन्हें कुछ हँसी आ गई,
बच गये आज हम डूबते डूबते

अब वो गेसू नहीं हैं जो साया करें
अब वो शाने नहीं जो सहारा बनें
मौत के बाज़ुओ तुम ही आगे बढ़ो
थक गये आज हम घूमते घूमते

1. ज़िन्दगी
2. मस्ती में झूमना
3. नृत्य

दिल में जो तीर हैं अपने ही तीर हैं,
अपनी ज़ंजीर से पा बज़ंजीर हैं
संगरेज़ों[4] को हमने ख़ुदा कर दिया,
आख़रश रात दिन पूजते पूजते

1958

4. पत्थर के टुकड़े

25

मैं तुम को भूल भी सकता हूँ इस जहाँ के लिये
ज़रा सा झूट ज़ुरूरी है दास्ताँ के लिये

मिरे लबों पे कोई बूँद टपकी आँसू की
ये क़तरा काफ़ी था जलते हुए मकाँ के लिये

मैं क्या दिखाऊँ मिरे तार तार दामन में
न कुछ यहाँ के लिये है न कुछ वहाँ के लिये

ग़ज़ल भी इस तरह उसके हुज़ूर लाया हूँ
कि जैसे बच्चा कोई आये इम्तहाँ के लिये

1987

26

बे ख़बर कुर्सियाँ आँख मलती रहीं
बस्तियाँ बेगुनाहों की जलती रहीं

आदमीअत, मुहब्बत, शराफ़त, वफ़ा
नागिनें आस्तीनों में पलती रहीं

दो बदन जितने नज़दीक होते गये
क़ुर्बतें फ़ासलों में बदलती रहीं

जब मिरी ज़िन्दगी में अँधेरा हुआ
मेरे चारों तरफ़ शम्अें जलती रहीं

ज़हर पानी बना मछलियों के लिये
पंछियों को हवायें मसलती रहीं

ज़िन्दगी तेरी नाज़ुक बदन लड़कियाँ
आग की शाहराहों पे चलती रहीं
1982

27

मुस्कुराते रहे ग़म छुपाते रहे
महफ़िलों महफ़िलों गुनगुनाते रहे
मौत के तीराओ तार[1] श्मशान में, — 1. अँधेरा
ज़िन्दगी के कँवल जगमगाते रहे

ग़ज़लें कुम्ला गईं, नज़्में मुरझा गईं,
गीत सँवला गये, साज़ चुप हो गये
फिर भी अहले चमन कितने ख़ुश तबा
थे, नग़मये फ़सले गुल[2] गुनगुनाते रहे — 2. बहार का गीत

तेरी साँसों की ख़ुश्बू, लबों की महक
जाने कैसे हवायें उड़ा लाई थीं
रात का हर क़दम कुछ बहकता रहा,
वक्त के पाँव भी डगमगाते रहे

जैसे कश्मीरी झीलों की आग़ोश में
नन्हे नन्हे सितारे उतर आये हों
रात उन नीली आँखों में कुछ ऐसे ही
आँसुओं के दिये झिलमिलाते रहे

शाहिदे[3] ज़िन्दगी तू ने भूले से भी — 3. महबूब
हम ग़रीबों की जानिब न देखा कभी
और हम तो तिरी अज़मतों[4] के लिये — 4. फ़साद (यहाँ रोमांस के अर्थ में प्रयुक्त)
सर कटाते रहे जाँ गँवाते रहे

तेरे लब की महक मेरे बाज़ू का बल
तेरी आँखों का रस मेरे हाथों का जस
साल्हा साल से जिन्से बाज़ार हैं
साहिबे नक़्द बोली लगाते रहे

रात मौसम बहुत फ़ितना अंगेज़ था
उस पे यादों की ज़ुल्फ़ें भी लहरा गईं
देर तक दिल से तेरी ही बातें रहीं
भूली बिसरी कहानी सुनाते रहे

1956

28

सर झुकाओगे तो पत्थर देवता हो जायेगा
इतना मत चाहो उसे वो बेवफ़ा हो जायेगा

हम भी दरिया हैं हमें अपना हुनर मालूम है
जिस तरफ़ भी चल पड़ेंगे रास्ता हो जायेगा

कितनी सच्चाई से मुझ से ज़िन्दगी ने कह दिया
तू नहीं मेरा तो कोई दूसरा हो जायेगा

मैं ख़ुदा का नाम लेकर पी रहा हूँ दोस्तो
ज़ह्र भी इस में अगर होगा, दवा हो जायेगा

सब उसी के हैं हवा, ख़ुश्बू, ज़मीनो आस्माँ
मैं जहाँ भी जाऊँगा उसको पता हो जायेगा

1988

29

ग़ज़लों का हुनर अपनी आँखों को सिखायेंगे
रोयेंगे बहुत लेकिन, आँसू नहीं आयेंगे

कह देना समन्दर से हम ओस के मोती हैं
दरिया की तरह तुझ से मिलने नहीं आयेंगे

वो धूप के छप्पर हों या छाँव की दीवारें
अब जो भी उठायेंगे मिल जुल के उठायेंगे

जब साथ न दे कोई आवाज़ हमें देना
हम फूल सही लेकिन पत्थर भी उठायेंगे

1988

30

चाँद के चारों तरफ़ मैली रिदायें[1] साथ हैं
ख़ाक इतनी सर चढ़े किस की हवायें साथ हैं

एक औरत से वफ़ा करने का ये तोहफ़ा मिला
जाने कितनी औरतों की बद्दुआयें साथ हैं

उँगलियाँ मेरी सितारों तक पहुँच सकती नहीं
मुट्ठियों में जुगनुओं की बद्दुआयें साथ हैं

दिन खिला है फूल सा और रात भीगी आँख सी
कोई मौसम हो यहाँ दोनों हवायें साथ हैं

मैं हूँ इक काग़ज़ का टुकड़ा जाने किस की खोज में
क्यों मिरे पीछे ज़माने की हवायें साथ हैं

1989

1. चादरें

31

मैं उदास रस्ता हूँ शाम का तिरी आहटों की तलाश है
ये सितारे सब हैं बुझे बुझे मुझे जुगनुओं की तलाश है

ज़रा सैर करने को आये हैं हमें और कुछ नहीं चाहिए
वो हैं डोर काँटे लिये हुए जिन्हें मछलियों की तलाश है

वो जो एक दरिया था आग का सभी रास्तों से गुज़र गया
तुम्हें कब से रेत के शह्र में कई बारिशों की तलाश है

नये मौसमों की उड़ान को अभी इस की कोई ख़बर नहीं
तिरे आस्मान के जाल को नये पंछियों की तलाश है

मिरे दोस्तों ने सिखा दिया मुझे अपनी जान से खेलना
मिरी ज़िन्दगी तुझे क्या ख़बर मुझे क़ातिलों की तलाश है

तिरी मेरी एक हैं मंजिलें, वही जुस्तुजू[1], वही आरज़ू
तुझे दोस्तों की तलाश है मुझे दुश्मनों की तलाश है

1989

1. तलाश

32

मैं ग़ज़ल कहूँ मैं ग़ज़ल पढ़ूँ मुझे दे तो हुस्ने ख़्याल दे
तिरा ग़म ही है मेरी तरबिअत[1], मुझे दे तो रंजो मलाल दे — 1. शिक्षा-दीक्षा

सभी चार दिन की हैं चाँदनी, ये इमारतें, ये विज़ारतें[2] — 2. मंत्रिमंडल
मुझे उस फ़क़ीर की शान दे कि ज़माना जिसकी मिसाल दे

मिरी सुब्ह तेरे सलाम से मिरी शाम है तिरे नाम से
तिरे दर को छोड़ के जाँऊगा, ये ख़याल दिल से निकाल दे

मिरे सामने जो पहाड़ थे सभी सर झुका के चले गये
जिसे चाहे तू ये उरूज[3] दे जिसे चाहे तू ये ज़वाल[4] दे — 3. ऊँचाई 4. गिरावट

बड़े शौक़ से इन्हीं पत्थरों को शिकम[5] से बाँध के सो रहूँ — 5. पेट
मुझे माले मुफ़्त हराम है मुझे दे तो रिज़्के हलाल दे

1989

33

अदब की हद में हूँ मैं बे अदब नहीं होता
तुम्हारा तज़किरा[1] अब रोज़ो शब[2] नहीं होता 1. चर्चा 2. दिन रात

कभी कभी तो छलक पड़ती हैं यूँ ही आँखें
उदास होने का कोई सबब नहीं होता

कई अमीरों की महरूमियाँ न पूछ के बस
ग़रीब होने का अहसास अब नहीं होता

वहाँ के लोग बड़े दिल फरेब होते हैं
मिरा बहकना भी कोई अजब नहीं होता

मैं उस ज़मीन का दीदार करना चाहता हूँ
जहाँ कभी भी ख़ुदा का ग़ज़ब नहीं होता
1988

34

तेरा हाथ मिरे काँधे पर दरया बहता जाता है
कितनी ख़ामोशी से दुख का मौसम गुज़रा जाता है

नीम पे अटके चाँद की पलकें शबनम से भर जाती हैं
सूने घर में रात गये जब कोई आता जाता है

पहले ईंटें फिर दरवाज़े अब के छत की बारी है
याद नगर में एक महल था वो भी गिरता जाता है

राख हुईं आँखों की शमऐं आँसू भी बेनूर हुए
धीरे धीरे मेरा दिल पत्थर सा होता जाता है

अपना दिल है एक परिन्दा जिस के बाज़ू टूटे हैं
हसरत से बादल को देखे बादल उड़ता जाता है

सारी रात बरसने वाली बारिश का मैं आँचल हूँ
दिन में काँटों पर फैला कर मुझको खींचा जाता है

हम ने तो बाज़ार में दुनिया बेची और ख़रीदी है
हम को क्या मालूम किसी को कैसे चाहा जाता है

1984

35

मेरे सीने पर वो सर रक्खे हुए सोता रहा
जाने क्या थी बात मैं जागा किया रोता रहा

शबनमी सी धूप में जैसे वतन का ख़्वाब था
लोग ये समझे मैं सब्ज़े[1] पर पड़ा सोता रहा 1. घास

वादियों में गाह[2] उतरा और कभी पर्वत चढ़ा 2. कभी
बोझ सा एक दिल पे रक्खा है जिसे ढोता रहा

गाह पानी, गाह शबनम ओर कभी ख़ूनाब[3] से 3. खून जैसा पानी
एक ही था दाग़ सीने में जिसे धोता रहा

इक हवाये बेतकाँ[4] से आख़िरश मुरझा गया 4. न थकने वाली
ज़िन्दगी भर जो मोहब्बत के शजर बोता रहा

रोने वालों ने उठा रक्खा था घर सर पर मगर
उम्र भर का जागने वाला पड़ा सोता रहा

रात की पलकों पे तारों की तरह जागा किया
सुबह की आँखों में शबनम की तरह रोता रहा

रोशनी को रंग कर के ले गये जिस रात लोग
कोई साया मेरे कमरे में छुपा रोता रहा

1963

36

ख़ून पत्तों पे जमा हो जैसे
फूल का रंग हरा हो जैसे

बारहा ये हमें महसूस हुआ
दर्द सीने का ख़ुदा हो जैसे

फूल की आँख में शबनम क्यों है
सब हमारी ही ख़ता हो जैसे

किरचें चुभती हैं बहुत सीने में
आईना टूट गया हो जैसे

सब हमें देखने आते हैं मगर
नींद आँखों से ख़फ़ा हो जैसे

अब चराग़ों की ज़ुरूरत ही नहीं
चाँद इस दिल में छुपा हो जैसे

जी में आता है के सजदा कर लें
दिल की आवाज़ ख़ुदा हो जैसे

रोज़ आती थी हवा उस जैसी
वो भी यूँ आया हवा हो जैसे

1964

37

तुम ने भी कम नसीब पे कुछ कम निगाह की
उस ने तो ख़ैर ज़िन्दगी अपनी तबाह की

हम दोनों दुनियादार नहीं हैं इसी लिये
सूरत कोई नज़र नहीं आती निबाह की

पत्थर समझ के तुम जिसे ठुकरा के चल दिये
उस दिल पे थी निगाह बहुत महरो माह[1] की

उनकी नज़र में प्यार गुनाहे अज़ीम है
तौफीक़[2] दे ख़ुदा उन्हें ऐसे गुनाह की

हालात बेवफ़ाई पे मजबूर कर गये
वरना उसे भी चाह बहुत थी निबाह की

अपने को रश्के मीर समझते हैं 'बद्र' जी
गुमराह कर गई है सदा वाह वाह की

1963

1. सूरज और चाँद
2. साहस

38

बेताब है रंगत के लिये प्यार की ख़ुशबू
कब सर के क़रीब आयेगी तलवार की ख़ुशबू

मतले में दमक उठता है उस माथे का मतला
आश्आर में आ जाती है रुख़सार की ख़ुशबू

कहती है के आँगन की चमेली थे कभी हम
कोठे पे तड़पती गुले बाज़ार की ख़ुशबू

दीवानी हुई जिनके लिये चाँदनी रातें
वो निकहते[1] गेसू है के रुख़सार की ख़ुशबू 1. ख़ुशबू

अब अगले बरस ये दरओ दीवार न होंगे
इस घर से बहुत आती है अशआर की ख़ुशबू
1967

39

याद किसी की चाँदनी बन कर कोठे कोठे छिटकी है
याद किसी की धूप हुई है ज़ीना ज़ीना उतरी है

रात की रानी सहने[1] चमन में गेसू खोले सोती है
रात बिरात उधर मत जाना इक नागिन भी रहती है

तुम को क्या, तुम ग़ज़लें कह कर अपनी आग बुझा लोगे
उसके जी से पूछो जो पत्थर की तरह चुप रहती है

क़ुफ़्ल[2] जड़े हैं उस घर की हर खिड़की में दरवाज़ों में
फिर भी दराज़ों से अक्सर इक आहट झाँका करती है

पत्थर लेकर गलियों गलियों लड़के पूछा करते हैं
हर बस्ती में मुझ से आगे शोहरत मिरी पहुँचती है

मुद्दत से इक लड़की के रुख़सार की धूप नहीं आई
इसी लिये मेरे कमरे में इतनी ठंडक रहती है

1959

1. आँगन
2. ताला

40

ये उदासी, धुआँ, चाँदनी चौक में
चाँदनी है कहाँ चाँदनी चौक में

एक ही गश्त में आग सी लग गई
सर्दियाँ हैं कहाँ चाँदनी चौक में

हर ख़रीदार ज़ोहरा जबीं[1], मह बदन[2]
हर दुकाँ कहकशाँ[3] चाँदनी चौक में

एक लड़की की सूरत में देखा गया
खोआबे सद[4] शायराँ चाँदनी चौक में

आज अहदे गुज़िश्ता[5] के इक महरबाँ
मिल गये नागहाँ[6] चाँदनी चौक में

मेरी आँखों में इक चाँदनी चौक है
गुज़री उम्रेरवाँ चाँदनी चौक में

नुक़रई[7] क़हक़हे गम दबाये हुए
ये बहारे ख़िज़ा चाँदनी चौक में

मश्क़े[8] शेरो सुख़न में मिलेगा कहीं
लश्करे शायराँ चाँदनी चौक में

फ़िक्रे इस्लाहे[9] दुनिया में खोये मिले
आले पैग़म्बराँ चाँदनी चौक में

बीच बाज़ार में गा रहा था कोई
आओ ना मेरी जाँ, चाँदनी चौक में

दौलते जिस्मों जाँ का भरोसा नहीं
कुछ ख़रीदो मियाँ चाँदनी चौक में

1957

1. जोहरा नामक सितारे जैसा माथा
2. चाँद सा बदन
3. सप्तर्षि मंडल
4. सौ
5. गुज़रा ज़माना
6. अचानक
7. चाँदी जैसा
8. अभ्यास
9. बुराई दूर करना

41

आँसुओं से धुली ख़ुशी की तरह
रिश्ते होते हैं शायरी की तरह

हम ख़ुदा बन के आयेंगे वरना
हम से मिल जाओ आदमी की तरह

बर्फ़ सीने की जैसे जैसे गली
आँख खुलती गई कली की तरह

जब कभी बादलों में घिरता है
चाँद लगता है आदमी की तरह

किसी रोज़न[1] किसी दरीचे से
सामने आओ रोशनी की तरह

सब नज़र का फ़रेब है वरना
कोई होता नहीं किसी की तरह

ख़ूबसूरत उदास ख़ौफ़ज़दा
वो भी है बीसवीं सदी की तरह

जानता हूँ कि एक दिन मुझको
वो बदल देगा डायरी की तरह

1957

1. ख़िड़की

42

चाँद सूरज के आने जाने से कुछ कमी ज़्यादती नहीं होती
शह्र में दिन के वो इलाक़े हैं जिन में अब रात ही नहीं होती

दिल वो पूजा की थाल है जिस में ज़िन्दगी फूल रखना भूल गई
और आँखें वो ताक़े मस्जिद हैं जिन में अब रोशनी नहीं होती

शाम आई थी अपने साथ लिये तेरी यादों के जलते बुझते दिये
शाम क्या अब तो सारी सारी रात आग में रोशनी नहीं होती

जलने वाली हर इक शै के लिये आँसुओं की बड़ी ज़ुरूरत है
ऐसा थम थम के वो नहीं जलती जिस में हल्की नमी नहीं होती

तेरे और मेरे प्यार में अक्सर सारे जज्बात मुशतरिक[1] हैं मगर
धूप कितनी ही मेहरबाँ हो जाये ये कभी चाँदनी नहीं होती

1958

1. सामान्य (कॉमन)

43

निकल आये इधर जनाब कहाँ
रात के वक़्त आफ़ताब कहाँ

मेरी आँखें किसी के आँसू हैं
वरना इन पत्थरों में आब कहाँ

सब खिले हैं किसी के आरिज़[1] पर
इस बरस बाग़ में गुलाब कहाँ

मेरे होंटों पे तेरी ख़ुशबू है
छू सकेगी इन्हें शराब कहाँ

1958

1. गाल

44

नज़र से गुफ़्तगू, ख़ामोश लब, तुम्हारी तरह
ग़ज़ल ने सीखे हैं अन्दाज़ सब तुम्हारी तरह

जो प्यास तेज़ हो तो रेत भी है चादरे आब
दिखाई दूर से देते हैं सब तुम्हारी तरह

बुला रहा है ज़माना मगर तरसता हूँ
कोई पुकारे मुझे बे सबब तुम्हारी तरह

हवा की तरह मैं बेताब हूँ के शाख़े गुलाब
लहकती है मिरी आहट पे अब तुम्हारी तरह

मिसाले वक्त मैं तस्वीरे सुब्हो-शाम हूँ अब
मिरे बुजूद पे छाई है शब तुम्हारी तरह

सुनाते हैं मुझे ख़्वाबों की दास्ताँ अक्सर
कहानियों के पुर इसरार लब तुम्हारी तरह

1959

45

सादा वरक़ पे उभरेगा शायद क़लम का चाँद
शह्रे ग़ज़ल की रात है यादे सनम का चाँद

दिल की रहे हयात में ये शोख़ तमकिनत[1]
लहरा रहा है तेज़ हवा में अलम[2] का चाँद

1. ग़ुरूर
2. झंडा

क्या ज़िन्दगी हमारी गली तक भी आई थी
ये गेसुओं के फूल ये नक़्शे क़दम का चाँद

इस बार तज़रुबों की रिदायें नज़र पे हैं
रोशन बहुत ज़ियादा था पिछले जनम का चाँद

आँखें न खोल देना अमावस की रात है
हाथों में ले के झूमा करो जामे जम का चाँद

दरवाज़े शह्रे दर्द के खुलने दो दोस्तो
निकलेगा मुस्कुराता हुआ शामे ग़म का चाँद

1959

46

प्यार की नई दस्तक दिल पे फिर सुनाई दी
चाँद सी कोई सूरत ख़्वाब में दिखाई दी

किस ने मेरी पलकों पे तितलियों के पर रक्खे
आज अपनी आहट भी देर तक सुनाई दी

हम ग़रीब लोगों के आज भी वही दिन है
पहले क्या असीरी[1] थी आज क्या रिहाई दी

बारिशों के चेहरे पर आँसुओं से लिखना है
कुछ न कोई पढ़ पाये ऐसी रोशनाई दी

आस्माँ जमीं रख कर दोनों एक मुट्ठी में
इक ज़रा सी लड़की ने प्यार की ख़ुदाई दी

ये तुनक मिज़ाजी तो ख़ैर उसकी फ़ितरत है
वरना उसने चाहत भी हम को इन्तहाई दी

ये तनाव क़ुदरत ने दो दिलों में क्यों रक्खा
मुझ को कज कलाही[2] दी उस को कज अदाई[3] दी

1988

1. कैद
2. तिरछी टोपी वाला (अकड़ वाला)
3. अदाओं में टेढ़ापन

47

फूल सी हर तस्वीर मैं ज़हन की दीवारों से उतार चुका हूँ
फिर क्यों दिल में काँटा सा रह रह कर चुभता रहता है

इन आँखों का मतवाला पन, इन होंटों की जुम्बिश कम कम
नशा है जो डोल रहा है, जादू है जो बोल रहा है

मुझ को उन सच्ची बातों से, अपने झूट बहुत प्यारे हैं
जिन सच्ची बातों से सदियों इन्सानों का ख़ून बहा है

यारो, सोना चाँदी बोकर, सोना चाँदी काटो जाओ
हम ने आँसू की खेती की है नैन नगर आबाद किया है

'बद्र' तुम्हारी फ़िक्र सुख़न पर इक अल्लामा हँसकर बोले
वो लड़का नौ उम्र परिन्दा, ऊँचा उड़ना सीख रहा है

1958

48

सर्दियों की रातों में अपने अपने गाँव में गिर्द अलाव के बैठे हैं
हम से कितने दीवाने तेरे मेरे क़िस्सों में अपना ग़म सुनाते हैं

गाँव की कोई गोरी तोड़ कर हर इक नाता दूर देश जाती है
इन घने दरख़्तों में आज दफ़ नहीं बजते खेत सर झुकाये हैं

रंगों नूर की गुड़ियो, ज़िन्दगी की तस्वीरो, तुम ने रंजो ग़म में भी
अपनी मुस्कुराहट से हम से दिल शिकस्तों के हौसले बढ़ाये हैं

चाँद देस के लोगो, दिल तुम्हारे होता है, प्यार तुम समझते हो
हम तो अपने बचपन से तुम को छूने पाने की हसरतें छुपाये हैं

ज़िन्दगी तिरी फ़िक्रें खिलते ही गुलाबों का रस निचोड़ लेती हैं
फूल जैसी उम्रों के सोचते हुए बच्चे, बूढ़े होते जाते हैं

एक जाती दुनिया में एक आती दुनिया में, एक वक़्फ़ा होता है
इस स्याह वक़्फ़े में फूल रौंदे जाते हैं काँटे पहने जाते हैं

चाँद से कोई कह दो, चाँदनी के शोलों के अब अलाव महकाये
आज मेरे आँगन में महकी महकी ज़ुल्फ़ों के महके महके साये हैं

1956

49

शायद मेरे आँसू से उस का कोई रिश्ता है
तपते हुए सहरा में जो फूल अकेला है

झुँझला के किसी लम्हा वो तोड़ भी सकता है
इक बच्चे की उँगली से लपटी रगे दुनिया है

सन्नाटे की शाख़ों पर कुछ ज़ख़्मी परिन्दे हैं
ख़ामोशी बजाते ख़ुद आवाज़ का सहरा है

हो सकता है कल सूरज सोता ही मुझे पाये
इक साँप मिरे दिल में सिमटा हुआ बैठा है

कब जाने हवा उसको बिखरा दे फ़ज़ाओं में
ख़ामोश दरख़्तों पर सहमा हुआ नग़मा है

अब रोये कहाँ सावन अब तड़पे कहाँ बादल
आँगन न बग़ीचा है इक छोटा सा कमरा है

ठहरी हुई झीलों में इक बर्के रवाँ जैसे
इन हैरती आँखों में यूँ दौड़ती दुनिया है

जैसे वरक़े गुल पर अंगारा कोई रख ले
यूँ दस्ते हिनाई पर आँसू अभी टपका है

1962

50

अपना चाँद मैं ढूँढ रहा हूँ तेरे चाँद सितारों में
शायद सच्चा मोती भी हो शीशे के इन पारों में

शाख़ पे जितने फूल हैं अक्सर पैग़म्बर से लगते हैं
लेकिन मैं तो उसकी मानूँ जो हँस दे अंगारों में

लफ़्ज स्याही का परदा है ग़ौर से देखो पस मंज़र[1] 1. पृष्ठभूमि
फूल से चेहरे छुपे हुए हैं काग़ज़ के अम्बारों में

कमरे वीरान, आँगन ख़ाली, फिर ये कैसी आवाज़ें
शायद मेरे दिल की धड़कन चुनी है इन दीवारों में

तक़रीरों का जादू अक्सर झूट से मिलता जुलता है
इसी लिये तो बात कही है हम ने सिर्फ़ इशारों में

तेरा जिस्म अश्आर के आईने में ऐसा लगता है
चाँद को जैसे क़ैद किया हो शीशे की दीवारों में

तहज़ीबों का सूरज जब छुप जाता है तो चुपके से
उल्फ़त दिये जला जाती है दिल के गहरे ग़ारों में

छोटी सी थैली को दिखा कर इक सौदागर ने ये कहा
सदहा[2] शाइर मिल जायेंगे इतने कम दीनारों में 2. सैकड़ों

1962

: *कल्चर यक्साँ*

51

वो फूल तेरे होंटों के छूने से जो खिला
वो फूल, और जून की आतिश भरी हवा

नेज़ों ने मुझ को जैसे ज़मीं से उठा लिया
मैं तेरे नर्म सीने से जिस दम जुदा हुआ

जैसे कि सारे शहर की बिजली चली गई
आँखें खुली खुली थीं मगर सूझता न था

तस्वीर मेरी परदये तख़लीक़[1] बन गई
चिड़िया ने उस की आड़ में इक घर बसा लिया

बातें के जैसे पानी में जलते हुए दिये
कमरे में नर्म नर्म उजाला सा भर गया

1962

1. निर्माण, सृजन

52

सर दर्द जैसे नींद के सीने पे सो गया
इन फूल जैसे हाथों ने माथा जुंही छुआ

इक लड़की एक लड़के के काँधे पे सोई थी
मैं उजली धुँधली यादों के कुहरे में खो गया

सन्नाटे आये दरजों में झाँका, चले गये
गर्मी की छुट्टियाँ थीं वहाँ कोई भी न था

टहनी गुलाब की मिरे सीने से लग गई
झटके के साथ कार का रुकना ग़ज़ब हुआ

1962

53

न जी भर के देखा न कुछ बात की
बड़ी आरज़ू थी मुलाक़ात की

उजालों की परियाँ नहाने लगीं
नदी गुनगुनाई ख़्यालात की

मैं चुप था तो चलती हवा रुक गई
ज़ुबाँ सब समझते हैं जज़्बात की

मुक़द्दर मिरी चश्में पुर आब का
बरसती हुई रात बरसात की

कई साल से कुछ ख़बर ही नहीं
कहाँ दिन गुज़ारा कहाँ रात की

1959

54

मिरी नज़र में ख़ाक, तेरे आईने पे गर्द है
ये चाँद कितना ज़र्द है, ये रात कितनी सर्द है

कभी कभी तो यूँ लगा के हम सभी मशीन हैं
तमाम शह्र में न कोई ज़न[1], न कोई मर्द है

ख़ुदा की नज़्मों की किताब सारी कायनात है
ग़ज़ल के शेर की तरह हर एक फ़र्द, फ़र्द है

हयात आज भी कनीज़ है हुज़ूरे जब्र में
जो ज़िन्दगी को जीत ले वो ज़िन्दगी का मर्द है

उसे तबर्रुके[2] हयात कह के पलकों पर रखूँ
अगर मुझे यक़ीन हो ये रास्ते की गर्द है

वो जिनके ज़िक्र से रगों में दौड़ती थीं बिजलियाँ
उन्ही का हाथ हम ने छू के देखा कितना सर्द है

1960

1. औरत
2. प्रसाद

55

रात से जी है सोगवार बहुत
याद आओ न आज यार बहुत

पाँव में दम रहे, दयार बहुत
हाथ चलते हों, रोज़गार बहुत

दिल में हर वक्त एक हँगामा
शह्र तन्हा है शह्रे यार बहुत

देख लीं मेह्रबानियाँ तेरी
ज़िन्दगी बन न ग़म गुसार बहुत

क्या कोई यार आने वाला है
वक़्त पूछो हो आज यार बहुत

रात कहती है 'बद्र' सो जाओ
हो चुका उस का इन्तज़ार बहुत

1960

56

क़दम से आगे आगे चल रही है
मुसाफ़िर को गली पहचानती है

तिरे बीमार का अब तब लगा है
ये हालत गुफ़्तनी[1] कम, दीदनी[2] है

न जाने किस तरफ से आ रही है
हवाओं में बड़ी अफ़सुरदगी[3] है

ये कोई बात कहना चाहते हैं
सितारों के लबों पर कपकपी है

अभी कुछ ज़िन्दगी का आसरा है
चिराग़ों में अभी कुछ रोशनी है

सहर के क़ाफ़ले ये जानते हैं
अभी इक रात की मंज़िल पड़ी है

1956

1. कहने योग्य
2. देखने योग्य
3. उदासी

57

जब तक निगारे दश्त का सीना दुखा न था
सहरा में कोई लालए सहरा खिला न था

दो झीलें उस की आँखों में लहरा के सो गईं
उस वक्त मेरी उम्र का दरया चढ़ा न था

जागी न थीं नसों में तमन्ना की नागिनें
उस गन्दुमी[1] शराब को जब तक चखा न था

ढूँढ़ा करो जहाने तहैयुर[2] में उम्र भर
वो चलती फिरती छाँव है मैं ने कहा न था

इक बेवफ़ा के सामने आँसू बहाते हम
इतना हमारी आँख का पानी मरा न था

दो काले होंट, जाम समझ कर चढ़ा गये
वो आब जिस से मैं ने वुज़ू तक किया न था

सब लोग अपने अपने ख़ुदाओं को लाये थे
इक हम ही ऐसे थे के हमारा ख़ुदा न था

वो काली आँखें शहर में मशहूर थीं बहुत
तब उन पे मोटे शीशों का चश्मा चढ़ा न था

मैं साहबे ग़ज़ल था हसीनों की बज़्म में
सर पर घनेरे बाल थे माथा खुला न था

1962

1. गेहूँ की
2. हैरत

58

मेरे बिस्तर पे सो रहा है कोई
मेरी आँखों में जागता है कोई

इन पहाड़ों में कौन रहता है
बोल कर देखो बोलता है कोई

आज मैं जागूँगा के सोते में
मेरी पलकों को चूमता है कोई

मेरा शैतान मर गया शायद
मेरे सीने पे सो रहा है कोई

रंग ये भी बहुत पुराना है
सोचता कोई बोलता है कोई

सात परदों में छुप के देख लिया
कपड़े बदलो तो देखता है कोई

1962

59

कोई हाथ नहीं ख़ाली है
बाबा ये नगरी कैसी है

कोई किसी का दर्द न जाने
सब को अपनी अपनी पड़ी है

उस का भी कुछ हक़ है आख़िर
उस ने मुझ से नफ़रत की है

फूल दवा जैसे महके हैं
किस बीमार की सुबह हुई है

जैसे सदियाँ बीत चुकी हों
फिर भी आधी रात अभी है

कैसे कटेगी तन्हा तन्हा
इतनी सारी उम्र पड़ी है

हम दोनों की ख़ूब निभेगी
मैं भी दुखी हूँ वो भी दुखी है

अब ग़म से क्या नाता तोड़ें
ज़ालिम बचपन का साथी है

दिल की ख़ामोशी पे न जाओ
राख के नीचे आग दबी है

1960

60

मिरी ग़ज़ल की तरह उस की भी हुकूमत है
तमाम मुल्क में वो सब से ख़ूबसूरत है

कभी कभी कोई इन्सान ऐसा लगता है
पुराने शह्र में जैसे नई इमारत है

जमी है देर से कमरे में ग़ीबतों[1] की नशिस्त[2]
फ़ज़ा में गर्द है माहौल में कदूरत[3] है

1. चुगली 2. गोष्ठी
3. अन्दर अन्दर जलन की भावना

बहुत दिनों से मिरे साथ थी मगर कल शाम
मुझे पता चला वो कितनी ख़ूबसूरत है

ये ज़ायराने अलीगढ़ का ख़ास तोहफ़ा है
मिरी ग़ज़ल का तबर्रुक दिलों की बरकत है

1968

61

अब हुई दास्ताँ रक़म बाबा
उँगलियाँ हो गईं क़लम बाबा

काग़जी जूऐ शीर[1] लाये हैं
अपना तेशा[2] यही क़लम बाबा

1. दूध की नहर
2. कुदाल

चाँद अक्सर उदास रहता है
उस को आख़िर है किस का ग़म बाबा

आहटें चिलमनों से पूछती हैं
क़ैद कब तक रहेंगे हम बाबा

इश्क़ ने ये भी रुतबा हमको दिया
लोग कहते हैं मोहतरम[3] बाबा

3. सम्माननीय

अब तो तन्हाइयाँ भी पूछती हैं
है तिरा भी कोई सनम बाबा

1961

62

हर जनम में उसी की चाहत थे
हम किसी और की अमानत थे

उसकी आँखों में झिलमिलाती हुई
हम ग़ज़ल की कोई अलामत थे

तेरी चादर में तन समेट लिया
हम कहाँ के दराज़ क़ामत[1] थे

जैसे जंगल में आग लग जाये
हम कभी इतने ख़ूबसूरत थे

पास रह कर भी दूर दूर रहे
हम नये दौर की मोहब्बत थे

इस ख़ुशी में मुझे ख़्याल आया
ग़म के दिन कितने ख़ूबसूरत थे

दिन में इन जुगनुओं से क्या लेना
ये दिये रात की जुरूरत थे

1988

1. लम्बे जिस्म वाला

63

रेत भरी है इन आँखों में आँसू से तुम धो लेना
कोई सूखा पेड़ मिले तो उससे लिपट कर रो लेना

इस के बाद बहुत तन्हा हो जैसे जंगल का रस्ता
जो भी तुम से प्यार से बोले साथ उसी के हो लेना

कुछ तो रेत की प्यास बुझाओ जनम जनम की प्यासी है
साहिल पर चलने से पहले अपने पाँव भिगो लेना

मैंने दरया से सीखी है पानी की परदादारी
ऊपर ऊपर हँसते रहना, गहराई में रो लेना

रोते क्यों हो दिल वालों की क़िस्मत ऐसी होती है
सारी रात युँही जागोगे दिन निकले तो सो लेना

1986

64

लहरों में डूबते रहे दरया नहीं मिला
उससे बिछड़ के फिर कोई वैसा नहीं मिला

वो भी बहुत अकेला है शायद मिरी तरह
उसको भी कोई चाहने वाला नहीं मिला

साहिल पे कितने लोग मिरे साथ साथ थे
तूफ़ाँ की ज़द में आया तो तिनका नहीं मिला

दो चार दिन तो कितने सुकूँ से गुज़र गये
सब ख़ैरियत रही कोई अपना नहीं मिला

1986

65

सरकश पहाड़ियों में झरनों का बाँकपन है
कितना अज़ीम फ़ानी इन्सान का बदन है

ख़्वाबों में इन गुलाबी होंटों पे मुस्कुराहट
महताब सो रहा है, बेदार इक किरन है

शायद ज़मीं के सीने में कोई आसमान है
दरिया की तरह में लरज़ाँ[1] तारों की अंजुमन है

औराक़े[2] सादा लेकर परियाँ उतर रही हैं
फिर सीनऐ सुख़न में अशआर की चुभन है

उस बर्गे गुल पे लफ़्ज़ों के मोती थरथराये
शबनम हवा के रूख़ पर या बोलता चमन है

सीनो पे पाँव रख कर दुनिया गुज़र रही है
गुलरंग ख़ाके दिल है गुलनार ये चमन है

साहिल पे शाम कितनी गम्भीर है के दरया
रुक रुक के बह रहा है आवाज़ में थकन है

शहरे निगार[3] मेरी, ख़ातिर उदास मत हो
आबे रवाँ[4] भी बेघर, ख़ुशबू भी बेवतन है

1963

1. लरजती हुई
2. पन्ने
3. महबूब
4. बहता पानी

66

रात इक ख़्वाब हमने देखा है
फूल की पंखड़ी को चूमा है

दिल की बस्ती पुरानी दिल्ली है
जो भी गुज़रा है उसने लूटा है

ख़न्दए गुल फरेब है गुल का
रात भर चुपके चुपके रोया है

हम तो कुछ देर हँस भी लेते हैं
दिल हमेशा उदास रहता है

अब बजुज़[1] तेरी याद के ऐ दोस्त
इस ख़राबे में कौन आता है

पैसा हाथों की मैल है बाबा
ज़िन्दगी चार दिन का मेला है

कोई मतलब ज़रूर होगा मियाँ
यू कोई कब किसी से मिलता है

तुम अगर मिल भी जाओ तो भी हमें
हश्र तक इन्तज़ार करना है

1960

1. सिवा

67

आज दरया चढ़ा चढ़ा सा है
कोई हम से ख़फ़ा सा है

जिस्म जैसे भरा भरा साग़र
गुफ़्तुगू में नशा नशा सा है

नाक नक्शा बस आप ही जैसा
नाम भी कुछ भला भला सा है

शह्र यादों का इक बसाया था
अब निशाँ भी मिटा मिटा सा है

दिल से इक रोशनी जहाँ में थी
ये दिया भी बुझा बुझा सा है

बाग़ है एक, फूल लाखों हैं
रंग सब का जुदा जुदा सा है

शबनमी आग भी जलाती है
फूल का दिल जला जला सा है

किस को फ़ुरसत के इक नज़र देखे
'बद्र' तन्हा बुझा बुझा सा है

1962

68

अगर तलाश करूँ कोई मिल ही जायेगा
मगर तुम्हारी तरह कौन मुझको चाहेगा

तुम्हें ज़रूर कोई चाहतों से देखेगा
मगर वो आँखें हमारी कहाँ से लायेगा

न जाने कब तिरे दिल पर नई सी दस्तक हो
मकान ख़ाली हुआ है तो कोई आयेगा

मैं अपनी राह में दीवार बन के बैठा हूँ
अगर वो आया तो किस रास्ते से आयेगा

तुम्हारे साथ ये मौसम फ़रिश्तों जैसा है
तुम्हारे बाद ये मौसम बहुत सतायेगा

1986

69

कहीं चाँद राहों में खो गया
कहीं चाँदनी भी भटक गई
मैं चराग़ वो भी बुझा हुआ
मेरी रात कैसे चमक गई

मिरी दास्ताँ की उरूज[1] था
तिरी नर्म पलकों की छाँव में
मिरे साथ था तुझे जागना,
तिरी आँख कैसे झपक गई

1. उत्थान, उत्कर्ष, क्लाइमेक्स

भला हम मिले भी तो क्या मिले,
वही दूरियाँ वही फ़ासले
न कभी हमारे क़दम बढ़े
न कभी तुम्हारी झिझक गई

तिरे हाथ से मिरे होंट तक
वही इन्तज़ार की प्यास है
मिरे नाम की जो शराब थी
कहीं रास्ते में छलक गई

तुझे भूल जाने की कोशिशें
कभी कामयाब न हो सकीं
तिरी याद शाख़े गुलाब है,
जो हवा चली तो लचक गई

1985

70

मिरी ज़िन्दगी भी मिरी नहीं ये हज़ार ख़ानों में बट गई
मुझे एक मुट्ठी ज़मीन दे, ये ज़मीन कितनी सिमट गई

तिरी याद आये तो चुप रहूँ ज़रा चुप रहूँ तो ग़ज़ल कहूँ
ये अजीब आग की बेल थी मिरे तन बदन से लिपट गई

मुझे लिखने वाला लिखे भी क्या, मुझे पढ़ने वाला पढ़े भी क्या
जहाँ मेरा नाम लिखा गया वहीं रोशनाई उलट गई

न कोई ख़ुशी न मलाल है के सभी का एक सा हाल है
तिरे सुख के दिन भी गुज़र गये मिरी ग़म की रात भी कट गई

मिरी बन्द पल्कों पे टूट कर कोई फूल रात बिखर गया
मुझे सिस्कियों ने जगा दिया मिरी कच्ची नींद उचट गई

1986

71

पके गेहूँ की ख़ुश्बू चीखती है
बदन अपना सुनहरा हो चुका है

हमारी शाख़ का नोख़ेज़ पत्ता
हवा के होंट अक्सर चूमता है

अन्धेरी रात का तन्हा मुसाफ़िर
मेरी पलकों पे अब सहमा हुआ है

समेटो और सीने में छुपा लो
ये सन्नाटा बहुत फैला हुआ है

हक़ीक़त सुर्ख़ मछली जानती है
समन्दर कितना बूढ़ा देवता है

मुझे इन नीली आँखों ने बताया
तुम्हारा नाम पानी पे लिखा है

72

अब तेरे मेरे बीच ज़रा फ़ासला भी हो
हम लोग जब मिलें तो कोई दूसरा भी हो

तू जानता नहीं मिरी चाहत अजीब है
मुझ को मना रहा है कभी ख़ुद ख़फ़ा भी हो

तू बेवफ़ा नहीं है मगर बेवफ़ाई कर
उस की नज़र में रहने का कुछ सिलसिला भी हो

पतझड़ के टूटते हुए पत्तों के साथ साथ
मौसम कभी तो बदलेगा ये आसरा भी हो

चुपचाप उसको बैठ के देखूँ तमाम रात
जागा हुआ भी हो कोई सोया हुआ भी हो

उस के लिये तो मैं ने यहाँ तक दुआयें कीं
मेरी तरह से कोई उसे चाहता भी हो

1987

73

वही ताज है वही तख़्त है वही ज़हर है वही जाम है
ये वही ख़ुदा की ज़मीन है ये वही बुतों का निज़ाम है

बड़े शौक़ से मिरा घर जला कोई आँच तुझ पे न आयेगी
ये ज़ुबाँ किसी ने ख़रीद ली, ये क़लम किसी का ग़ुलाम है

यहाँ एक बच्चे के ख़ून से जो लिखा हुआ है उसे पढ़ें
तिरा कीर्तन अभी पाप है अभी मेरा सजदा हराम है

मैं ये मानता हूँ मिरे दिये तिरी आँधियों ने बुझा दिये
मगर एक जुगनू हवाओं में अभी रोशनी का इमाम है

मिरे फ़िक्रो फ़न तिरी अंजुमन, न उरूज था न ज़वाल[1] है
मिरे लब पे तेरा ही नाम था मिरे लब पे तेरा ही नाम है

1986

1. पतन

74

कभी तो शाम ढले अपने घर गये होते
किसी की आँख में रह कर सँवर गये होते

सिंगारदान में रहते हो आईने की तरह
किसी के हाथ से गिरकर बिखर गये होते

ग़ज़ल ने बहते हुए फूल चुन लिये वरना
ग़मों में डूब के हम लोग मर गये होते

अजीब रात थी कल तुम भी आकर लौट गये
जब आ गये थे तो पल भर ठहर गये होते

बहुत दिनों से है दिल अपना ख़ाली ख़ाली सा
ख़ुशी नहीं तो उदासी से भर गये होते

1987

75

कहीं पलकें ओस से धो गई, कहीं दिल को फूलों से भर गई
तिरी याद सोलह सिंगार है, जिसे छू दिया वो सँवर गई

मैं सुनहरे पत्तों का पेड़ हूँ मैं ख़िज़ाँ का हुस्नो वक़ार हूँ
मिरे बाल चाँदी के हो गये, मिरे सर पे धूप ठहर गई

मिरा शायराना सा ख़्वाब थी, जिसे लोग कहते हैं ज़िन्दगी
इन्हीं नाख़ुदाओं के ख़ौफ़ से, वो चढ़ी नदी में उतर गई

तिरी आरज़ू, तिरी जुस्तुजू में भटक रहा था गली गली
मिरी दास्ताँ तिरी ज़ुल्फ़ है, जो बिखर बिखर के सँवर गई

उन्हीं दो घरों के क़रीब ही कहीं आग ले के हवा भी थी
न कभी तुम्हारी नज़र गई न कभी हमारी नज़र गई

न ग़मों का मेरे हिसाब ले, न ग़मों का अपने हिसाब दे
वो अजीब रात थी क्या कहें, जो गुज़र गई सो गुज़र गई

1986

76

महफ़िले मैकशाँ कूचअये दिलबराँ
हर जगह हो लिये, अब चले दिल कहाँ

मसलहत[1] चाहती है के मंज़िल मिले
और दिल ढूँढ़ता है कोई कारवाँ

1. अवसर

तज़किरा कोई हो, ज़िक्र तेरा रहा
अव्वलो आख़रिश, दरमयाँ दरमयाँ

रात यूँ दिल में फिर तुम ने आवाज़ दी
जैसे सहरा की मस्जिद में शब की अज़ाँ

गर्द आलूद चेहरे पे हैरत न कर
दश्त दर दश्त घूमी है उम्रे रवाँ

'बद्र' साहब उधर का न रुख़ कीजिए
दिल्ली, लाहौर हैं शह्रे जादू गराँ

1965

77

पहला सा वो जोर नहीं है मेरे दुख की सदाओं में
शायद पानी नहीं रहा है अब प्यासे दरयाओं में

जिस बादल की आस में जूड़े खोल लिये हैं सुहागन ने
वो परबत से सर टकराकर बरस चुका सहराओं[1] में

जाने कब तड़पे और चमके सूनी रात को फिर डस जाये
मुझ को एक रुपहली नागिन बैठी मिली है घटाओं में

पत्ता तो आख़िर पत्ता था गुनजान घने दरख़्तों ने
ज़मीं को तन्हा छोड़ दिया है इतनी तेज़ हवाओं में

दिन भर धूप की तरह से हम छाये रहते हैं दुनिया पर
रात हुई तो सिमट के आ जाते हैं दिल की गुफाओं में

खड़े हुए जो साहिल पर तो दम में पलकें भीग गईं
शायद आँसू छुपे हुए हों सुब्ह की नर्म हवाओं में

1963

1. जंगलों, रेगिस्तानों

78

रात की राह में तारों की कमाँ रोशन है
चाँद में कौन है ये किस का मकाँ रोशन है

जिस को देखो मिरे माथे की तरफ़ देखे है
दर्द होता है कहाँ और कहाँ रोशन है

याद जब घर की कभी आती है तो लगता है
रात की राह में शीशे का मकाँ रोशन है

चाँद जिस आग में जलता है उसी शोले से
बर्फ़ की वादी में कोहरे का धुआँ रोशन है

जैसे दरयाओं में ख़ामोश चराग़ों का सफर
ऐरे नस नस में मिरे दर्दे रवाँ रोशन है

सुबह से ढूँढ रहे थे कि कहाँ है सूरज
अब नज़र आये हो तो सारा जहाँ रोशन है

1968

इकाई

1

रोशनी के मुक़द्दर में नीदें कहाँ चाँद में ताक़ पर वो सजायें कहीं
हम चिराग़े वफ़ा–जलना है रात भर आस्माँ ता ज़मीं वो जलायें कहीं

दो भटकती हुई रूहें जैसे मिलीं यूँ मिलीं वो निगाहें मगर ख़ौफ़ है
ज़ीस्त है रात में जंगलों का सफ़र इस जनम में भी हम खो न जायें कहीं

शोहरतें मिस्ले मीनारे अज़मत हमें आस्माँ की तरफ़ ले चली हैं मगर
जी में है 'सब्ज़ पैग़म्बरो' की तरह सीनए संग से सर उठायें कहीं

बर्फ़ सी उजली पोशाक पहने हुए, पेड़ जैसे दुआओं में मसरूफ़ हैं
वादियाँ पाक मरियम का आँचल हुईं आओ सजदा करें सर झुकायें कहीं

कोई कतबा नहीं हैं सरे राह हम, जिस पे अक़्वाले जरीं बदलते रहो
हम तो आँसू हैं पलकों पे रख लो हमें जब इशारा करो टूट जायें कहीं

अन कहे शेर हैं वादिये ज़ह्न में मुख़तलिफ़ रंग के झिलमिलाते दिये
दस्ते अल्फ़ाज महफ़ूज़ कर ले उन्हें चल रही है हवा बुझ न जायें कहीं

2

ऐसा नग़मा हैं जिस में सदा तक नहीं, ऐसी आँधी हैं जिस में हवा तक नहीं
ज़िन्दगी की तरह जाविदाँ बेकराँ इतने मजबूर जितनी क़ज़ा तक नहीं

चलते मज़मूनों के नोटिस और तरजुमे, उजले शो केस में सज गये ठीक है
क्यों दुकांदार रख्खे किताबे अदब, जब उसे अब कोई पूछता तक नहीं

इक समन्दर के प्यासे किनारे थे हम, अपना पैग़ाम लाती थी मोजेरवाँ
आज दो रेल की पटरियों की तरह साथ चलना है और बोलना तक नहीं

रात का काला जादू रहे जुल्फ़ में, अपने चेहरे पे सूरज का चेहरा रखो
तेज़ नेज़ों से लोगों पे हमला करो, यूँ किसी को कोई पूछता तक नहीं

ज़ाफ़राँ रंग के गेसुओं की घटा आसमाँ रंग के कोट पर छा गई
नर्म यादों के उजले फ़रिश्तों के पर दूधिया ख़ामशी और हवा तक नहीं

3

अपनी खोई हुई जन्नतें पा गये ज़ीस्त के रास्ते भूलते भूलते
मौत की वादियों में कहीं खो गये तेरी आवाज़ को ढूँढ़ते ढूँढ़ते

मस्तो सरशार थे कोई ठोकर लगी आसमाँ से ज़मीं पर यूँ हम आ गये
शाख़ से फूल जैसे कोई गिर पड़े रक़्स से आवाज़ पर झूमते झूमते

कोई पत्थर नहीं हूँ कि जिस शक्ल में मुझ को चाहो बनाया बिगाड़ा करो
भूल जाने की कोशिश तो की थी मगर याद तुम आ गये भूलते भूलते

आँखें आँसू भरी, पल्कें बोझल घनी, जैसे झीलें भी हों नर्म साये भी हों
वो तो कहिये उन्हें कुछ हँसी आ गई, बच गये आज हम डूबते डूबते

अब वो गेसू नहीं है जो साया करें अब वो शाने नहीं जो सहारा बनें
मौत के बाज़ुओ तुम ही आगे बढ़ो थक गये आज हम घूमते घूमते

दिल में जो तीर हैं अपने ही तीर हैं, अपनी ज़ंज़ीर से पाँव ज़ंज़ीर हैं
संग रेज़ों को हम ने ख़ुदा कर दिया, आख़िरश रात दिन पूजते पूजते

4

सब्ज़ा कोहसारों पर उठाता रहा, रेगज़ारों में गुल मुस्कुराते रहे
मौत के तीरओ तार श्मशान में, ज़िन्दगी के कँवल जगमगाते रहे

ग़ज़लें कुम्ला गईं, नज़्में मुरझा गईं, गीत सँवला गये, साज़ चुप हो गये
फिर भी अहले चमन कितने ख़ुश तबा थे, नग्मये फसले गुल गुनगुनाते रहे

तेरी साँसों की ख़ुश्बू, लबों की महक जाने कैसे हवायें उड़ा लाई थीं
रात का हर क़दम ख़ुद बहकता रहा, वक़्त के पाँव भी डगमगाते रहे

जैसे कश्मीरी झीलों की आगोश में नन्हे-नन्हे सितारे उतर आये हों
रात उन नीली आँखों में कुछ ऐसे ही आँसुओं के दिये झिलमिलाते रहे

शाहिदे ज़िन्दगी तूने भूले से भी, हम ग़रीबों की जानिब न देखा कभी
और हम तो तिरी अज़मतों के लिये सर कटाते रहे जाँ गँवाते रहे

तेरे लब की महक मेरे बाज़ू का बल तेरी आँखों का रस मेरे हाथों का जस
साल्हा साल से जिन्से बाज़ार हैं साहिबे नक़द बोली लगाते रहे

रात मौसम बहुत फ़ित्ना अंगेज़ था, उस पे यादों की जुल्फें भी लहरा गईं
देर तक दिल से तेरी ही बातें रहीं भूली बिसरी कहानी सुनाते रहे

5

ख़्वाहिशें, जैसे अफरीक़ा की बेटियाँ, जंगे आज़ादी में सर से बाँधे कफ़न
हल्क़ए नूर में आगे बढ़ते हुए धूप को छेड़ते आबनूसी बदन

इन हवाओं से मौसम बदलने लगा धूप में प्यार की नर्म चुमकार है
फिर कबूतर के जोड़ों के दिल में चुभी तिन्के चुन चुन के लाने की फ़ितरी चुभन

शह्रों सहरा की तक़सीम मुमकिन नहीं, एक क़ुव्वत है जिसके बहुत रूप हैं
इन पहाड़ों में भी प्यार का जुल्म है, इन मशीनों में भी जुल्म का प्यार पन

मरने वाले मुसव्वर के तकिये तले एक काग़ज़ मिला जिस पे ये दर्ज था
रोशनी के लिबासों में लिपटा हुआ आईना ख़ाने में खुश्बुओं का बदन

ऊँचे गिरजाघरों में घिरे नौजवाँ राहिबों के दिलों में दबी ख़्वाहिशें
जैसे बेरूत की साहिली रेत पर धूप खाती हुई लड़कियों के बदन

6

उड़ते बादल, बुज़ुर्गों की शफ़्क़त बने, धूप में लड़कियाँ मुसकुराती रहीं
जब से जाना कि अब कोई मंज़िल नहीं, मंज़िलें राह में आती जाती रहीं

रात, परियाँ, फरिश्ते, हमारा बदन माँग कर बर्फ़ में जल रहे थे मगर
कुछ शबीहें, किताबों के बुझते दिये, काग़ज़ी मक़बरों में जलाती रहीं

सारे दिन की तपी साहिली रेत पर दो तड़पती हुई मछलियाँ सो गईं
अपने मिलने की वो आख़िरी शाम थी, लहरें आती रहीं लहरें जाती रहीं

नंगे पाँओं फरिश्तों का इक ताइफ़ा आस्माँ से ज़मी पर उतरने लगा
सर बरहना फ़लक ज़ादियाँ अर्श से आँसुओं के सितारे गिराती रहीं

इक दरीचे में दो आँसुओं का सफ़र रात के रास्तों की तरह खो गया
नर्म मिट्टी पे गिरती हुई पत्तियाँ, सोने वालों को चादर चढ़ाती रहीं

7

मेरी यादों की इक इक गली सो गई, मेरे ख़्वाबों के सारे मकाँ सो गये
दिल शबे तार की सल्तनत हो गया, जब से अश्कों के शहज़ादगाँ सो गये

पत्थरों की ज़मीं–पत्थरों के शजर–पत्थरों के मकाँ पत्थरों के बशर
कब सवेरा हुआ हम किधर को चले किस गली शाम आई कहाँ खो गये

क्या हुआ, आज क्यों ख़ेमए ज़ख़्म से कज कुलाहाने ग़म फिर निकलने लगे
हम तो समझे थे अब शहरे दिल मिट चुका थक गये दर्द के कारवाँ सो गये

उसकी आमद पे दिल की तमन्नाओं ने रोशनी के घरौंदे बनाये बहुत
एक वो क्या गया सब दिये बुझ गये आरज़ूओं के सारे मकाँ सो गये

नफ़रतों के अलाओं में जलते बदन, ज़ीस्त की दो पहन में सुलगते चमन
अहदे दानिश के मारे ये इंसाँ नुमा प्यार की छाओं पाई जहाँ सो गये

अक़्ल की लश्करी आहिनी आहटें जैसे पथरा गई ख़ुश्बुओं की दुकाँ
दिल के बाज़ार में ख़ाक उड़ने लगी डर के यादों के सौदागराँ सो गये

आज की रात इतनी अँधेरी है क्यों आज की रात इतनी अकेली है क्यों
जो सरे शाम हम को जगा आये थे एक आवाज़ दे कर कहाँ खो गये

8

शोलए फ़िक्रों अहसास[1] में 'बद्र जी'
आख़िरश हम तो आतिशबजाँ[2] हो गये
हाँ मगर अपने शेरों के पैग़म्बराँ
आग में फूल का इम्तहाँ हो गये

दूर तक रेत ही रेत है ज़िँदगी,
दूर तक धूप ही धूप है ज़िँदगी
अलअतश[3] अलअतश कौसरे[4] इल्मो फ़न
अब तो काँटों की सूखी ज़बाँ हो गये

मैं तो गेती[5] के सीने की नम आग था,
अब्र बन के बरसता बिखरता रहा
मेरी शबनम नज़र जिनके मुँह धो गई
वो ही ज़र्रे महो कहकशाँ हो गये

जिन्से[6] दिल पहले भी क्या गिराँ माया[7]
थी और अब इस तरक़्क़ीए माकूस[8] में
संग रेज़ों के ताजिर मिरे दौर में
आईना साज़ो[9] शीशागराँ[10] हो गये

कौन है और क्या है ख़बर कुछ नहीं
हाँ मगर नब्ज़े दौराँ तिरे वास्ते
हम कभी आतिशे गुल की नम बन गये,
हम कभी पत्थरों की जुबाँ हो गये

1959

1. चिन्ता और अनुभव की आग
2. जलता हुआ अस्तित्व
3. प्यासे का पानी माँगना
4. स्वर्ग की एक नहर
5. ज़मीन
6. अनाज 7. क़ीमती
8. उल्टा
9. आईना बनाने वाले
10. शीशा बनाने वाले

9

वो सादगी न करे कुछ भी तो अदा ही लगे
वो भोलपन है के बे बाकी भी हया ही लगे

ये ज़ाफ़रानी पुलोवर उसी का हिस्सा है
कोई जो दूसरा पहने तो दूसरा ही लगे

नहीं है मेरे मुक़द्दर में रोशनी न सही
ये खिड़की खोलो ज़रा सुब्ह की हवा ही लगे

अजीब शख़्स है नाराज़ हो के हँसता है
मैं चाहता हूँ, ख़फ़ा हो तो वो ख़फा ही लगे

हसीं तो और हैं, लेकिन कोई कहाँ तुझ सा
जो दिल जलाये बहुत, फिर भी दिलरुबा ही लगे

हज़ारों भेस में फिरते हैं राम और रहीम
कोई ज़रूरी नहीं है भला, भला ही लगे

10

फूल बरसे, कहीं शबनम, कहीं गौहर बरसे
और इस दिल की तरफ़ बरसे तो पत्थर बरसे

कोई बादल हो तो थम जाये मगर अश्क मिरे
एक रफ़्तार से दिन रात बराबर बरसे

बर्फ़ के फूलों से रोशन हुई तारीक ज़मीं
रात की शाख़ से जैसे महो अख़्तर बरसे

प्यार का गीत अन्धेरों पे उजालों की फुहार
और नफ़रत की सदा, शीशे पे पत्थर बरसे

बारिशें छत पे खुली जगहों पे होती हैं मगर
ग़म वो सावन है जो इन कमरों के अन्दर बरसे

11

सौ खुलूस बातों में, सब करम ख़्यालों में
बस ज़रा वफ़ा कम है तेरे शह्र वालों में

पहली बार नज़रों ने चाँद बोलते देखा
हम जवाब क्या देते खो गये सवालों में

यूँ किसी की आँखों में सुब्ह तक अभी थे हम
जिस तरह रहे शबनम फूल के पियालों में

रात तेरी यादों ने दिल को इस तरह छेड़ा
जैसे कोई चुटकी ले नर्म नर्म ग़ालों में

मेरी आँख के तारे अब न देख पाओगे
रात के मुसाफ़िर थे खो गये उजालों में

जैसे आधी शब के बाद चाँद नींद में चौंके
वो गुलाब की जुंबिश उन स्याह बालों में

12

मन की उदास वीना के सब तार कस गये
बारिश हुई कि दर्द के नग़मे बरस गये

बोझल उदास रात थी दोनों दिलों के बीच
हम मुस्कुरा दिये तो उजाले बरस गये

धरती की ख़ुश्क आँखों में रेतीली धूल है
अब के तो बूँद बूँद को दरया तरस गये

क्यों हाल पूछते हो किसी गुल अज़ार का
बातों में रस नहीं रहा–हाथों के जस गये

सादा वरक़ उदास है नग़मों के नर्म ख़्वाब
तितली की तरह उड़ गये फूलों में बस गये

13

बिस्तरे दिल पे ख़ूँ उगलते ख़्वाब
रात भर करवटें बदलते ख़्वाब

वक़्त की धूप, रेगज़ारे[1] हयात
बर्फ़ की तरह से पिघलते ख़्वाब

परदएनूर बन के छाये हैं
आँसुओं की तरह मचलते ख़्वाब

बिखरे शीशों पे गिर के टूट गये
नींद में नंगे पाँव चलते ख़्वाब

ऐसी सुनसान दोपहर में कहाँ
चाँद तारों की तरह चलते ख़्वाब

ये हवाए हक़ीकतए फ़रदा
ये चराग़ों की तरह जलते ख़्वाब

1958

1. रेगिस्तान

14

अब तो अंगारों के लब चूम के सो जायेंगे
हम वो प्यासे हैं जो दरयाओं को तरसायेंगे

ख़्वाब आईने हैं आँखों में लिये फिरते हो
धूप में चमकेंगे टूटेंगे तो चुभ जायेंगे

नींद की फ़ाख़्ता सहमी हुई है आँखों में
तीर यादों की कमींगाहों से फिर आयेंगे

सुबह तक दिल के दरीचों को खुला रहने दो
दर्द गुमराह फरिश्ते हैं कहाँ जायेंगे

1961

15

रफ़्ता रफ़्ता रंग में तबदील होगी ख़ाके ख़स
क़तरा क़तरा ज़िन्दगी टपका रही है अपना रस

मौत जिन शह्‌रों को अजज़ाए[1] परीशां कर चुकी
फिर उन्हें छूने लगा है ज़ीस्त के हाथों [illegible] जस

हाँ कभी दो बेतकल्लुफ़ दोस्तों के बीच भी
ख़ामशी इतनी अज़ीअतनाँक[2] होती है के बस

ख़ुश्क पत्तों से ये कह कर रो पड़ी जाती बहार
फिर मिलेंगे ज़िन्दगी लाई अगर अगले बरस

सुबह बिस्तर से उठी अंगड़ाइयाँ लेती हुई
धूप की आहट पे चौंक उट्ठे हैं मन्दिर के कलस

और दुनिया की मुहब्बत बढ़ गई ये जान कर
सब फ़ना हो जाएगा अल्लाह बस बाक़ी हवस

1962

1. टुकड़े टुकड़े

2. कष्टदायक

16

बेताब है रंगत के लिये प्यार की ख़ुशबू
कब सर के क़रीब आएगी तलवार की ख़ुशबू

मतले में दमक उठता है उस माथे का मतला
अशआर[1] में आ जाती है रुख़सार की ख़ुशबू

1. एकाधिक शेर

कहती है के आँगन की चमेली थे कभी हम
कोठे पे तड़तपी गुले बाज़ार की ख़ुशबू

दीवानी हुईं जिन के लिये चाँदनी रातें
वो निकहते गेसू हैं कि रुख़सार की ख़ुशबू

दरकार है आराइशे[2] निकहत के लिये रंग
इक सर का लहू माँगे है दीवार की ख़ुशबू

2. सजावट

अब अगले बरस ये दरो दीवार न होंगे
इस घर से बहोत आती है अशआर की ख़ुशबू

1960

17

वो ग़ज़ल वालों का असलूब समझते होंगे
चाँद कहते हैं किसे खूब समझते होंगे

इतनी मिलती है मिरी ग़ज़लों से सूरत तेरी
लोग तुझ को मिरा महबूब समझते होंगे

देख कर फूल के सफ़हात पे शबनम कुछ लोग
मेरा अश्कों भरा मकतूब समझते होंगे

भूल कर अपना ज़माना ये बुज़ुर्गाने जदीद
आज के प्यार को मायूब समझते होंगे

18

दिल शिकस्ता कोई हम जैसा यहाँ दफ़्न है क्या
देर तक रात को रोने की सदा आती है

जैसे चश्मे पे नहाती हुई शहज़ादिए ख़्वाब
चाँदनी रात अब अश्कों में नहा जाती है

क्या यहाँ दश्ते तमन्ना में कोई फूल खिला
अब इधर रोज़ कई बार सबा आती है

किसी दस्तक ने बहुत चुपके से सरगोशी की
चाँद से चाँदनी नज़दीक हुई जाती है

मेरी आँखों में उतर आये हैं काले बादल
जाओ सो जाओ के मौसम बड़ा जज़्बाती है

ख़ुश्क पत्तों को कोई रोंद रहा है शायद
बाल बिखराये हुए बादे सबा आती है

19

पिछली रात की नर्म चाँदनी शबनम की खुनकी से रचा है
यूँ कहने को उस का तबस्सुम, बर्फ़ सिफ़त है शोलानुमा है

वक़्त को माहो साल की ज़ंजीरों में पकड़ कर क्या पाया है
वक़्त तो माहो साल की ज़ंजीरों में और भी तेज़ बढ़ा है

इक मासूम से प्यार का तोहफ़ा, घर के आँगन में पाया था
उस को ग़म के पागलपन में कोठे कोठे बाँट दिया है

आँसू, तारे, रंग, गुलाब सभी परदेश चले जाते हैं
आख़िर आख़िर तन्हाई है किस ने किस का साथ दिया है

नज़्म, ग़ज़ल, अफ़साना, गीत, एक तिरा ही ग़म था जिस को हम ने
कैसा कैसा नाम दिया है, कैसे कैसे बाँट लिया है

आहों के बादल क्यों दिल में बिन बरसे ही लौट गये
अब के बरस सावन का महीना कैसा प्यासा प्यासा गया है

फूल सी हर तस्वीर मैं ज़हन की दीवारों से उतार चुका हूँ
फिर क्यों दिल में काँटा सा रह रह कर चुभता रहता है

मजबूरी थी सब्र किया है, पाओं को तोड़ के बैठे रहे हैं
नगरी नगरी देख चुके हैं, दो राहे दो राहे झाँक लिया है

उन आँखों का मतवालापन, उन होठों की जुम्बिश कम कम
नशा है जो डोल रहा है, जादू है जो बोल रहा है

मुझ को उन सच्ची बातों से अपने झूठ बहोत प्यारे हैं
जिन सच्ची बातों से, सदियों इन्सानों का ख़ून बहा है

यारो सोना चाँदी बो कर, सोना चाँदी काटो, जाओ
हमने आँसू की खेती की, नेन नगर आबाद किया है

'बद्र' तुम्हारी फ़िक्रे सुख़न पर इक अल्लामा हँसकर बोले
ये लड़का नौ उम्र परिन्दा, ऊँचा उड़ना सीख रहा है

20

बज़्में आज़माइश है, लोग अपने शेरों में तारे तोड़ लाते हैं
'बद्र' अच्छा मौक़ा है दिल की बात कह जाओ वो भी सुनने आये हैं

पत्थरों पे सर रख कर रात रात रोते हो क्या ख़बर नहीं तुम को
ये भी सब समझते हैं साथ साथ रोते हैं अपना जी दुखाते हैं

हमने अपने शेरों में अपना दिल उतारा है दिल में जो भी कोई हो
वो हमारे शेरों को अपना अक्स कहते हैं देख कर लजाते हैं

रक़्से नूरो नग़मा हो, (बारिशे करम होगी) आज जश्ने इशरत है
पत्थरों के सौदागर, पत्थरों को भाव में दिल खरीद लाते हैं

रूप देस की मलियो, पनघटों की साँवरियो, कुछ ख़बर भी है तुम को
हम तुम्हारे गाँओं में प्यासे प्यासे आये थे, प्यासे प्यासे जाते हैं

सर्दियों की रातों में अपने गाँओं में गिर्द अलाओं के बैठे
हम से कितने दीवाने तेरे मेरे क़िस्सों में अपना ग़म सुनाते हैं

गाँओं की कोई गोरी तोड़ कर हर इक नाता दूर देस जाती है
इन घने दरख़्तों में आज दफ़ नहीं बजते, खेत सर झुकाए हैं

रंगो नूर की गुड़ियो ज़िन्दगी की तस्वीरो, तुमने रंज़ो ग़म में भी
अपनी मुस्कुराहट से हम से दिल शिकस्तों के हौसले बढ़ाए हैं

चाँद देस के लोगो, दिल तुम्हारे होता है, प्यार तुम समझते हो
हम तो अपने बचपन से तुम को छूने पाने की हसरतें छुपाए हैं

ज़िन्दगी तिरी फ़िक्रें खिलते ही गुलाबों का रस निचोड़ लेती हैं
फूल जैसी उम्रों के सोचते हुए बच्चे बूढ़े होते जाते हैं

एक जाती दुनिया में, एक आती दुनिया में, एक वक़्फ़ा होता है
इस स्याह वक़्फ़े में फूल रोंदे जाते है काँटे पहने जाते हैं

चाँद से कोई कह दो, चाँदनी के शोलों के अब अलाओं महकाए
आज मेरे आँगन में महकी महकी ज़ुल्फ़ों के महके महके साए हैं

21

मैं निगारे फ़िक्रो निगाह को कभी भूल कर भी सदा न दूँ
ये अजीब शर्ते वफ़ा हुई के जो तुम कहो मैं वही कहूँ

कई अजनबी तिरी राह में मिरे पास से यूँ गुज़र गये
जिन्हें देख कर ये तड़प हुई तेरा नाम ले के पुकार लूँ

मिरी आरज़ू है के एक रात बस एक चाँदनी रात में
मैं ख़मोश बर्फ़ की वादियों की उदास बाँहों में सो रहूँ

ये हवा न जाने कहाँ कहाँ भरी दोपहर में लिये फिरे
मिरे बर्गे[1] दिल ज़रा ठहर जा तुझे आँसुओं से मैं सींच लूँ

किसी मसलहत से बहार ख़ुद मिरे लब के पास ठहर गई
मिरी आरज़ू थी ख़िज़ाँ के ख़ुश्को उदास होठों को चूम लूँ

ये सफ़ेद फूलों की चादरें नमे शबनमी का बुना कफ़न
मुझे कुछ न दो यहीं रहने दो के इसी गली की मैं ख़ाक हूँ

मैं तो आँसुओं का सुकूत हूँ लबे शेर मुझ को सदा न दे
न 'कबीर' हूँ, न 'नज़ीर' हूँ, न मैं 'मीर' हूँ, न 'बशीर' हूँ

1961

1. पत्ता

22

दिमाग़ भी कोई मसरूफ़ छापा ख़ाना है
वो शोर जैसे के अख़बार छपता रहता है

चराग़ जलते ही पोरस की फ़ौज भाग गई
गली में तन्हा सिकन्दर उदास बैठा है

हज़ारों पत्ते ज़मीं पर शहीद मिलते हैं
ख़िज़ाँ की धूप में नेज़ा कोई चमकता है

ज़मीं ने माँग लिया आस्माँ ने छीन लिया
हमारे पास न अब जिस्म है न साया है

वो बालकनी में आये तो रास्ता रुक जाये
सड़क पे चलने लगे तो हमारे जैसा है

जहाँ पे मिलती थीं दो किरनें उस शजर के तले
रज़ाई ओढ़े हुए इक फ़क़ीर बैठा है

1964

23

चाय की प्याली में नीली टेबलेट घोली
सहमे सहमे हाथों ने इक किताब फिर खोली

दायरे अन्धेरों के, रोशनी के पोरों ने
कोट के बटन खोले, टाई की गिरह खोली

शीशे की सलाई में काले भूत का चढ़ना
बाम[1] काठ का घोड़ा, नीम काँच की गोली

बर्फ़ में दबा मक्खन, मौत, रेल और रिक्शा
ज़िन्दगी, ख़ुशी, रिक्शा, रेल, मोटरें, डोली

इक किताब, चाँद और पेड़ सब के काले कालर पर
ज़हन टेप की गरदिश मुँह में तोतों की बोली

वो नहीं मिली हम को, हुक, बटन, सरकती जीन
ज़िप के दाँत खुलते ही आँख से गिरी चोली

1963

1. कोठा

24

रेंगते दौड़ते हुए डब्बे
साये की तरह झाँकते चेहरे

गर्दनों में लटक रही है ज़ुबाँ
और आँखों पे रक्खे हैं शीशे

मछलियाँ चल रही हैं पंजों पर
जिन के चेहरे हैं लड़कियों जैसे

साज़े पुर शोरो कर्ब[1] हँसता है
बोलियाँ बोलते हुए डब्बे

इक़ बड़ा काले जादू का कमरा
और परदे पे लड़कियाँ लड़के

नंगी दीवार का लिबास बने
काग़ज़ी जिस्मो रंग के चेहरे

अब सफ़र का नया तरीक़ा है
लोग लेटे हैं चलते हैं कमरे

कोई आईना हम को दे देता
देखना ये है हम भी कुछ बदले

1. बेचैनी

25

धूप खेतों में उतर कर ज़ाफ़रानी[1] हो गई
सुरमई अश्जार[2] की पोशाक धानी हो गई

जैसे जैसे उम्र भीगी सादा पोशी कम हुई
सूट पीला, शर्ट नीली, टाई धानी हो गई

उसकी उर्दू में भी अब की मग़रबी[3] लहजा मिला
काले बालों की भी रंगत ज़ाफ़रानी हो गई

साँप के बोसे में कैसा प्यार था कि फ़ाख़्ता
फड़फड़ा कर इक सदाए आसमानी हो गई

नर्म टहनी धुन्ध की यलग़ार को सहती हुई
शाख़ की बाँहों में आकर जाविदानी हो गई

1960

1. केसरिया
2. वृक्षों
3. पश्चिमी

26

आँख लगी तो गुलशन गुलशन मैख़ाने थे
आँख खुली तो सहरा सहरा वीराने थे

धीमे सूरज की किरनों में फूलों का वो नश्वो नुमा[1] 1. बढ़ना
रंगीं रंगीं रोशन रोशन पैमाने पैमाने थे

आख़िर बर्फ़ की कफ़नी पहले शमा अकेली अकेली थी
जब तक हुस्न का शोला चमका परवाने परवाने थे

अल्लादीन का चराग़ था बाबा जब तक जेब में नामा था
साक़ी साक़ी, साग़र साग़र, पैमाने पैमाने थे

अब जो दिल की बात सुना दी सब चुप हैं सन्नाटे हैं
एक ज़रा सी ख़ामोशी पर अफ़साने अफ़साने थे

चलते हाथों में दुनिया थी बढ़ते क़दमों के नीचे
बस्ती बस्ती, गलियाँ गलियाँ, काशाने[2] काशाने थ 2. घर

1960

27

तुम ने देखा किधर गये तारे
किस की आवाज़ पर गये तारे

ये कहीं शह्रे आरजू तो नहीं
चलते चलते ठहर गये तारे

कब से है आँख गोद फैलाए
झील में क्यों उतर गये तारे

दूर तक नक्शे पावे नूर[1] नहीं
जाने किस रह गुज़र गये तारे

उफ़ ये साये अन्धेरे सन्नाटे
जाने किस के नगर गये तारे

आज आसारे सुब्ह से पहले
वादियों में उतर गये तारे

सहमे सहमे, बुझे बुझे, मग़मूम[2]
सर झुकाए गुज़र गये तारे

'बद्र' कुछ वॉ की भी ख़बर है तुम्हें
आँचलों पर बिखर गये तारे

1958

1. रोशनी के पैरों के निशान

2. उदास, ग़मज़दा

28

बेतहाशा सी ला उबाली हँसी
छिन गई हम से वो ज्याली हँसी

लब खुले, जिस्म मुस्कुराने लगा
फूल का खिलना था के डाली हँसी

मुस्कुराई ख़ुदा की महविअत
या हमारी ही बे ख़्याली हँसी

कौन बे दर्द छीन लेता है
मेरे फूलों की भोली भाली हँसी

वो नहीं था वहाँ तो कौन था फिर
सब्ज़ पत्तों में कैसे लाली हँसी

धूप में खेत गुनगुनाने लगे
जब कोई गाँव की ज्याली हँसी

हँस पड़ी शाम की उदास फ़िज़ा
इस तरह चाय की प्याली हँसी

मैं कहीं जाऊँ है तआकुब में
इस की वो जान लेने वाली हँसी

29

न जाने कितने तारे थरथरा के टूट जाते हैं
कभी जो सुरमगीं आँखों में आँसू झिलमिलाते हैं

ये सन्नाटा के अपनी साँस की आहट नहीं मिलती
ये अंधयारा के यादों के दिये भी बुझते जाते हैं

पसीने के सुनहरे क़तरों या अश्कों की लड़ियों से
बहर सूरत ये दुनिया हम बनाते हम सजाते हैं

हर इक ख़ित्ते बदन उभरा है उन का मेरे शेरों में
उन्हें अब लोग ग़ज़लों से मिरी पहचान जाते हैं

झुकी पलकें, घने गेसू, हँसी दामन, सुबुक आँचल
जहाँ की तपकी राहों में ये साये याद आते हैं

न जाने इन दिनों क्यों सुबुह कुछ सँवलाई रहती है
न जाने शाम ही से क्यों सितारे डूब जाते हैं

हमें क्या, हम को मरना, हम को जीना दोनों आता है
हमें क्या, हम तो अपने ख़ून में अक्सर नहाते हैं

30

किस देश में ये क़ाफलए वक़्त रुका है
आरिज़[1] के उजाले हैं न ज़ुल्फों की घटा है

कुछ मेरी निगाहों के तले धुन्ध बहोत है
कुछ जश्ने चरागाँ से अन्धेरा भी बढ़ा है

मैं ने तिरी बातों को कभी झूट कहा था
उस जुर्म पे हर झूट को सच मान लिया है

ऐ शोख़ गिज़ालो, यहाँ दो फूल तो रख दो
इस क़ब्र में ख़्वाबीदा मोहब्बत का ख़ुदा है

आरिज़ से झलकती है गुलाबों की गुलाबी
मेरी निगाहे शौक़ ने वो रंग दिया है

अब आओ कलेजे से लिपट कर मिरे सो जाओ
बाहर कहाँ जाओगे बड़ी सर्द हवा है

कुछ देर में साँसों की भी आहट न मिलेगी
दिल रात के सन्नाटे में यूँ डूब रहा है

1960

1. गाल

31

सरकश पहाड़ियों में झरनों का बाँकपन है
कितना अज़ीम फानी इन्सान का बदन है

खुआबों में उन गुलाबी होंटों पे मुसकुराहट
महताब सो रहा है बैदार इक किरन है

शायद ज़मीन के सीने में कोई आसमाँ है
दरया की तह में लरज़ाँ तारों की अंजुमन है

औराक़े सादा लेकर परियाँ उतर रही हैं
फिर सीनए सुख़न में अश्आर की चुभन है

उस बर्गो गुल पे लफ़्जों के मोती थरथराए
शबनम हवा के रुख़ पर या बोलता चमन है

सीने पे पाँओं रख कर दुनिया गुज़र रही है
गुल रंग ख़ाके दिल है गुलनार ये चमन है

साहिल पे शाम कितनी गम्भीर है के दरया
रुक रुक के बह रहा है आवाज़ में थकन है

शह्रे निगार मेरी ख़ातिर उदास मत हो
आबे खाँ भी बे घर, खुशबू भी बे वतन है

32

हमरा दिल, सवेरे का सुनहरा जाम हो जाए
चिराग़ों की तरह आँखें जलें जब शाम हो जाए

अज़ल से इब्तिदाए अर्ज़े दिल है और तुम चुप हो
जहाँ पर मुस्कुरा के हाँ कहो अंजाम हो जाए

मिसाले गुंचा खुलते लब के जैसे सुबुहु होती है
अगर खामोश हो जाये सुकूत शाम हो जाए

उजाले अपनी यादों के हमारे साथ रहने दो
न जाने किस गली में ज़िदंगी की शाम हो जाए

33

तारों भरी पलकों की बरसाई हुई ग़ज़लें
है कौन पिरोए जो बिखराई हुई ग़ज़लें

वो लब हैं के दो मिसरे और दोनों बराबर के
ज़ुल्फ़ें कि दिले शाइर पे छाई हुई ग़ज़लें

ये फूल हैं या शेरों ने सूरतें पाई हैं
शाख़ें हैं के शबनम में नहलाई हुई ग़ज़लें

ख़ुद अपनी ही आहट पर चौंके हों हिरन जैसे
यूँ राह में मिलती हैं घबराई हुई ग़ज़लें

इन लफ़्जों की चादर को सरकाओ तो देखोगे
एहसास के घूँघट में शर्माई हुई ग़ज़लें

उस जाने तग़ज्जुल ने जब भी कहा कुछ कहिये
मैं भूल गया अक्सर याद आई हुई ग़ज़लें

34

सदियों रहे उजाला वो नूर बख़्शता हूँ
इक चोट खाये दिल के ज़ख़्मों का मैं दिया हूँ

इल्ज़ाम बेवफ़ाई के उन को दे रहा हूँ
शक हो रहा है मुझ को मैं खुद ही बे वफ़ा हूँ

हर जिस्मे गुल फ़िरोशाँ अब मरकज़े नज़र[1] है
तुम से बिछड़ के कितना आवारा हो गया हूँ

इस शामे बे कसी में दिल की ख़बर नहीं है
कब से कहाँ कहाँ मैं आवाज़ दे रहा हूँ

बीते हुए दिनों के ग़म याद आ गये हैं
इन को गले लगा कर मैं आज रो पड़ा हूँ

इस लम्हाए ख़ुशी में अफ़सानए शबे ग़म
कुछ तुम भी भूलते हो कुछ मैं भी भूलता हूँ

1958

1. दृष्टि का केन्द्र

35

जब सहर चुप हो, हँसा लो हम को
जब अन्धेरा हो, जला लो हम को

हम हक़ीक़त हैं, नज़र आते हैं
दास्तानों में छुपा लो हम को

ख़ून का काम रवाँ रहना है
जिस जगह चाहो, बहा लो हम को

दिन न पा जाए कहीं शब का राज़
सुब्ह से पहले उठा लो हम को

दूर हो जायेंगे सूरज की तरह
हम न कहते थे, उछालो हम को

हम ज़माने के सताए हैं बहोत
अपने सीने से लगा लो हम को

वक़्त के होंट हमें छू लेंगे
अन कहे बोल हैं गा लो हम को

36

सूरजमुखी के गालों पे ताज़ा गुलाब है
ये मेरा आफ़ताब, मिरा माहताब है

हर तारा कपकपाते हुए होंटों की दुआ
ये आसमान, हम्दो सना की किताब है

बादल हवा की ज़द पे बरस कर बिखर गये
अपनी जगह चमकता हुआ आफ़ताब है

नाहक़ ख़्याल करते हो दुनिया की बात का
तुम को ख़राब जो कहे वो ख़ुद ख़राब है

सब रिश्ते टूट जाते हैं बर्गे बहार के
उड़ना हवा के दोश[1] पे कैसा अज़ाब है

1959

1. कंधा

37

मुझको बराहे रास्त[1] कोई तजरुबा नहीं
इन गुल रुख़ों में कहते हैं बूए वफ़ा नहीं

कुछ बेवफ़ाइयाँ भी ज़रूरी हैं इश्क में
वरना ख़ुदा गवाह है मैं बेवफ़ा नहीं

ख़ुआबों के क़ाफिले कहीं ज़ुल्फ़ों में खो गये
आँखों में आज नींद का कोसों पता नहीं

शुक्रे ख़ुदा नज़र कभी नीची नहीं हुई
ये सर भी आज तक कभी बे जा उठा नहीं

ये आग बुझ रही है इसे अब हवा न दो
तुम से तो कोई राज़ हमारा छुपा नहीं

रंज उसने कुछ सिवा दिये ये हक़ उसी का था
इतना क़रीब दूसरा कोई रहा नहीं

1961

1. सीधा, व्यक्तिगत

38

मजरूह[1] बहोत है दिल फिर भी शफ़िक़स्ताँ[2] है
ये बरगे ख़िजाँ दीदा हमराज़े बहाराँ है

1. ज़ख़्मी 2. धनक रंग

ताक़ों के दिये सोये आँखों के दिये जागे
ये सुब्ह चरागाँ है या शामे चराग़ाँ है

इस रहगुज़रे दिल से यूँ लश्करे ग़म गुज़रा
जो शह्रे निगाराँ[3] था वो शह्रे ख़मोशा है

3. महबूब का शहर

ए चाँद के सौदाई, तारों के तमन्नाई
आँसू भी न आयेंगे, ये शामे ग़रीबाँ है

उस चश्म की मासूमा, चालाकिओ हैरानी
और रम्ज़ो कनाए[4] भी गोया ग़ज़लिस्ताँ है

4. इशारों से कहना

जब चाहे जिधर चाहे वो बारिशे गुल कर दे
उस जाने गुलिस्ताँ के हाथों में गुलिस्ताँ है

दिल पर कभी ग़ैरों का साया भी न पड़ पाये
ये खित्ताए[5] महबूबाँ, ये शहरे अज़ीज़ाँ है

5. इलाक़ा

1958

39

ज़र्रों में कुनमुनाती हुई कायनात हूँ
जो मुन्तज़र है जिस्मों की, मैं वो हयात हूँ

दोनों को प्यासा मार रहा है कोई यज़ीद
ये ज़िन्दगी हसीन है और मैं फरात हूँ

''नेज़ा ज़मीं पे गाड़ के घोड़े से कूद जा''
पर मैं ज़मीं पे आबला पा ख़ाली हाथ हूँ

कैसा फलक हूँ, जिस पे समन्दर सवार है
सूरज भी मेरे सर पे है मैं कैसी रात हूँ

अन्धे कुएँ में मार के जो फेंक आये थे
उन भाइयों से कहिओ, अभी तक हयात हूँ

आती हुई ट्रेन के जो आगे रख गई
उस माँ से ये न कहना बक़ैदे हयात हूँ

बाज़ार का नक़ीब समझ कर मुझे न छेड़
ख़ामोश रहने दे मैं तिरे घर की बात हूँ

40

रात भीगी तो थके शहर को याद आने लगे
नींद के गाँव जो आबाद हैं पलकों के तले

डाक्टर ख़्वाब के नाख़ुन थे हिलाहिल में बुझे
हस्बे मामूल[1] बड़ी जोर से हम चीख़ पड़े

1. हमेशा की तरह

जैसे सचमुच हो बड़ी नींद में उस शोख़ की याद
ऐसी सीने में बनी लेटी है आँखें मींचे

मैंने समझाया के सूरज भी झुकेगा दर पर
वरना तारों की तरफ़ मुँह किये दरवाज़े थे

कल जिसे रात की गाड़ी पे हमीं ने छोड़ा
वो तो आँखों में फिरे है मगर हम ही न फिरे

1963

41

इक परी के साथ मौजों पर टहलता रात को
अब भी ये क़ुदरत कहाँ है आदमी की ज़ात को

जिन का सारा जिस्म होता है हमारी ही तरह
फूल कुछ ऐसे भी खिलते हैं हमेशा रात को

एक इक करके सभी कपड़े बदन से गिर चुके
सुब्ह फिर हम ये कफ़न पहनायेंगे जज़्बात को

पीछे पीछे रात थी तारों का इक लश्कर लिये
रेल की पटरी पे सूरज चला रहा था रात को

आबो ख़ाकों बाद में भी वो लहर आ जाए है
सुर्ख़ कर देती है दम भर में जो पीली धात को

सुब्ह बिस्तर बन्द है जिसमें लपट जाते हैं हम
इक सफ़र के बाद फिर खुलते हैं आधी रात को

सर पे सूरज के हमारे प्यार का साया रहे
मामता का हाथ माँगे ज़िन्दगी के हात को

1963

42

शफ़फ़ाक आँखें, तेज़ ट्रक की मुझे लगा
इक मौत का फ़रिश्ता था हँसता गुज़र गया

वो फूल तेरे होंटों के छूने से जो खिला
वो फूल, और जून की आतिश भरी हवा

नेज़ों ने मुझ को जैसे ज़मीं से उठा लिया
मैं तेरे नर्म सीने से जिस दम जुदा हुआ

जैसे के सारे शहर की बिजली चली गई
आँखें खुली खुली थीं मगर सूझता न था

तस्वीर मेरी परदए तक़लीक बन गई
चिड़िया ने उस की आड़ में इक घर बसा लिया

बातें के जैसे पानी में जलते हुए दिये
क़मरे में नर्म नर्म उजाला सा भर गया

सर दर्द जैसे नींद के सीने पे सो गया
उन फूल जैसे हाथों ने माथा जुहीं छुआ

इक लड़की, एक लड़के के काँधे पे सोई थी
मैं उजली, धुन्धली यादों के कोहरे में खो गया

सन्नाटे आये दरजों में झाँका चले गये
गर्मी की छुट्टियाँ थीं वहाँ कोई भी न था

टहनी गुलाब की मिरे सीने से लग गई
झटके के साथ कार का रुकना ग़ज़ब हुआ

43

गाँव छोड़ा तो कई आँखों में काजल फैला
शह्र पहुँचा तो किसी माथे पे झूमर झूमा

ज़िन्दगी तू ने मुझे मार लिया था लेकिन
ये तो मैं था जो तिरे ज़िन्दों से बेहतर ही जिया

अब मिले हम तो कई लोग बिछड़ जायेंगे
इन्तज़ार और करो अगले जनम तक मेरा

वो तो इन्साँ थी तिरी याद की महविअत[1] में
दरो दीवार को सीने से लगा कर चूमा

1. खो जाना

आज की शाम दोबारा न कभी आयेगी
आज की शाम न ये सोच के कल क्या होगा

दुख भरा प्यार, समुन्दर की तरह ला महदूद[2]
ग़मज़दा हुस्न रवाँ पानी में घुलता सोना

2. असीमित

मेरे हाथों से कभी छूटा था इक आईना
उम्र भर जिस को मिरी आँखों ने पलकों से चुना

रात ख़ामोशिए दिल छा गई जब दुनिया पर
कोई बोला था बहोत पास वो तुम थे के ख़ुदा

ख़ूबसूरत है बहोत प्यार की ख़ुश फ़हमी भी
बन्द पलकों को तिरे होंटों ने जैसे चूमा

कोई आया था नहीं तेज़ हवा थी शायद
मेज़ और फर्श पे बिखरी हुई है लोलीता

1961

44

मोजे गुल के पीछे पड़ कर क्यों दिवानी हुई है मिट्टी
ठोकर खाकर खुद आयेगा ज़िसकी जहाँ लिखी है मिट्टी

गलियाँ घुप हैं, मैदा चुप है, और वो दीवाना भी नहीं
मिट्टी का दिल बैठ गया है किस की आज उठी है मिट्टी

आँखें आँसू, दिल भी आँसू, शायद हम सर तापा आँसू
थोड़ी मिट्टी और मिला दे अभी बहोत है गीली मिट्टी

मिट्टी का इक और खिलोना ज़ीस्त बनाने वाली है
ख़ामोशी से देख तो आओ इस आँचल में बँधी है मिट्टी

आहन जैसी देवारें हों या इंसाँ का जिस्मे ख़ाकी
मिट्टी का फितरत आज़ादी है क़ैद नहीं रह सकती मिट्टी

पिछले साल यहीं बहोत सी टूटी क़ब्रें मुँह खोले थीं
धरती के ज़ख़्मों को कितनी जल्दी भर देती है मिट्टी

मैं ठहरा मिट्टी का माधव, जा दीवानी राह ले अपनी
तू सोने चाँदी की मूरत ख़ुद को क्यों करती है मिट्टी

ये जो दिल सो नाजुक तर है पहले इक पत्थर का बुत थी
सदियों ये आँखें रोई हैं, सदियों तक भीगी है मिट्टी

हर ज़र्रे में राज़ नया है गो मिट्टी के तुम हो खिलोने
इक इक शेर में 'बद्र' तुम्हारे जैसे बोल रही है मिट्टी

45

बज़्मो बाज़ार में हर जा ठहरा
दिल अकेला था अकेला ठहरा

दौड़ते पेड़ गिरे मेरी तरह
साथ चलता हुआ सहरा ठहरा

याद ठहरे हुए दरया का बहाओ
फ़िक्र, बहता हुआ दरया ठहरा

गर्द आलूद हुआ दश्ते[1] अदब
जब भी अहसास का दरया ठहरा

बद नज़र साहिबे दीदा कहलाये
मैं ने घूरा नहीं, अन्धा ठहरा

ज़ब्तो तहज़ीब की क़द्रें बदलीं
मैं ने चीख़ा वहाँ गूँगा ठहरा

ताड़ की तरह मैं सीधा सच्चा
तिरछा देखा मुझे तिरछा ठहरा

इबतिदा में कई हम जैसे थे
आख़िरश कोई न हम सा ठहरा

आँख पर शीशये सद[2] रंग चढ़ा
धूप का रंग सुनहरा ठहरा

नुक़रई[3] क़हक़हा शर्मा के रुका
रंग और नूर का दरया ठहरा

1. जंगल
2. सौ
3. खनकता हुआ

48

ख़ून पत्तों पे जमा हो जैसे
फूल का रंग हरा हो जैसे

बारहा ये हमें महसूस हुआ
दर्द सीने का ख़ुदा हो जैसे

फूल की आँख में शबनम क्यों है
सब हमारी ही ख़ता हो जैसे

किरचें चुभती हैं बहोत सीने में
आईना टूट गया हो जैसे

सब हमें देखने आते हैं मगर
नींद आँखों से ख़फ़ा हो जैसे

अब चराग़ों की ज़ुरूरत ही नहीं
चाँद इस दिल में छुपा हो जैसे

जी में आता है के सजदा कर ले
दिल की आवाज़ ख़ुदा हो जैसे

रोज़ आती थी हवा उस की तरह
वो भी यूँ आया हवा हो जैसे

1961

49

सूरते शमा सारी रात जलो
सुबह लेकिन मिसाले गुंचा हँसो

चाँद का दाग़ देखने वालो
अपने दामन का दाग़ भी देखो

चाहे आँखों की रोशनी ले लो
आँसुओ, आज रात भर चमको

ऐ शबे ग़म के जागते तारो
रात काफ़ी है जाओ सो जाओ

आओ इक दूसरे का ग़म बाँटें
कुछ हमारी सुनो, कुछ अपनी कहो

कौन जाने कहाँ बिछड़ जायें
राह तारीक[1] हैं क़रीब रहो

1. अंधेरा

ये ज़मीं मुद्दतों की प्यासी हैं
आँसुओ दिल पे टूट कर बरसो

वक़्त सौ मुंसिफ़ों का मुंसिफ़ है
वक़्त आयेगा इन्तज़ार करो

चश्म माँगे है आज दिल का लहू
'बद्र' साहब का कोई शेर पढ़ो

1960

50

शोलए गुल, गुलाबे शोला क्या
आग और फूल का ये रिश्ता क्या

तुम मिरी ज़िन्दगी हो ये सच है
ज़िन्दगी का मगर भरोसा क्या

कितनी सदियों की क़िस्मतों का अमीं
कोई समझे बिसाते लम्हा क्या

जो न आदाबे दुश्मनी जाने
दोस्ती का उसे सलीक़ा क्या

जब कमर बाँध ली सफ़र के लिये
धूप क्या, मेघ क्या है साया क्या

जिन को दुनिया ग़ज़ल समझती है
पूछते हैं वो शेरो मिसरा क्या

काम की पूछते हो गर साहब
आशिक़ी के अलावा पेशा क्या

बात मतलब की सब समझते हैं
साहिबे नश्शा, ग़र्क़े बादा[1] क्या

1. शराब में डूबा हुआ

दिल दुखों को सभी सताते हैं
शेर क्या, गीत क्या, फ़साना क्या

सब हैं किरदार इक कहानी के
वरना शैतान क्या, फ़रिश्ता क्या

जान कर हम बशीर 'बद्र' हुए
इस में तक़दीर का नविश्ता[2] क्या

1960

2. लिखा हुआ

51

ज़ख़्म यूँ मुस्कुरा के खिलते हैं
जैसे वो दिल को छू के गुज़रे हैं

दर्द का चाँद, आँसुओं के नुजूम[1] 1. तारे
दिल के आँगन में आज उतरे हैं

राख के ढेर जैसे सर्द मकाँ
चाँद इन बदलियों में रहते हैं

आईनों का कोई कुसूर नहीं
इन में अपने ही अक्स होते हैं

ग़ौर से देख ख़ाक तन्हा नहीं
साथ फूलों के रंग उड़ते हैं

कोई बीमार के क़रीब रहो
शाम ही से चराग़ सोए हैं

अलअमाँ[2] शाइराने ख़स्ता हाल 2. अल्लाह की पनाह
कितने आशिक़ मिज़ाज होते हैं

अब शबे हिज्र भी नहीं आती
इन दिनों हम बहोत अकेले हैं

इन से अहवाले[3] शब सुनो साहब 3. हालात
'बद्र' जी रात रात घूमे हैं

1960

52

वो प्यासे झोंके बहोत प्यासे लौट जाते हैं
जो दूर दूर से बादल उड़ा के लाते हैं

कोई लिबास नहीं दिल की बे लिबासी का
अगरचे रोज़ नई चादरें चढ़ाते हैं

ख़ुलूसे शबनमो निकहत वफ़ूरे आतिशे गुल
वो होंट जो मिरी पलकों पे कपकपाते हैं

ये बात क्यों कही मुझ से सुकूते दरया ने
चराग़ पानी में अक्सर बहाये जाते हैं

सितारे खोए हुए बच्चे हैं जिन्हें अक्सर
वो साथ खेले हुए दोस्त याद आते हैं

पुकार उट्ठे मुसाफ़िर को जैसे चाँद नगर
कि ख़ुफ़ता जिस्म कभी यूँ भी जाग जाते हैं

लरज़ रहे हैं सितारे सहर की आँखों में
चमन के शबनमी रुख़सार थरथराते हैं

हमारे शेर गुनाहे ज़मी का वो नग़मा
जिसे फ़लक के फ़रिश्ते भी गुनगुनाते हैं

क़सीदा हुस्न का और हुस्न को सुनाओगे
बताओ फूल को ख़ुशबू कहीं सुँघाते हैं

सितारा[1] बन के भटकते हैं सारी सारी रात
जो वादा करके वफ़ा करना भूल जाते हैं

तिरा सुकूत है अक्सर तहइअरे[2] नग़मा
ख़मोश रह के भी ये होंट गुनगुनाते हैं

मैं दिन हूँ मेरी जबीं पर दुखों का सूरज है
दिये तो रात की पलकों पे झिलमिलाते हैं

जला रहा है सितारों को इन्तज़ार मिरा
मगर वो अश्क जो पलकों पे थरथराते हैं

उन्हीं के पास मिलेंगे कई नवादरे[3] ग़म
वो काफ़ले जो रहे दिल पे आते जाते हैं

गुलाब सा वो बदन क्या हवाए दर्द में तो
घने दरख़्तों के जंगल भी सूख जाते हैं

ख़ुशा[4] ये कद्र तो है इस उदास नस्ल के पास
उदास भी जो न होंगे वो लोग आते हैं

1961

1. ओस और सुगन्ध की सच्चाई और फूल की आग की तीव्रता
2. आश्चर्य
3. पुरातन अनोखी, ऐंटीक
4. बहुत ख़ूब

53

वो सूरत गर्दे ग़म में छुप गई हो
बहोत मुमकिन ये वो ही आदमी हो

मैं ठहरा आबशारे[1] शह्रे पुर फ़न
घने जंगल की तुम बहती नदी हो

बहुत मसरूफ़ है अंगुश्ते[2] नग़मा
मगर तुम तो अभी तक बाँसुरी हो

मिरी आँखों में रेगिस्ताँ बसे हैं
कोई ऐसे में सावन की झड़ी हो

दिया जो बुझ चुका है फिर जलाना
बहोत महसूस जब मेरी कमी हो

ये शब जैसे कोई बे माँ की बच्ची
अकेले रोते रोते सो गई हो

वो दरया में नहाना चाँदनी का
के चाँदी जैसे घुल कर बह रही हो

कहानी कहने वाले कह रहे हैं
मगर जाने वही, जिसपर पड़ी हो

मियाँ दीवान का मत रोब डालो
पढ़ो कोई ग़ज़ल जो वाक़ई हो

ग़ज़ल वो मत सुनाना हम को शाइर
जो बेहद महफ़िलों में चल चुकी हो

1961

1. झरना
2. उँगली

54

मंज़िल पे हयात आ के ज़रा थक सी गई है
मालूम ये होता है बहोत तेज़ चली है

शाहिद[1] शबे हिजराँ है तिरा ज़िक्र हुआ था
ऐ मौत भली आई तिरी उम्र बड़ी है

1. गवाह

अब अंजुमने नाज़[2] से वहशत[3] का सबब क्या
शायद मुझे तन्हाईए शब ढूँढ रही है

2. नाज़ की महफ़िल
3. मेरे मुँह में ख़ाक

बीमार के चेहरे पे सवेरे की सफ़ेदी
ख़ाकम बदहन अब ये चराग़े सहरी है

ये बात के सूरत के भले दिल के बुरे हो
अल्लाह करे झूट हो बहोतों से सुनी है

ता हद्दे नज़र शहरे ख़मोशाँ के निशाँ हैं
अल्लाह मुसाफ़िर की कहाँ शाम हुई है

हम दिल्ली भी हो आये हैं लाहौर भी घूमे
ए यार, मगर तेरी गली-तेरी गली है

वो माथे का मतला हो के होंटों के दो मिसरे
बचपन से ग़ज़ल ही मिरी महबूब रही है

ग़ज़लों ने वहीं ज़ुल्फ़ों के फैला दिये साये
जिन राहों पे देखा के बहोत धूप कड़ी है

1956

55

महफ़िले मैकशाँ कूचए दिल बैरा
हर जगह हो लिये अब चले दिल कहाँ

मसलहत चाहती है के मंज़िल मिले
और दिल ढूँढ़ता है कोई कारवाँ

चाँदनी भी मिरी तरह हैरत में है
छुप गया कोई आवाज़ दे कर कहाँ

अब वहाँ प्यार की बस्तियाँ बस गईं
जिस गली से गये थे तिरे बे निशाँ

जानी पहचानी है हर अदा हर नज़र
हाँ, मगर ये नहीं याद देखा कहाँ

रात यूँ ग़म ने फिर दिल में आवाज़ दी
जैसे सहरा की मस्जिद में शब का अज़ाँ

गर्द उड़ उड़ के मुँह अपना देखा करे
रखी है राह में आईनों की दुकाँ

कुछ तो मैं भी बहोत दिल का कमज़ोर
कुछ मोहब्बत भी है क़तरातन बदगुमाँ

तज़किरा कोई हो, ज़िक्र तेरा रहा
अव्वलो आखिरश, दरम्याँ दरम्याँ

जाने किस देस से दिल में आ जाते हैं
चाँदनी रात में दर्द के कारवाँ

दरम्याँ में न लायें ख़ुदा को भी हम
बस वही वो सुने जिस की है दास्ताँ

गर्द आलूद चेहरे पे हैरत न कर
दश्त दर दश्त घूमी है उम्रे रवाँ

'बद्र' साहब उधर का न रुख़ कीजिए
दिल्ली, लहौर में शहरे जादू गराँ

56

हमको काफ़ी हैं यही हल्क़ए ज़ंजीरें सुख़न
जाओ मिलजुल के तुम्हीं बाँट लो जागीरे सुख़न

वारिसे मुल्के ग़ज़ल रोये तो रो लेने दो
गुस्ले अश्कों से हुआ करती है ततहीरे सुख़न

ज़िंदगी रात है और रात भी बीमार की रात
दर्द बन बन के चमकती रही तनवीरे सुख़न

गुफ़्तुगू जैसे कहीं दूर ग़ज़ल गाये कोई
ख़ामशी जैसे के तब खोले हो तस्वीरे सुख़न

ज़ब्त की धार से कट जाता है आहन का जिगर
लोग फूलों पे रवाँ करते हैं शमशीरे सुख़न

हम भी आईना सिफ़त थे कभी लेकिन अब तो
अपने माथे पे उभर आई है तहरीरे सुख़न

हम जो मिट जायेंगे मिट जाएगी तहज़ीबें ग़ज़ल
अपनी तक़दीर में पोशीदा है तक़दीरे सुख़न

वाह वा कैसी मियाँ आह भी करनी हो मोहाल
वाकई सीने में लग जाये अगर तीरे सुख़न

'बद्र' हर फ़र्द को इंसान नहीं कह सकते
'बद्र' हर शेर में होती नहीं तासीरे सुख़न

57

ये दश्ते ग़म की तपेश वेश अज अज़ाबुलनार
न कोई छाओं घनी है न सायऐ दीवार

ज़ोफ़र्क ताब क़दम एक मौजए मैनाव
तकल्लुमश के बजे जैसे चाँदनी में सितार

तमाम रात में ख़्वाबों में जागता ही रहा
चढ़ा हुआ है इन आँखों में रात भर का ख़ुमार

ढला जवानी का सूरज वो धूप छावों गई
न अब वो पाओं में चक्कर न कूचए दिलदार

तमाम दोस्तों का एतबार छीन लिया
उस अजनबी ने नहीं जिससे कोई सरोकार

अजल की तिश्नगी दिल को और तेज़ करे
ये तेरी नर्म निगाही की नर्म नर्म फुआर

न जाने कौन अदा तेरी हम को लूट गई
न हम सितम के सताये न हम करम के निसार

यहाँ तो साज़ की मौजों में बज़्म डूबी है
सुनेगा कौन भला एक ख़मोश दिल की पुकार

बुझी बुझी सी फ़जाये रगों सी टूटती हैं
नशा उतर चुका कब का उतर रहा है ख़ुमार

फिर इसके बाद मेरे ज़ख़्मे दिल गिनेगा कोई
अभी तो चाँद सितारों का हो रहा है शुमार

मिरी निगाह जिधर भी गई ख़िजाँ ही मिली
न जाने कितने बरस हो गए न देखी बहार

58

रात के शह्र में तारों की कमाँ रोशन है
चाँद में कौन है ये किसका मकाँ रोशन है

जिस को देखो मिरे माथे की तरफ देखे है
दर्द होता है कहाँ और कहाँ रोशन है

याद जब घर की कभी आती है तो लगता है
रात की राह में शीशे का मकाँ रोशन है

चाँद जिस आग में जलता है उसी शोले से
बर्फ़ का वादी में कोहरे का धुआँ रोशन है

जैसे दरयाओं में ख़ामोश चराग़ों का सफ़र
ऐसा नस नस में मिरे दर्दे रवाँ रोशन है

सुब्ह से ढूँढ रहे थे के कहाँ है सूरज
अब नज़र आये हो तो सारा जहाँ रोशन है

1967

59

मैं सो रहा था के इक लम्हे ने झिंझोड़ दिया
सलाख़ सुर्ख़ थी जिस तरह चाहा मोड़ दिया

सुझाई कुछ नहीं देता शिकस्ता यादों ने
किसी का चेहरा किसी के बदन में जोड़ दिया

भले ही मर रहा है क़तरा क़तरा रेत पे अब
ये आब ज़िन्दा था दरया का साथ छोड़ दिया

स्याह तख़्ती पे इक सुर्ख़ नुक़्ता फैल गया
हवा ने उड़ते परिन्दे का बाज़ू तोड़ दिया

ये कह के तुम दुरे[1] नायाब और दुनिया ग़रीब
मुझे अकेला समन्दर की तह में छोड़ दिया

1964

1. मोती

आहट

1

वक़्ते रुख़सत कहीं तारे कहीं जुगनू आए
हार पहनाने मुझे फूल से बाज़ू आए

बस गई है मेरे एहसास में ये कैसी महक
कोई ख़ुशबू मैं लगाऊँ तेरी ख़ुशबू आए

इन दिनों आपका आलम भी अजब आलम है
तीर खाया हुआ जैसे कोई आहू[1] आए

उसकी बातें कि गुलोलाला पे शबनम बरसे
सबको अपनाने का उस शोख़ को जादू आए

उसने छूकर मुझे पत्थर से फिर इन्सान किया
मुद्दतों बाद मेरी आँखों में आँसू आए

1992

1. हिरन

2

तू मुझसे तेज़ चलेगा तो रास्ता दूँगा
दुआ के फूल तेरी राह में बिछा दूँगा

अभी तो ज़िन्दगी हायल[1] है तुझसे मिलने में
मैं आज रात ये दीवार भी गिरा दूँगा

1. रोकने वाला

अगर किसी ने मुझे एक रात रोक लिया
तो उसका नाम पता भी तुझे बता दूँगा

वो अजनबी है मगर आज उसकी ख़ातिर मैं
पढ़े बग़ैर अज़ीज़ों के ख़त जला दूँगा

वो चाँद जब मेरी पलकों पे फूल रक्खेगा
मैं अपने बच्चे को इक आसमाँ नया दूँगा

1992

3

गाँव मिट जाएँगे शह्र जल जाएगा
ज़िन्दगी तेरा चेहरा बदल जाएगा

हम ग़रीबों की इस भीड़ में तुम कहाँ
ये कलफ़दार कुर्ता मसल जाएगा

आग पर र्क़्स करने में यकता[1] है तू
बर्फ़ पर पाँव तेरा फिसल जाएगा

मैं इसी फ़िक्र में रात सोया नहीं
चाँद तारों को सूरज निगल जाएगा

मैं अगर मुस्करा के उन्हें देख लूँ
क़ातिलों का इरादा बदल जाएगा

1991

1. नम्बर एक

4

सूरज भी बँधा होगा देखो मेरे बाज़ू में
इस चाँद को भी रखना सोने के तराज़ू में

अब हमसे शराफ़त की उम्मीद न कर दुनिया
पानी नहीं मिल सकता तपती हुई बालू में

तारीक[1] समन्दर के सीने में गुहर[2] ढूँढो
जुगनू भी चमकते हैं बरसात के आँसू में

1.अन्धेरा 2. मोती

दिलदारो सनम झूटे सब दैरोहरम[3] छूटे
हम आ ही गए आख़िर दुनिया तिरे जादू में

3. मन्दिर-मस्जिद

ख़ाबीदा[4] गुलाबों पर ये ओस बिछी कैसे
एहसास चमकता है उस्लूब[5] की खुशबू में

4. सोया हुआ
5. शैली

1990

5

मैं ये दुनिया मिटाना चाहता हूँ
नया सबकुछ बनाना चाहता हूँ

मैं अपनी क़ब्र में डालर बिछा के
ख़ुदा के पास जाना चाहता हूँ

वहाँ पानी में अब भी तेल होगा
समन्दर में नहाना चाहता हूँ

कोई कब तक जिये पाबन्दियों में
उसे मैं भूल जाना चाहता हूँ

मेरे अन्दर कोई ज़ालिम छुपा है
मैं चिड़ियाघर बनाना चाहता हूँ
1990

(अमरीका-ईराक़ युद्ध पर लिखी गई ग़ज़ल)

6

दिल छलक उट्ठा आँख भर आई
आज टी.वी. पे वो ख़बर आई

इन मसाइल में तेरी याद भी क्या
जैसे तितली पहाड़ पर आई

अपनी माँ की तरह उदास उदास
बेटी शादी के बाद घर आई

अब तो मैं भी नज़र नहीं आता
ऐ ख़ुदा कौन सी डगर आई

तुमने जो कुछ किया शराफ़त में
वो निदामत भी मेरे सर आई

1993

7

ख़ुशबू की तरह आया वो तेज़ हवाओं में
माँगा था जिसे हमने दिन रात दुआओं में

तुम छत पे नहीं आए मैं घर में नहीं निकला
ये चाँद बहुत भटका सावन की घटाओं में

इस शह्र में इक लड़की बिल्कुल है ग़ज़ल जैसी
बिजली सी घटाओं में ख़ुशबू सी हवाओं में

मौसम का इशारा है खुश रहने दो बच्चों को
मासूम मुहब्बत है फूलों की ख़ताओं में

भगवान ही भेजेंगे चावल से भरी थाली
मज़लूम परिन्दों की मासूम सभाओं में

दादा बड़े भोले थे सबसे यही कहते थे
कुछ ज़ह्र भी होता है अंग्रेज़ी दवाओं में

1998

8

उदासी आसमाँ है दिल मेरा कितना अकेला है
परिन्दा शाम के पुल पर बहुत ख़ामोश बैठा है

मैं जब सो जाऊँ इन आँखों पे अपने होंट रख देना
यक़ीं आ जाएगा पलकों तले भी दिल धड़कता है

तुम्हारे शह्र के सारे दिए तो सो गए कबके
हवा से पूछना दहलीज़ पे ये कौन जलता है

अगर फ़ुर्सत मिले पानी की तहरीरों को पढ़ लेना
हर एक दरिया हज़ारों साल का अफ़साना कहता है

समन्दर पार करके जब मैं आया देखता क्या हूँ
हमारे दो घरों के बीच सन्नाटों का दरिया है

मकाँ से क्या मुझे लेना मकाँ तुमको मुबारक हो
मगर ये घासवाला रेशमी क़ालीन मेरा है

1986

9

ग़ज़ल को माँ की तरह बाविक़ार करता हूँ
मैं मामता के कटोरे में दूध भरता हूँ

ये देख हिज्र तेरा कितना ख़ूबसूरत है
अजीब मर्द हूँ सोलह सिंगार करता हूँ

बदन समेट के ले जाए जैसे शाम की धूप
तुम्हारे शह्र से मैं इस तरह गुज़रता हूँ

तमाम दिन का सफ़र करके रोज़ शाम के बाद
पहाड़ियों से घिरी क़ब्र में उतरता हूँ

मुझे सुकून घने जंगलों में मिलता है
मैं रास्तों से नहीं मंज़िलों से डरता हूँ
1987

10

ये ग़ज़ल किसकी है इस मतले को पढ़कर देखो
चाँद की चौधवीं तारीख़ है ऊपर देखो

आज कमरे में नहीं बैठने वाला मौसम
बर्फ़ खिड़की से नहीं घर से निकलकर देखो

रात सोई हुई रानाइयों[1] ने मुझसे कहा
हमको हाथों से नहीं आँखों से छूकर देखो

चाँद की जुल्फ़ें हैं चेहरा है क़दोक़ामत है
आसमानों से हवेली में उतरकर देखो

हम ग़रीबों से कभी टूट के मिलने आओ
क्या बिखरने में मज़ा है ये बिखरकर देखो

1962–1992

1. सौन्दर्य

11

किसी की याद में पलकें ज़रा भिगो लेते
उदास रात की तनहाइयों में रो लेते

दुखों का बोझ अकेले नहीं सँभलता है
कहीं वो मिलता तो उससे लिपट के रो लेते

अगर सफ़र में हमारा भी हमसफ़र होता
बड़ी ख़ुशी से इन्हीं पत्थरों पे सो लेते

तुम्हारी राह में शाख़ों पे फूल सूख गए
कभी हवा की तरह इस तरफ़ भी हो लेते

ये क्या कि रोज़ वही चाँदनी का बिस्तर हो
कभी तो धूप की चादर बिछा के सो लेते

1986

12

अच्छा तुम्हारे शहर का दस्तूर हो गया
जिसको गले लगा लिया वो दूर हो गया

काग़ज़ में दब के मर गए कीड़े किताब के
दीवाना बे पढ़े लिखे मशहूर हो गया

महलों में हमने कितने सितारे सजा दिए
लेकिन ज़मीं से चाँद बहुत दूर हो गया

तनहाइयों ने तोड़ दी हम दोनों की अना[1] — 1. अहं
आईना बात करने पे मजबूर हो गया

सुब्हे विसाल पूछ रही है अजब सवाल
वो पास आ गया कि बहुत दूर हो गया

कुछ फल ज़रूर आएँगे रोटी के पेड़ में
जिस दिन मेरा मतालबा[2] मंज़ूर हो गया — 2. माँग

1988

13

मुझको अपनी नज़र ऐ ख़ुदा चाहिए
कुछ नहीं और इसके सिवा चाहिए

एक दिन तुझसे मिलने ज़रूर आऊँगा
ज़िन्दगी मुझको तेरा पता चाहिए

इस ज़माने ने लोगों को समझा दिया
तुमको आँखें नहीं आईना चाहिए

तुमसे मेरी कोई दुश्मनी तो नहीं
सामने से हटो रास्ता चाहिए

1991

14

उस दर का दरबान बना दे या अल्लाह
मुझ को भी सुल्तान बना दे या अल्लाह

इन आँखों से तेरे नाम की बारिश हो
पत्थर हूँ इन्सान बना दे या अल्लाह

सहमा दिल, टूटी कश्ती, चढ़ता दरया
हर मुश्किल आसान बना दे या अल्लाह

मैं जब चाहूँ झाँक के तुझ को देख सकूँ
दिल को रोशनदान बना दे या अल्लाह

मेरा बच्चा सादा काग़ज़ जैसा है
इक हर्फ़े ईमान बना दे या अल्लाह

चाँद सितारे झुक कर क़दमों को चूमें
ऐसा हिंदोस्तान बना दे या अल्लाह

1989

15

पास रहकर जुदा सी लगती है
ज़िन्दगी बे वफ़ा सी लगती है

मैं तुम्हारे बग़ैर भी जी लूँ
ये दुआ, बद दुआ सी लगती है

नाम उस का लिखा है आँखों पर
आँसुओं की ख़ता सी लगती है

वो अभी इस तरफ़ से गुज़रा है
ये ज़मीं आसमाँ सी लगती है

प्यार करना भी जुर्म है शायद
आज दुनिया ख़फ़ा सी लगती है

1990

16

वो नहीं मिला तो मलाल क्या, जो गुज़र गया सो गुज़र गया
उसे याद कर के न दिल दुखा जो गुज़र गया सो गुज़र गया

न गिला किया, न ख़फ़ा हुए, यूँ ही रास्ते में जुदा हुए
न तू बे वफ़ा, न मैं बे वफ़ा, जो गुज़र गया सो गुज़र गया

वो ग़ज़ल की कोई किताब था, वो गुलों में एक गुलाब था
ज़रा देर का कोई ख़ुआब था, जो गुज़र गया सो गुज़र गया

मुझे पतझड़ों की कहानियाँ न सुना सुना के उदास कर
तू ख़िज़ाँ का फूल है मुस्कुरा, जो गुज़र गया सो गुज़र गया

वो उदास धूप समेट कर कहीं वादियों में उतर चुका
उसे अब न दे मिरे दिल सदा, जो गुज़र गया सो गुज़र गया

ये सफ़र भी कितना तवील[1] है, यहाँ वक़्त कितना क़लील[2] है
कहाँ लौट कर कोई आएगा, जो गुज़र गया सो गुज़र गया

1. लम्बा
2. संक्षिप्त, छोटा

वो वफ़ायें थीं के जफ़ायें थीं, न ये सोच किसकी ख़तायें थीं
वो तिरा है उसको गले लगा, जो गुज़र गया सो गुज़र गया

कोई फ़र्क़ शाहो गदा[3] नहीं कि यहाँ किसी को बक़ा[4] नहीं
ये उजाड़ महलों की सुन सदा, जो गुज़र गया सो गुज़र गया

3. फ़क़ीर
4. अमरत्व

तुझे ऐतबारो यक़ीं नहीं, नहीं दुनिया इतनी बुरी नहीं
न मलाल कर मिरे साथ आ, जो गुज़र गया सो गुज़र गया

1989

17

ये ख़ला[1] है अर्शे बरीं[2] नहीं, कहाँ पाँव रक्खूँ ज़मीं नहीं
तिरे दर पे सजदे का शौक़ है, जो यहाँ नहीं तो कहीं नहीं

किसी बुत तराश ने शह्र में मुझे आज कितना बदल दिया
मिरा चेहरा मेरा नहीं रहा, ये जबीं भी मेरी जबीं नहीं

है ज़ुरूर उस में भी मसलहत, वो जो हँस के पूछे है ख़ैरिअत
के मोहब्बतों में ग़रज़ न हो, नहीं ऐसा प्यार कहीं नहीं

वहीं दर्दो ग़म का गुलाब है, जहाँ कोई ख़ाना ख़राब है
जिसे झुक के चाँद न चूम ले, वो मोहब्बतों की ज़मीं नहीं

तिरी ज़ुल्फ़ ज़ुल्फ़ सजाऊँ क्या, तुझे ख़्वाब ख़्वाब दिखाऊँ क्या
मैं सफ़र से लौट के आऊँगा, मुझे ख़ुद भी इस का यक़ीं नहीं

1988

1. आकाश,
2. ऊँचा आसमान

18

शह्रे दिल, ढूँढ रही हैं गलियाँ
ज़ुल्फ की चाल चली हैं गलियाँ

बन्द दरवाज़े, मुजल्लद[1] नाविल
दास्तानों से भरी हैं गलियाँ

कमरे, दरवाज़े, दरीचे, ख़ामोश
चिलमनें ताक रही हैं गलियाँ

काली मुहरों से भरा ख़त पा कर
सिस्कियाँ भरती रही हैं गलियाँ

एक लम्हे को ठहर जाने दो
मुझ को पहचान रही हैं गलियाँ

मेरे हाथों की लकीरों की तरह
आसमाँ पर भी बिछी हैं गलियाँ

इनमें मिल जाते हैं भूले बिछड़े
दिल में ऐसी भी कई हैं गलियाँ

'बद्र' तारीख़ के सफ़हों में नहीं
मेरी आँखों में बसी हैं गलियाँ

1960

1. जिस पर ज़िल्द चढ़ी हो

19

सीने में ख़ंजर की नोक चुभोती हैं
कुछ यादें भी कितनी ज़ालिम होती हैं

बचपन में ये बात मुझे मालूम न थी
मैं जब हँसता हूँ ये आँखें रोती हैं

दिल में आकर तुम मत गिनने लगना
मेरे अन्दर कितनी क़ब्रें सोती हैं

मेरा हाल ख़ुदा ही बेहतर जाने है
मुझ पर दिन हँसते हैं, रातें रोती हैं

जितने तारे आसमान पर सब मेरे
बोल समन्दर तुझ में कितने मोती हैं

तुम छत पर जब भी ज़ुल्फ़ें बिखराते हो
बाल बाल में रातें ओस पिरोती हैं

सब को मैं तेरा इनआम समझता हूँ
राहों में जो भी तकलीफ़ें होती हैं

1989

20

जाते हो तो ले जाओ यादें भी मेरे दिल से
इन शम्ओं का क्या रिश्ता उजड़ी हुई महफ़िल से

इस बार सफ़र से हम किस शान से लौटे हैं
माँ बाप ने पहचाना हम को बड़ी मुश्किल से

सूरज से बचायेंगे बादल के जज़ीरे क्या
तुमने भी ज़मीं माँगी बहते हुए साहिल से

अंजान सी राहों में, मैं इस लिये फिरता हूँ
आवाज़ हमें देगा शायद कोई मंज़िल से

दिल फूलों की बस्ती है और फूल भी यादों के
इक रात यहीं ठहरो, जाओ न अभी दिल से

ज़िन्दाँ के अन्धेरे भी तारीक नहीं होते
किरनें भी चमकती हैं नग़माते सलासिल[1] से

1960

1. ज़जीरें

21

हमारे पास तो आओ, बड़ा अन्धेरा है
कहीं न छोड़ के जाओ, बड़ा अन्धेरा है

उदास कर गये बे साख़्ता लतीफ़े भी
अब आँसुओं से रुलाओ, बड़ा अन्धेरा है

कोई सितारा नहीं पत्थरों की पलकों पर
कोई चराग़ जलाओ, बड़ा अन्धेरा है

हक़ीक़तों में ज़माने बहोत गुज़ार चुके
कोई कहानी सुनाओ, बड़ा अन्धेरा है

किताबें कैसी उठा लाए मैकदे वाले
ग़ज़ल के जाम उठाओ, बड़ा अन्धेरा है

ग़ज़ल में जिस की हमेशा चराग़ जलते हैं
उसे कहीं से बुलाओ, बड़ा अन्धेरा है

वो चाँदनी की बशारत है हर्फ़े आख़िर तक
'बशीर बद्र' को लाओ, बड़ा अन्धेरा है

1960

22

बड़ी आग है, बड़ी आँच है, तिरे मैकदे के गुलाब में
कई बालियाँ, कई चूड़ियाँ, यहाँ घुल रही हैं शराब में

वो सरापा हुस्नो जमाल है, वो तिरे सुख़न का कमाल है
कोई एक शेर न कह सका कभी इस ग़ज़ल के जवाब में

वही लिखने पढ़ने का शौक़ था, वही लिखने पढ़ने का शौक़ है
तिरा नाम लिखना किताब पर, तिरा नाम पढ़ना किताब में

मेरे ज़र्द पत्तों की चादरें भी हवायें छीन के ले गईं
मैं अजब गुलाब का फूल हूँ, जो बरहना सर है शबाब में

ये दुआ है ऐसी ग़ज़ल कहूँ, कभी पेश जिसको मैं कर सकूँ
कोई हर्फ़ तेरे हुज़ूर में, कोई शेर तेरी जनाब में

1963

23

मेरे बारे में हवाओं से वो कब पूछेगा
ख़ाक जब ख़ाक में मिल जाएगी तब पूछेगा

घर बसाने में ये ख़तरा है के घर का मालिक
रात में देर से आने का सबब पूछेगा

अपना ग़म सब को बताना है तमाशा करना
हाले दिल उस को सुनायेंगे वो जब पूछेगा

जब बिछड़ना भी तो हँसते हुए जाना वरना
हर कोई रूठ के जाने का सबब पूछेगा

हम ने लफ़्ज़ों के जहाँ दाम लगे बेच दिया
शेर पूछेगा हमें अब न अदब पूछेगा

1987

24

कहीं पनघटों की डगर नहीं, कहीं आँचलों का नगर नहीं
ये पहाड़ धूप के पेड़ हैं, कोई सायादार शजर नहीं

वो बिका है कितने करोड़ में ज़रा उसका हाल बताइये
कोई शख़्स भूख से मर गया, ये ख़बर तो कोई ख़बर नहीं

ये महकते फूलों की छतरियाँ, मिरी महरबाँ, मिरी साइबाँ
तिरे साथ धूप के रास्तों का सफ़र तो कोई सफ़र नहीं

मैं वहाँ से आया हूँ आज भी जहाँ प्यार दिल का चराग़ है
ये अजीब रात का शह्र है, कहीं रोशनी का गुज़र नहीं

ये ज़मीन दर्द की नह्र है, ये ज़मीन प्यार का शह्र है
मैं इसी ज़मीन का ख़्वाब हूँ, मुझे आसमान का डर नहीं

कोई 'मीर' हो के 'बशीर' हो, जो तुम्हारे नाज़ उठायें हम
ये 'ज़फ़र' की दिल्ली है बा अदब यहाँ हर किसी का गुज़र नहीं

1987

25

चार शेर

इतनी सियाह रात में किसको सदाएँ दूँ
ऐसा चिराग़ दे जो कभी बोलता भी हो

*

कभी बोले तो शह्रों के मकाँ भी बात करते हैं
तुम्हारे ज़ेहन में तो सिर्फ क़स्बे की हवेली है

*

अल्लाह ने नवाज़ दिया है तो ख़ुश रहो
तुम क्या समझ रहे हो ये शोहरत ग़ज़ल से है

*

जब उसकी नवाज़िश होती है ये मोजज़ा[1] तब हो जाता है
अल्फ़ाज़ महकने लगते हैं काग़ज़ भी अदब हो जाता है।

1. चमत्कार

नई ग़ज़लें

1

पियाबाज प्याला पिया जाय ना के नाम

लगी दिल की हमसे कही जाय ना
ग़ज़ल आँसुओं से लिखी जाय ना

अजब है कहानी मिरे प्यार की
लिखी जाय लेकिन पढ़ी जाय ना

सवेरे से पनघट पे बैठी रहूँ
पिया बिन गगरिया भरी जाय ना

न मन्दिर न मस्जिद न दैरो हरम
हमारी कहीं भी सुनी जाय ना

ख़ुदा से ये बाबा दुआएँ करो
हमें छोड़कर वो कभी जाय ना

सुनाते सुनाते सहर हो गई
मगर बात दिल की कही जाय ना

1987

2

मैं ज़मीं ता आसमाँ, वो क़ैद आतिशदान में
धूप रिश्ता बन गई, सूरज में और इन्सान में

मैं बहोत दिन तक सुनहरी धूप का आँगन रहा
एक दिन फिर यूँ हुआ शाम आ गई दालान में

किस के अन्दर क्या छुपा है कुछ पता चलता नहीं
तैल की दौलत मिली वीरान रेगिस्तान में

शक्ल, सूरत, नाम, पहनावा, ज़बाँ अपनी जगह
फ़र्क़ वरना कुछ नहीं इन्सान और इन्सान में

इन नई नस्लों ने सूरज आज तक देखा नहीं
रात हिंदोस्तान है रात पाकिस्तान में

नवम्बर, 1998

3

परखना मत परखने में कोई अपना नहीं रहता
किसी भी आईने में देर तक चेहरा नहीं रहता

बड़े लोगों से मिलने में हमेशा फ़ासला रखना
जहाँ दरया समन्दर से मिला दरया नहीं रहता

हज़ारों शेर मेरे सो गये काग़ज़ की क़ब्रों में
अजब माँ हूँ कोई बच्चा मिरा ज़िन्दा नहीं रहता

मुहब्बत एक ख़ुशबू है हमेशा साथ चलती है
कोई इन्सान तन्हाई में भी तन्हा नहीं रहता

तुम्हारा शहर तो बिल्कुल नये अन्दाज़ वाला है
हमारे शह्र में भी अब कोई हम सा नहीं रहता

1996

4

कोई चिराग़ नहीं है मगर उजाला है
अजीब रात है सूरज निकलने वाला है

ग़ज़ब की आग है इक बे लिबास पत्थर पर
पहाड़ पर तिरी बरसात का दुशाला है

अजीब लहजा है दुश्मन की मुस्कुराहट का
मुझे गिराया कहाँ है मुझे संभाला है

निकल के पास की मस्जिद से एक बच्चे ने
फ़साद में जली मूरत पे हार डाला है

तमाम वादिओ सहरा में आग रोशन है
मुझे ख़िज़ाँ के इन्हीं मौसमों ने पाला है

1995

5

आईना धूप का, दरया में दिखाता है मुझे
मेरा दुश्मन, मिरे लहजे में बुलाता है मुझे

आँसुओं से मिरी तहरीर नहीं मिट सकती
कोई काग़ज़ हूँ के पानी से डराता है मुझे

सर पे सूरज की सवारी मुझे मंज़ूर नहीं
अपना क़द धूप में छोटा नज़र आता है मुझे

दूध पीते हुए बच्चे की तरह है दिल भी
दिन में सो जाता है रातों में जगाता है मुझे

धूप की आग से फूलों के बदन रोशन हैं
सात रंगों में तिरा दर्द सजाता है मुझे

रोज़ कहता है के गिरती हुई दीवार हूँ मैं
एक बादल है जो रह रह के डराता है मुझे

ऐसा लगता है के उस ने मुझे 'ग़ालिब' जाना
न उठाता है मुझे और न बिठाता है मुझे

दिसम्बर, 1998

6

सदियों की गठरी सर पर ले जाती है
दुनिया बच्ची बन कर वापस आती है

मैं दुनिया की हद से बाहर रहता हूँ
घर मेरा छोटा है लेकिन ज़ाती है

दुनिया भर के शहरों का कल्चर यकसाँ
आबादी, तन्हाई बनती जाती है

मैं शीशे के घर में पत्थर की मछली
दरया की ख़ुशबू, मुझ में क्यों आती है

पत्थर बदला, पानी बदला, बदला क्या
इन्साँ तो जज़्बाती था जज़्बाती है

काग़ज़ की कश्ती, जुगनू, झिलमिल झिलमिल
शोहरत क्या है, इक नदिया बरसाती है

जुलाई, 1998

7

है अजीब शह्र की ज़िन्दगी, न सफ़र रहा न क़याम है
कहीं कारोबार सी दोपहर, कहीं बदमिज़ाज सी शाम है

कहाँ अब दुआओं की बरकतें, वो नसीहतें, वो हिदायतें
ये ज़रूरतों का ख़ुलूस है, ये मतालबों का सलाम है

यूँ ही रोज़ मिलने की आरज़ू बड़ी रख रखाव की ग़ुफ़्तुगू
ये शराफ़तें नहीं बे ग़रज़ उसे आप से कोई काम है

वो दिलों में आग लगायेगा मैं दिलों की आग बुझाऊँगा
उसे अपने काम से काम है, मुझे अपने काम से काम है

न उदास हो, न मलाल कर, किसी बात का न ख़याल कर
कई साल बाद मिले हैं हम, तिरे नाम आज की शाम है

कोई नग़मा धूप के गाँव सा, कोई नग़मा शाम की छाँव सा
ज़रा इन परिन्दों से पूछना ये कलाम किस का कलाम है

जुलाई, 1998

8

ग़मों की आयतें शब भर छतों पे चलती हैं
इमाम बाड़ों से सैदानियाँ निकलती हैं

उदासियों को सदा दिल के ताक में रखना
ये मोम बत्तियाँ हैं फ़ुर्सतों में जलती हैं

रसोई घर में ये अहसास रोज़ होता है
तिरी दुआओं के पंखे हवायें झलती हैं

अजीब आग है हमदर्दियों के मौसम की
ग़रीब बस्तियाँ बरसात ही में जलती हैं

ये उलझनें भी ज़रूरी हैं ज़िन्दगी के लिये
समन्दरों में यूँ ही मछलियाँ मचलती हैं

अक्तूबर, 1998

9

आग को गुलज़ार कर दे, बर्फ़ को दरया करे
देखने वाला तिरी आवाज़ को देखा करे

उसकी रहमत ने मिरे बच्चे के माथे पर लिखा
इस परिन्दे के परों पर आस्माँ सजदा करे

एक मुट्ठी ख़ाक थे हम, एक मुट्ठी ख़ाक हैं
उसकी मर्ज़ी है हमें सहरा करे, दरया करे

दिन का शहज़ादा मिरा मेहमान है, बेशक रहे
रात का भूला मुसाफिर भी यहाँ ठहरा करे

आज पाकिस्तान की इक शाम याद आई बहुत
क्या ज़ुरूरी है के बेटी, बाप से परदा करे

अक्तूबर, 1998

10

नाम उसी का नाम सवेरे शाम लिखा
शेर लिखा या ख़त उस को गुमनाम लिखा

उस दिन पहला फूल लिखा जब पतझड़ ने
पत्ती पत्ती जोड़ के तेरा नाम लिखा

उस बच्चे की कापी अक्सर पढ़ता हूँ
सूरज के माथे पर जिसने शाम लिखा

कैसे दोनों वक़्त गले मिलते हैं रोज़
ये मंज़र मैंने दुश्मन के नाम लिखा

सात ज़मीनें, एक सितारा, नया नया
सदियों बाद, ग़ज़ल ने कोई नाम लिखा

'मीर' 'कबीर' 'बशीर' इसी मकतब के हैं
आ दिल के मकतब में अपना नाम लिखा

मई, 1998

11

कितबें, रिसाले न अख़बार पढ़ना
मगर दिल को हर रात इक बार पढ़ना

सियासत की अपनी अलग इक जबाँ है
लिखा हो जो इक़रार, इनकार पढ़ना

अलामत नये शह्र की है सलामत
हज़ारों बरस की ये दीवार पढ़ना

किताबें, किताबें, किताबें, किताबें
कभी तो वो आँखें, वो रुख़सार पढ़ना

मैं काग़ज़ की तक़दीर पहचानता हूँ
सिपाही को आता है तलवार पढ़ना

बड़ी पुरसुकूँ धूप जैसी वो आँखें
किसी शाम झीलों के उस पार पढ़ना

ज़बानों की ये ख़ूबसूरत इकाई
ग़ज़ल के परिन्दों का अश्आर पढ़ना

मई, 1998

12

हम लोग सोचते हैं हमें कुछ मिला नहीं
शह्रों से वापसी की कोई रास्ता नहीं

इक चेहरा साथ साथ रहा जो मिला नहीं
किस को तलाश करते रहे कुछ पता नहीं

शिद्दत की धूप, तेज़ हवाओं के बावजूद
मैं शाख़ से गिरा हूँ, नज़र से गिरा नहीं

आख़िर ग़ज़ल का ताज महल भी है मक़बरा
हम ज़िन्दगी थे हम को किसी ने जिया नहीं

जिसकी मुख़ालिफत हुई मशहूर हो गया
इन पत्थरों से कोई परिन्दा गिरा नहीं

तारीकियों में और चमकती है दिल की धूप
सूरज तमाम रात यहाँ डूबता नहीं

किसने जलाईं बस्तियाँ बाज़ार क्यों लुटे
मैं चाँद पर गया था मुझे कुछ पता नहीं

1995

13

दालानों की धूप, छतों की शाम कहाँ
घर से बाहर घर जैसा आराम कहाँ

बाज़ारों की चहल पहल से रोशन हैं
इन आँखों में मन्दिर जैसी शाम कहाँ

मैं उस को पहचान नहीं पाया तो क्या
याद उसे भी आया मेरा नाम क़हाँ

चन्दा के बस्ते में सूखी रोटी है
काजू, किशमिश, पिस्ते और बादाम कहाँ

लोगों को सूरज का धोखा होता है
आँसू बन कर चमका मेरा नाम कहाँ

दिन भर सूरज किस का पीछा करता है
रोज़ पहाड़ी पर जाती शाम कहाँ

1994-95

14

सात रंगों के शामियाने हैं
दिल के मौसम बड़े सुहाने हैं

कोई तदबीर भूलने की नहीं
याद आने के सौ बहाने हैं

दिल की बस्ती अभी कहाँ बदली
ये मोहल्ले बहुत पुराने हैं

हक़ हमारा नहीं दरख़्तों पर
ये परिन्दों के आशियाने हैं

इल्मो, हिकमत, सियासतो मज़हब
अपने अपने शराब ख़ाने हैं

धूप का प्यार ख़ूबसूरत है
आग के फूल भी सुहाने हैं
1996

15

इबादतों की तरह मैं ये काम करता हूँ
मिरा उसूल है पहले सलाम करता हूँ

मुख़ालिफ़त से मिरी शख़्सियत सँवरती है
मैं दुश्मनों का बड़ा एहतराम करता हूँ

मैं अपनी जेब में अपना पता नहीं रखता
सफ़र में सिर्फ़ यही एहतमाम[1] करता हूँ

1. तैयारी

मैं डर गया हूँ बहुत सायादार पेड़ों से
ज़रा सी धूप बिछाकर क़याम करता हूँ

मुझे ख़ुदा ने ग़ज़ल का दयार बख़्शा है
यें सल्तनत मैं मोहब्बत के नाम करता हूँ

1996–97

□□□